21世纪法学系列教材

经济法系列

劳动法学

(第二版)

主　编　贾俊玲

副主编　叶静漪　周长征

撰稿人　(以姓氏笔画为序)

　　　　王晓珉　叶静漪　周长征

　　　　周宝妹　贾俊玲

图书在版编目(CIP)数据

劳动法学/贾俊玲主编. —2 版. —北京:北京大学出版社,2013.1
(21 世纪法学系列教材·经济法系列)
ISBN 978-7-301-21923-2

Ⅰ.①劳… Ⅱ.①贾… Ⅲ.①劳动法-法的理论-中国-高等学校-教材 Ⅳ.①D922.501

中国版本图书馆 CIP 数据核字(2013)第 005519 号

书　　　名：劳动法学(第二版)
著作责任者：贾俊玲　主编
责　任　编　辑：冯益娜
标　准　书　号：ISBN 978-7-301-21923-2/D·3250
出　版　发　行：北京大学出版社
地　　　址：北京市海淀区成府路 205 号　100871
网　　　址：http://www.pup.cn
新　浪　微　博：@北京大学出版社
电　子　信　箱：law@pup.pku.edu.cn
电　　　话：邮购部 62752015　发行部 62750672　编辑部 62752027　出版部 62754962
印　刷　者：北京圣夫亚美印刷有限公司
经　销　者：新华书店
　　　　　730 毫米×980 毫米　16 开本　17.25 印张　330 千字
　　　　　2009 年 3 月第 1 版
　　　　　2013 年 1 月第 2 版　2022 年 7 月第 10 次印刷
定　　　价：29.00 元

未经许可,不得以任何方式复制或抄袭本书之部分或全部内容。
版权所有,侵权必究
举报电话:010-62752024　电子信箱:fd@pup.pku.edu.cn

第二版前言

我国在坚持改革开放、建设有中国特色社会主义国家的进程中，劳动法制建设不断取得新的进展，劳动法学研究也有新的成果。在全国人大常委会颁布了《中华人民共和国就业促进法》、《中华人民共和国劳动合同法》、《中华人民共和国劳动争议调解仲裁法》几部重要法律之后，2008年9月国务院公布了《中华人民共和国劳动合同法实施条例》。特别是第十一届全国人大常委会第十七次会议于2010年10月28日通过、2011年7月1日起施行的《中华人民共和国社会保险法》，是我国一部重要的社会保障法律，该法对我国公民的养老、医疗、工伤、失业、生育等的社会保险进行了全面的规范，体现了国家更加重视改善民生立法，以保障社会的和谐和稳定。

为了适应我国各方面对劳动法制建设的关注，及时反映劳动立法的最近发展变化，本书在2009年版本的基础上，对各相关章节进行了修改。

由于水平有限，书中谬误之处在所难免，欢迎读者指评指正。

编著者
2012年12月

目　　录

第一章　劳动法基础理论 ……………………………………………… (1)
第一节　劳动法的概念 ………………………………………… (1)
第二节　劳动法的地位与体系 ………………………………… (4)
第三节　劳动法的基本原则 …………………………………… (9)
第四节　劳动权 ………………………………………………… (18)
第五节　劳动法律关系 ………………………………………… (24)

第二章　劳动法的产生和发展 …………………………………………… (29)
第一节　劳动法的产生 ………………………………………… (29)
第二节　各国劳动法的发展 …………………………………… (31)
第三节　中国劳动立法简史 …………………………………… (34)

第三章　国际劳动立法 …………………………………………………… (39)
第一节　国际劳动立法范围及起源 …………………………… (39)
第二节　国际劳工组织的建立 ………………………………… (40)

第四章　就业促进法 ……………………………………………………… (45)
第一节　就业概述 ……………………………………………… (45)
第二节　公平就业 ……………………………………………… (49)
第三节　就业服务与职业介绍 ………………………………… (55)
第四节　就业援助 ……………………………………………… (60)
第五节　职业教育和培训 ……………………………………… (64)

第五章　劳动合同法 ……………………………………………………… (74)
第一节　劳动合同概述 ………………………………………… (74)
第二节　劳动合同的订立 ……………………………………… (82)
第三节　劳动合同的效力 ……………………………………… (85)
第四节　劳动合同的内容 ……………………………………… (88)
第五节　劳动合同的履行、变更与终止 ……………………… (94)
第六节　劳动合同的解除 ……………………………………… (96)

第六章　集体协商与集体合同法 ………………………………………… (105)
第一节　集体协商 ……………………………………………… (105)
第二节　集体合同概述 ………………………………………… (110)

第三节　集体合同的签订 …………………………………… (115)
　　第四节　集体合同的内容 …………………………………… (117)
　　第五节　集体合同的效力 …………………………………… (119)

第七章　工资法 ………………………………………………… (122)
　　第一节　工资法概述 ………………………………………… (122)
　　第二节　工资宏观调控 ……………………………………… (124)
　　第三节　最低工资 …………………………………………… (127)
　　第四节　工资集体协商 ……………………………………… (132)
　　第五节　工资形式 …………………………………………… (135)
　　第六节　特殊情况下的工资支付 …………………………… (137)
　　第七节　工资保障 …………………………………………… (139)

第八章　工作时间和休息休假法 ……………………………… (141)
　　第一节　工作时间和休息休假概述 ………………………… (141)
　　第二节　工作时间和休息休假的种类 ……………………… (142)
　　第三节　延长工作时间 ……………………………………… (148)

第九章　劳动安全卫生法 ……………………………………… (150)
　　第一节　劳动安全卫生概述 ………………………………… (150)
　　第二节　劳动安全卫生管理制度 …………………………… (156)
　　第三节　女职工和未成年工劳动保护的特殊规定 ………… (165)

第十章　社会保险与职工福利法 ……………………………… (172)
　　第一节　社会保险法概述 …………………………………… (172)
　　第二节　养老保险法律制度 ………………………………… (180)
　　第三节　医疗保险法律制度 ………………………………… (186)
　　第四节　工伤保险法律制度 ………………………………… (191)
　　第五节　失业保险法律制度 ………………………………… (199)
　　第六节　生育保险法律制度 ………………………………… (204)
　　第七节　职工福利制度 ……………………………………… (207)

第十一章　工会与职工民主参与法 …………………………… (213)
　　第一节　工会法 ……………………………………………… (213)
　　第二节　职工民主参与 ……………………………………… (218)

第十二章　执行劳动法的监督检查 …………………………… (225)
　　第一节　劳动法执行情况监督检查概述 …………………… (225)
　　第二节　劳动法监督检查体制 ……………………………… (227)

第三节　劳动法监督检查程序 …………………………（233）
第十三章　劳动争议处理法 ………………………………（238）
　　第一节　劳动争议处理概述 ………………………………（238）
　　第二节　处理劳动争议的机构 ……………………………（243）
　　第三节　劳动争议的处理程序 ……………………………（246）

参考书目 ………………………………………………………（263）

后记 ……………………………………………………………（267）

第二版后记 ……………………………………………………（268）

第一章 劳动法基础理论

第一节 劳动法的概念

一、劳动法的概念

劳动法的概念,是回答什么是劳动法的问题。对劳动法的概念,一般有两种理解,即狭义上的劳动法和广义上的劳动法。

狭义上的劳动法,一般是指国家最高立法机构制定颁布的全国性、综合性的劳动立法,对劳动关系以及与劳动关系有密切联系的社会关系进行统一调整。此类法律在各国有着不同的名称,如《劳动法典》、《劳动法》、《劳动关系法》、《劳动基准法》等等。1994年7月5日,我国第八届全国人民代表大会常务委员会第八次会议通过了《中华人民共和国劳动法》,这部法律对劳动法总则、促进就业、劳动合同和集体合同、工作时间和休息休假、工资、劳动安全卫生、女职工和未成年工特殊保护、职业培训、社会保险和福利以及劳动争议等方面作出了规定,就属于人们通常所理解的狭义上的劳动法。现在世界大多数国家都制定并颁布了这样的综合性劳动立法。

广义上的劳动法,是指调整劳动关系以及与劳动关系有密切联系的其他社会关系的法律规范总称。对广义上的劳动法应作如下理解:

第一,劳动法调整的是两类社会关系,除劳动关系外,还调整与劳动关系有密切联系的社会关系。

第二,广义上的劳动法,是此类法律规范总称。也就是说,它不只是指一部法典式的法律,而是包括宪法中的相关规定、国务院颁布的行政法规、相关管理部门颁布的部门规章、地方性劳动法规、各部门联合颁布的规章等等。

从劳动法的定义可以看出,无论是狭义上的劳动法还是广义上的劳动法,尽管各国劳动法的名称不同,但劳动法都是和劳动有关的法律。劳动是人们创造物质财富和精神财富的有意识、有目的的活动。没有劳动就没有人类,就没有社会的发展。马克思说:"任何一个民族,如果停止劳动,不用说一年,就是几个星期,也要灭亡,这是每一个小孩都知道的。"[1]

但是,劳动法上的"劳动",并不是指一切劳动,而只是指具有从属性的劳

---

[1] 《马克思恩格斯选集》第4卷,人民出版社1995年版,第580页。

动。从属性劳动具有以下几个特征：(1)劳动法上的劳动关系双方具有管理与被管理关系，劳动者在用人单位的指挥和监督下从事劳动；(2)劳动者一般会成为用人单位的内部成员，按照用人单位的内部分工，在各自的工作岗位上开展劳动；(3)劳动法上的劳动只能是有偿劳动，劳动报酬通常是劳动者及其家庭的主要生活来源。

二、劳动法的调整对象

从劳动法的概念可知，劳动法的调整对象包括两类社会关系：首先是劳动关系，这是劳动法调整的主要社会关系；其次，劳动法还调整与劳动关系有密切联系的一些社会关系。

（一）劳动关系

劳动法调整的劳动关系，是指在运用劳动能力、实现劳动过程中，劳动者与用人单位（劳动使用者）之间的社会劳动关系。人们在劳动过程中，不仅与自然发生关系，同时也发生在劳动中人与人之间的社会关系，这种社会关系非常广泛，并不是所有与劳动有关的社会关系均由劳动法调整，有些与劳动有关的社会关系由其他法律调整，如民法中的承揽关系等等。由劳动法调整的劳动关系是在劳动力与生产资料的结合过程中所发生的关系，劳动是这种关系的基础和实质。因此劳动法调整的是狭义上的劳动关系。

劳动关系具有以下几个特征：

(1)劳动关系是在社会劳动过程中发生的关系。劳动者提供劳动能力，包括体力劳动能力和智力劳动能力，劳动使用者提供劳动过程所需要的生产条件和工作条件，双方在直接的劳动过程中发生了劳动关系。

(2)劳动关系的主体双方，一方是劳动者，另一方是劳动使用者（或用人单位）。劳动关系的主体双方，各自具有独立的经济利益，劳动者提供劳动能力，要求获得相应的报酬和工作条件；经营者为获得经济利益，将要求包括降低人工成本的经济利益。

(3)劳动关系主体在维护各自经济利益的过程中，双方的法律地位是平等的。

(4)劳动关系主体双方存在管理和被管理关系，即劳动关系建立后，劳动者要依法服从经营者的管理，遵守规章、制度。这种双方之间的从属关系是劳动关系的特点。

以上劳动关系的特征，可以将劳动法调整的劳动关系，与其他法律调整的与劳动有关的社会关系相区别，如承揽关系中的制作人和定作人的关系；著作人和出版社的关系等等。这些关系虽与劳动有关，但这些关系不是直接在劳动过程中发生的，双方没有构成劳动关系的主体资格，双方也不存在管理与被管理关系。

关于劳动关系分类,可以从不同的角度进行不同的分类。同时还要注意,劳动关系在社会经济发展的不同阶段,随着社会经济制度改革和发展,会有所变化和发展。

(1) 按不同所有制关系,可以分为全民所有制劳动关系、集体所有制劳动关系、个体经营劳动关系、联营企业劳动关系、股份制企业劳动关系、外商投资企业劳动关系等等。

(2) 按职业分类,可以分为企业的劳动关系、国家机关的劳动关系、事业单位的劳动关系等等。

(3) 按资本的组织形式,可以分为国有控股公司的劳动关系、私营企业劳动关系、外商投资企业劳动关系、有限责任公司等等的劳动关系。

(4) 从工人运动角度分类,可以分为利益冲突型劳动关系、利益一体型劳动关系、利益协调型劳动关系。

(5) 从工会与集体谈判制度上,可以分为个别劳动关系、集体劳动关系。

我国现阶段社会主义市场经济体制下,特别是在经济体制转型时期,劳动关系必然呈现出多元化和复杂性。今后随着市场经济各项基本制度的不断完善,劳动关系的种类及分类方法将会进一步明显和确定。

(二) 与劳动关系有密切联系的社会关系

劳动法的调整对象除劳动关系外,还包括一些与劳动关系有密切联系的关系。即这些关系就其本身来讲,不是劳动关系,但这些关系可以从不同的角度,与劳动关系发生着直接或间接的联系,因此也应由劳动法调整。哪些是与劳动关系有密切联系的社会关系?可以有列举式和区别式两种理解方法。

1. 列举式方法

将一些主要的与劳动关系有密切联系的社会关系列出,如:

(1) 国家进行劳动力管理中的关系。劳动行政管理机关可能在劳动就业管理、职业认证制度、职业培训制度、工伤鉴定制度等方面与用人单位之间或劳动者之间发生关系,这类关系本身不是劳动关系,而是和劳动关系有着密切联系。

(2) 社会保险中的某些关系。社会保险是劳动法的一个组成部分,社会保险中有些关系是劳动关系,如生育保险是劳动关系存在期间发生的关系,但社会保险中有些关系可能是在劳动关系结束后而发生的,如养老保险等等。

(3) 工会组织与企业在执行劳动法、工会法过程中发生的关系。工会依法对企业执行劳动法、工会法过程中有相关的监督权和参与权。这些关系与劳动关系有密切联系。

(4) 处理劳动争议过程中发生的一些关系。处理劳动争议因需要体现三方性原则,即在调解、仲裁程序中均要求工会、行政机关、用人单位的参与,这些关系与劳动关系有密切的联系。

(5) 其他有关管理机构在监督劳动法执行过程中发生的一些关系。除劳动管理机关外,可能还要包括经济管理机关、卫生管理机关、金融管理机构等对相关劳动法制监管中所发生的关系。

2. 区别式方法

哪些社会关系是与劳动关系有密切联系而由劳动法调整,可以根据以下三个因素确定:

第一,这些关系是劳动关系产生的前提条件,如劳动就业中的某些关系。

第二,这些关系是劳动关系的直接后果,如社会保险中的养老保险。

第三,这些关系是劳动关系附带产生的关系,如职业培训中劳动者与培训机构产生的关系。

符合三个因素中任何一个因素的社会关系均可被确定为是与劳动关系有密切联系的社会关系,由劳动法调整。

第二节 劳动法的地位与体系

一、劳动法的地位

劳动法的地位,即研究劳动法在我国法律体系中的地位。传统的部门法划分标准,主要以调整不同领域的社会关系为依据,也不排除以调整手段、公法与私法等其他标准作为依据。目前,我国以宪法及宪法相关法、民商法、行政法、经济法、社会法、刑法、诉讼及非诉讼程序法七个法律部门组成的社会主义法律体系已形成。劳动法是社会法中的一个组成部分。社会法中包括诸多相对独立的法律部门。

(一) 劳动法在社会法中是一个相对独立的法律部门

劳动法是自19世纪初大工业生产以后,由于国家对雇佣关系的干预,从传统民法中独立出来,成为一个独立的法律部门的。它作为独立的法律部门的理由是:

(1) 有特定的调整对象。劳动法主要调整的劳动关系,是其他法律部门无法包容的。

(2) 劳动法有特定的主体。劳动法中的劳动者与劳动使用者之间的主体关系是劳动法的重要特点,双方均有特定的主体资格。

(3) 劳动法有独立的内容体系。劳动法内容包括了劳动就业、劳动合同与集体合同、工资保障、工时休假、职业安全卫生、社会保险、工会、劳动争议处理等内容,劳动法完整而系统的内容体系也是其他法律部门不能包容的。

(二) 劳动法与其他相关法律部门的区别

1. 劳动法与民法的区别

(1) 两者的调整对象不同。民法调整财产关系以及与财产关系有密切联系的人身关系;劳动法虽然有一部分也涉及财产关系如工资报酬和人身关系如职业安全,但这些关系是基于双方主体的劳动关系而产生的。

(2) 两者的主体不同。民事法律关系主体双方可能是公民、法人或一方为公民另一方为法人;劳动法的一方必须是劳动者,另一方为用人单位(劳动使用者)。

(3) 两者调整的原则不完全相同。民法以双方平等主体等价有偿等为原则;劳动法除一般性双方平等原则外,对某些主体还有特殊保护原则,如女工与未成年工的特殊保护。劳动法的某些关系也不可能是等价有偿的,如社会保险中的一些关系。

2. 劳动法与经济法的区别

经济法调整的经济关系非常广泛,它是调整在国家协调本国经济运行过程中发生的特定的经济关系。这些经济关系的调整是为了对国家经济活动的宏观调控和加强经营管理,显然与劳动法的调整雇佣与被雇佣的劳动关系是不同的。

3. 劳动法与行政法的区别

劳动法和行政法的调整对象显然不同。行政法是调整国家行政机关在执行行政职务时发生的各项社会关系,行政关系必须有一方是行政机关;而劳动关系必须有一方是劳动者。

4. 劳动法与社会保障法的区别

与劳动法关系最密切的是社会保障法,这两个法律部门都与保护弱势群体实现社会公平和社会安定有关,但这两个法律部门调整的社会关系是不同的。社会保障法是调整社会保险、社会救济、社会福利、军人优抚、住房福利等社会关系。社会保障法中的社会保险与劳动法中的劳动保险,是两个法律部门中的交叉部分。

二、劳动法的体系

劳动法体系,是指构成劳动法律部门中不可缺少的相互间有内在联系的法律规范的统一整体。这一概念强调构成劳动法体系应是内容完整,包括各种不可缺少的劳动法律制度。各项劳动法律制度相互间的内在联系是基于劳动法律关系,劳动法体系和劳动立法规划体系和劳动法学体系是不同的,劳动立法规划体系是在一定的时期之内的劳动立法计划,它与完整而系统的劳动法体系结构是不同的。

劳动法体系不同于劳动法学体系。劳动法学体系,是指在劳动法体系的基础上所进行的理论性概括和综合分析所形成的体系。因不同的研究方法和不同的研究对象,劳动法学体系结构不完全相同,一般都包括基础理论(总论、概论)和分论两部分。分论虽然是具体法律规定,但是仍包括诸多的基本理论和基本知识。

劳动法体系应根据各项劳动法律制度构成一个较为完整的体系。依劳动法律内容,劳动法体系的结构如下:

1. 就业促进法——公平就业法
   就业服务和管理法
   职业教育和培训法
   就业援助法
2. 劳动关系协调法——劳动合同法
   工会法
   集体协商与集体合同法
3. 劳动基准法——工资法
   工时休假法
   职业安全卫生法
   女工和未成年工特殊保障法
   劳动保障监察法
4. 社会保险法——养老保险法
   医疗保险法
   失业保险法
   工伤保险法
   生育保险法
   遗属津贴
5. 处理劳动争议程序法——劳动争议调解程序
   劳动争议仲裁程序
   劳动争议诉讼程序

除以法律内容为分类体系外,还可以从不同角度对劳动法进行分类。比如,根据法律性质,可以分为劳动实体法、劳动程序法;根据法律职能,可以分为劳动基准法、劳动关系法、就业保障法等;根据部门与行业的不同,可分为私营部门劳动法和公共部门劳动法。

三、劳动法的作用

劳动法作为重要的法律部门，在我国经济建设及社会发展中有着重要作用，也是我国法制建设中不可缺少的组成部分。

（一）是公民基本权利的重要保障

我国宪法和劳动法中的诸多内容涉及公民的基本权利，如劳动就业、职业安全卫生等都是公民生存权和人身权的重要保障。以人为本的思想在劳动法中体现得非常明显，用法定形式提高公民的职业能力，增加就业机会是提高全民生活水平的标志。我国已颁发了大量安全技术规程和职业卫生规程，是防止各种工伤事故和职业危害的法律保障。我国有着充裕的劳动力资源，大量劳动者分布在工业、交通、矿山等生产和工作现场，用法律强制性手段实施各项劳动标准在保障劳动者生存权上有着重要意义。

我国劳动法中工资报酬及各项社会保险内容也是对公民财产权的法律保障。有关无故拖欠工资、不执行最低工资标准、挪用社会保险基金等行为已有明确的法律责任规定。

（二）是维护劳动关系双方的合法权益，实现社会稳定的重要保障

我国在经济体制改革中，正在建立和完善社会主义市场经济体制，过去的计划经济体制下的劳动关系是单一的，体现的是劳动者与国家的直接关系。在市场经济体制下，劳动关系不断向复杂化、多元化发展。劳动关系双方各自具有独立的地位和利益，劳动关系的发展过程中，双方利益冲突是不可避免的。劳动法关于劳动合同、集体合同规定在维护双方主体的合法权益、协调劳动关系上起着重要作用，特别是《劳动合同法》关于劳动合同的终止、解除条件作出比较具体的规定，是防止不当解雇，稳定劳动关系的法律保障。劳动法关于解决劳动争议和监管劳动法的执行等方面也有具体程序规范，在及时解决冲突，依法维护双方权益，保障社会稳定方面有着重要作用。

（三）是促进劳动力市场有序发展和市场经济不断完善的重要保障

劳动力资源的合理配置和劳动力的有序流动，是市场经济发展的一个重要组成部分。我国各地区之间经济发展不平衡，众多的丰富的劳动力资源在经济发展中跨地区进行流动。市场经济要求灵活的、开放的、有序的劳动就业体制。劳动力市场的竞争机制必将促进我国市场经济的不断完善。我国劳动法有关劳动合同、经济性裁员、职业技能培训、职业证书发放以及对外来劳工等方面的各项规定，对促进市场经济的发展有着重要的作用。

（四）是促进社会发展的重要保障

劳动法制的发展与完善，对社会发展起着重要作用。主要体现在：(1)严格执行各项劳动标准，改善劳动条件，不断提高我国生产力水平；(2)规范各项职业技能培训及职业资格认证,从整体上提高全体公民的职业能力,高水平的劳动力将不断促进社会的发展;(3)通过招聘、工资、晋级等对高级管理人员及科技人员的规定,推动我国科学技术的发展及管理水平的提高;(4)在国内外劳动力的流动与交流过程中,引进高科技人才,对缩小我国与经济发达国家的差距将起重要作用。

四、劳动法的适用范围

劳动法的适用范围是指我国劳动法适用于什么地域、什么时间和什么人,即我国劳动法的效力范围。

(一)劳动法的空间适用范围

劳动法的空间范围即劳动法的地域范围。一般来讲,根据立法权限的不同,地域适用范围不同。全国人民代表大会及其常委会颁布的法律适用于全国,国务院及其各部委颁发的行政法规、规章除有特别规定外,适用于全国。各地域、地方性法规只适用于各地区管辖范围内。民族自治地区的法规只适用于该民族自治区域内。我国已颁布的劳动法律、法规、规章均有不同层次的适用范围。

(二)劳动法的时间适用范围

劳动法的时间适用范围是指劳动法的生效和失效时间,即劳动法的时间效力。

法律生效时间有两种情况:(1)法律自通过或公布之日起生效;(2)法律通过或公布之日不立即生效,而另行规定生效时间。我国《劳动法》于1994年7月5日公布,自1995年1月1日起施行。我国《劳动合同法》于2007年6月29日通过,自2008年1月1日起施行。

法律失效时间也有两种情况:(1)法律规范本身明文规定终止效力的时间或特定条件出现时失效;(2)同类法律新法生效,旧法即失效。如《失业保险条例》生效后,《国有企业职工待业保险规定》即失效。

(三)劳动法对人的适用范围

劳动法对人的适用范围是指劳动法对哪些人发生效力。我国《劳动法》第2条规定:"在中华人民共和国境内的企业、个体经济组织(以下统称用人单位)和与之形成劳动关系的劳动者,适用本法。国家机关、事业单位、社会团体和与之建立劳动合同关系的劳动者,依照本法执行。"《劳动法》所规定的企业是非常广泛的,包括各种企业形式,如国有企业、集体企业和私营企业、股份制企业等等。而国家机关、事业单位、社会团体如果与劳动者建立劳动合同关系,也依照劳动法执行。

我国《劳动合同法》进一步扩大了《劳动法》的适用范围,第2条增加了"民办非企业单位"这种新型的用人单位。第96条则把事业单位实行聘用制的工作人员纳入到该法的调整范围之内。

第三节 劳动法的基本原则

一、劳动法基本原则的含义

所谓劳动法的基本原则,是指包含在整个劳动法体系之中,集中体现劳动法的本质和基本精神,贯穿于各项劳动法律制度之中,贯穿于劳动法的立法、执法、司法的全过程的总的指导思想和根本准则。它是劳动法的核心和灵魂。

劳动法基本原则的法律渊源是宪法。我国《宪法》在总纲的第6条中规定了实行"各尽所能,按劳分配"的原则;在第二章"公民的基本权利和义务"中的第35条、第42条、第43条、第44条、第45条、第46条、第48条和第53条,分别对劳动就业、劳动条件、劳动报酬、社会保障、工会等劳动法的具体原则作了规定。但是劳动法的基本原则又不同于宪法原则。作为国家的根本大法,宪法在我国的法律体系中居于最高的地位。宪法原则是各个部门法的指导原则,劳动法也毫不例外地必须服从宪法的指导。劳动法基本原则是根据宪法原则确定的,它是劳动法区别于其他部门法所特有的原则。

劳动法的基本原则又不同于劳动法的具体原则,前者在效力层次上比后者高。劳动法基本原则在劳动法范围内具有普遍的指导意义,是劳动法法典和其他单行劳动法规必须共同遵守的基本准则;而劳动法的具体原则仅适用于劳动法的某个方面(如劳动就业、劳动报酬、劳动保护、社会保险等),它必须符合劳动法的基本原则。

二、确立劳动法基本原则的标准

劳动法中所体现的原则、精神有许多,要衡量某一个原则是否能够成为劳动法的基本原则,需要有一定的标准,这就是确立劳动法基本原则的标准。

首先,劳动法基本原则应该具有一定的抽象性和概括性。劳动法基本原则是规范各种劳动关系的共同的通则,它不同于劳动法的具体原则,并不是为了向人们指明具体的行为方式,而是要为劳动法指引前进的方向。抽象性决定了基本原则适用范围广,具有统一的指导性和适用性,是制定各种劳动法律法规必须共同遵循的原则。

其次,劳动法基本原则必须具有相对的稳定性。这是因为劳动法基本原则的内容是由社会的经济制度、文化传统所决定的,而社会的经济制度和文化传统在一定时期内是相对稳定的,由其决定的劳动法基本原则也必然具有相对的稳定性。在相当长的时间里,只要社会经济制度、文化传统不发生变化,劳动法的基本原则就不会发生变化。

再次,劳动法基本原则必须具有全面的覆盖性和高度的权威性。劳动法基本原则必须能够覆盖劳动法所调整的各种社会关系和各项劳动法律制度,这是劳动法基本原则与劳动法具体原则的区别。由于劳动法基本原则是劳动法这一部门法内效力最高的指导原则,因此具有高度的权威性,各项具体的劳动法律法规的内容,都不得与劳动法基本原则相抵触;劳动法基本原则决定了劳动法的发展方向及其基本任务;各种劳动法主体在劳动领域内的行为,都必须受到劳动法基本原则的约束;甚至各种劳动问题的处理,也要以劳动法基本原则为基本依据。

三、劳动法基本原则的作用

劳动法基本原则具有重要的作用,主要表现在:

(1)劳动法基本原则指导着各项劳动法律法规的立、改、废,有助于劳动法制的统一、协调和稳定。只有在劳动法基本原则的统一指导下,立法者才能根据社会经济发展的需要及时制定新的劳动法律法规,修改和废除不适应实际需要的劳动法律法规,从而使各种劳动关系得到及时调整,并使劳动法律体系协调、稳定地发展。

(2)劳动法基本原则有助于理解和解释劳动法律法规,解决各具体劳动法律制度之间的矛盾。各种具体劳动法律制度的运行是建立在各项法律法规的具体实施基础上的,由于立法时间和立法重点的不同,各项法律法规之间难免存在一定的矛盾和冲突,这些矛盾和冲突的解决需要在劳动法基本原则的指导下进行。在劳动法基本原则的指导下,对各项劳动法律法规进行解释,有助于更深刻地理解立法者的立法意图,把握劳动法的立法精神,从而解决各具体劳动法律制度之间的矛盾。

(3)劳动法基本原则可以弥补劳动立法具体规定的不足,用于解决某些实际问题。社会经济的发展速度往往超前于具体法律规范的制定,因此,在劳动立法与现实生活之间总存在一定的差距。由于劳动法基本原则具有抽象性和概括性,因而具有相对的灵活性,在缺乏具体法律规定的情况下,可以运用劳动法基本原则对某些劳动问题作出解释,从而解决实际存在的而法律又未明文规定的实际问题。

四、劳动法基本原则的内容

关于劳动法基本原则的内容,在理论上一直存在着争议。学者们根据自己的不同理解,提出了对劳动法基本原则的不同看法。综观各种关于劳动法的有代表性的著述,关于我国劳动法基本原则的各种表述大致可以划分为五类:第一类是以高等学校法学统编教材《劳动法学》①和全国高等教育自学考试教材《劳动法学》②为代表的"八原则说"和"七原则说";第二类是全国高等政法院校规划教材《劳动法学》③的"四原则说";第三类为上海人民出版社出版的《"劳工神圣"的卫士——劳动法》④的"四原则说";第四类是"九五"规划高等学校法学教材《劳动法》⑤的"三原则说";第五类是世界银行法律援助项目法学系列文库——经济法系列《劳动法学》⑥提出的"劳动自由、劳动协调、劳动保障三原则说"。

以上各种观点从各种不同角度提出了劳动法基本原则,有一定的可取之处,但也存在不同程度的缺陷,有的观点反映了一定历史时期人们对我国劳动关系的认识。借鉴各种观点,结合上述确立劳动法基本原则的标准,本书将劳动法基本原则概括为以下三个,即社会正义原则、劳动自由原则和三方合作原则。

(一) 社会正义原则

社会正义理论是 20 世纪 60、70 年代美国哲学家、伦理学家约翰·罗尔斯(John Rawls)首先系统加以论述的,其代表作是 1971 年出版的《正义论》。⑦ 罗尔斯在卢梭社会契约论的基础上,从伦理学的角度探讨了正义问题。罗尔斯认为,人们的不同生活前景受到政治体制和一般的经济、社会条件的限制和影响,也受到人们出生伊始所具有的不平等的社会地位和自然禀赋的深刻而持久的影响,然而这种不平等却是个人无法选择的。因此,这些最初的不平等就成为正义原则的最初应用对象。⑧ 换言之,正义原则要通过调节主要的社会制度,来从全社会的角度处理这种出发点方面的不平等,尽量排除社会历史和自然方面的偶然任意因素对于人们生活前景的影响。

罗尔斯的社会正义理论,要求立法者应当从公平正义的角度,考虑如何保护社会中"最少受惠者"的最大利益。他讲的"最少受惠者",在劳动法中就是指劳动者阶层。劳动者阶层由于经济地位较低,因此很难公平地分享社会经济发展的好处。特别是一些特殊的劳动者群体,如女工、农民工、中老年职工、体力劳动者等,在社会分配中往往处于最为不利的地位。例如,2003 年的一项调查发现,

---

① 关怀主编:《劳动法学》,法律出版社 1996 年版,第 16—20 页。
② 李景森主编:《劳动法学》,北京大学出版社 2000 年版,第 17—22 页。
③ 郭捷等编著:《劳动法学》,中国政法大学出版社 1997 年版,第 45—53 页。
④ 董保华著:《"劳工神圣"的卫士——劳动法》,上海人民出版社 1997 年版,第 44—47 页。
⑤ 王全兴著:《劳动法》,法律出版社 1997 年版,第 64—73 页。
⑥ 冯彦君主编:《劳动法学》,吉林大学出版社 1999 年版,第 38—50 页。
⑦ 第一本以《社会正义》命名的专著 1900 年在纽约出版,作者为约翰·霍普金斯大学的政治学教授威斯特尔·韦洛比(Westel Willoughby)。参见〔英〕戴维·米勒著:《社会正义原则》,应奇译,江苏人民出版社 2001 年版,第 4 页。
⑧ 〔美〕约翰·罗尔斯著:《正义论》,何怀宏、何包钢、廖申白译,中国社会科学出版社 1988 年版,第 5 页。

在我国南方外来劳动力集中的某省,过去 10 年农民工年工资增长不足百元。有的地方农民工 10 年间月收入几乎没什么变化。这个结果与该省历年 GDP 增长的高速度形成鲜明对比。换言之,为经济增长作出巨大贡献的农民工分享到经济增长带来的好处并不多。[①] 这说明,我国在改革开放过程中,不仅要抓好经济建设目标,同时也要保持经济与社会均衡的发展,特别是要维护和实现社会正义。否则,由于社会不正义带来的社会问题将会严重阻碍经济的可持续发展,甚至还有可能吞噬改革开放的成果。

社会正义原则在劳动法中具有特别重要的意义。鉴于恶劣的劳动条件也是第一次世界大战爆发的社会根源之一,很多政治家都已经认识到社会正义对于世界和平的重要影响。因此,在 1919 年召开的巴黎和会上,各国政府代表通过了《国际劳工组织宪章》,即凡尔赛合约的第十三章。《国际劳工组织宪章》明确指出:"全面和持续的和平只能建立在社会正义的基础之上。"

1944 年,在第二次世界大战尚未结束之际,国际劳工大会通过的《费城宣言》进一步阐释了社会正义原则,指出:"劳动不是商品。言论和结社自由是持续进步的基础。任何地区的贫穷都对一切地区的繁荣构成威胁。"在此基础上,宣言把国际劳工组织的宗旨重新规定为:在社会正义的基础上实现持久和平,从而使全人类不分种族、信仰和性别,都有权在自由、尊严、经济保障和机会均等的条件下谋求物质福利和精神发展。从此,国际劳工组织以社会正义原则为指导,制定了大量的国际劳工公约和建议书,为促进世界劳动标准的提高作出了巨大成就。

劳动立法是实现社会正义的主要手段之一。社会正义原则要求劳动法在总体上应当具有劳动者权益保护法的特征,即劳动立法应当采取倾斜立法的方法,权利义务的配置应当有利于劳动者一方。根据这个要求,在劳动法中劳动者与劳动使用者之间的权利义务是不对等的,劳动使用者应当承担较多的义务和责任。例如,允许劳动者组织工会,以集体的力量向劳动使用者争取更多的权益;限制劳动使用者订立和解除劳动合同的自由;要求劳动使用者在诉讼中承担更多的举证责任,等等。在一些情况下,社会正义原则还排除了等价有偿原则的适用。例如,依照我国《劳动法》,劳动者在法定休假日和婚丧假期间以及依法参加社会活动期间,虽然劳动者没有给付正常的劳动,但是劳动使用者仍应当依法支付工资。

我国 2007 年通过的《劳动合同法》与《劳动争议调解仲裁法》更是突出地体现了倾斜立法的特点。例如在《劳动合同法》第 14 条中,如果劳动者符合在该单位连续工作满 10 年等条件的,可以单方面提出订立无固定期限劳动合同,用

---

① 晓白:《别让民工就业向下竞争》,载《人民日报》2003 年 6 月 2 日第 13 版。

人单位不得拒绝。又如,《劳动争议调解仲裁法》第48条规定,对于第47条所规定的仲裁裁决,劳动者不服的,可以提起诉讼,但是上述裁决对用人单位则是终局裁决,不能起诉。另外,《劳动争议调解仲裁法》第39条还规定了举证责任倒置的制度,即劳动者无法提供由用人单位掌握管理的与仲裁请求有关的证据,仲裁庭可以要求用人单位在指定期限内提供。用人单位在指定期限内不提供的,应当承担不利后果。这些例子说明,倾斜立法的方法已经越来越多地得到我国立法机关的重视,从而促进社会公平正义的实现。

对于劳动法中劳动者与劳动使用者的权利义务不平衡的特征,很多学者从劳动法基本原则的角度也作了类似的表述,有的称之为"保护劳动者原则",有的称之为"保护劳动者合法权益原则",等等。[①] 但是不管如何表述,其基本精神是一样的,即劳动法应当对劳动者进行特别保护。这种特别保护的实质,就是劳动法必须要遵循社会正义的基本原则。

(二) 劳动自由原则

劳动自由原则是劳动法的一个基本原则。这个原则最初来源于民法中的契约自由原则,根据契约自由原则,劳动关系双方当事人可以自由选择缔约对象,并且自由决定是否订立劳动合同。契约自由在劳动领域中表现为两个方面:一方面是劳动使用者的用工自由,另一方面是劳动者的劳动自由。劳动法中所讲的劳动自由原则,只是指劳动者的劳动自由,而不包括劳动使用者的用工自由。在我国,劳动使用者的用工自由属于企业的一项经营自主权,是由《公司法》和各类企业法调整的。劳动者的劳动自由不仅包括劳动合同自由,而且还包括劳动者的人身和意志的自由。劳动自由原则要求劳动者必须在自愿的基础上从事劳动,不能有任何胁迫、欺诈或者其他影响其自由意志的因素存在。概言之,劳动自由原则就是禁止任何形式的强迫劳动,无论是基于国家法律、社会运动、经济发展、企业效益还是劳动合同的理由,都不能强迫劳动者提供无偿的义务的劳动。

在劳动法中,除了劳动自由以外,劳动者还享有另外一种自由,即结社自由。结社自由是指劳动者有权组织工会,然后由工会代表劳动者与劳动使用者进行集体谈判,并在各个方面维护劳动者的权益。结社自由是一种集体的自由,如果离开了劳动者集体,孤立的个别劳动者谈不上结社自由。劳动自由原则并不包括结社自由,因为劳动自由本质上仅指个人自由,而非集体自由。正如上面曾经论述过的,结社自由主要是建立在社会正义原则的基础上,是为了调节劳动者与劳动使用者之间的力量不平衡而设立的一种劳动关系调整机制。

---

① 上述理论分别参见董保华著:《劳动法论》,上海世界图书出版公司1999年版,第97—98页;王全兴著:《劳动法学》,法律出版社1997年版,第70—71页。

劳动自由也是马克思主义所倡导并且坚持的一项原则,马克思主义一向主张劳动应成为劳动者自我发展的手段,而不是谋生的手段。

由于我国目前仍将长期处于社会主义初级阶段,生产力发展水平远远未达到实现彻底自由劳动的要求,每个劳动者只有从事一定的职业劳动,才能获得必需的生活资料。由于存在着庞大的失业大军,在职的劳动者不敢有丝毫懈怠,只有不停地努力工作,才能保证自己的饭碗不会被别人抢走。大多数劳动者不能根据自己的兴趣和爱好去选择职业,甚至没有时间和金钱去发展自己的业余爱好,而只能通过不断地改造自己,努力去满足劳动力市场不断提高的条件和要求。可见,这样的劳动本质上也是不自由的。但是这种不自由是由于生产力发展水平造成的。

尽管在现实中劳动自由还无法完全实现,但是劳动自由作为劳动法的一项基本原则却早已经确立。根据我国的《劳动法》,劳动自由原则具体包括以下四个方面的内容:

第一,择业的自由。劳动者有选择职业的自由,不因民族、种族、性别、宗教信仰不同而受歧视。选择职业的过程,也就是劳动者与劳动使用者之间建立劳动关系的过程。劳动关系必须建立在双方自愿的基础之上,我国《劳动法》第17条规定:"订立和变更劳动合同,应当遵循平等自愿、协商一致的原则……"《劳动法》第17条虽然在形式上体现了民法中的缔约自由原则,但是其实质与精髓却是劳动法中的劳动自由原则。

第二,辞职的自由。劳动者不仅有订立劳动合同的自由,而且还有维持劳动关系的自由。我国《劳动法》第31条规定:"劳动者解除劳动合同,应当提前30日以书面形式通知用人单位。"这就明确规定了劳动者享有随时终止劳动关系的自由。我国《劳动法》第31条的立法本意并不是为了倡导劳动自由原则,而是为了"打破我国长期存在的人才单位所有制,促进劳动力的合理流动,提高劳动者的积极性和创造性"[①]。然而在实际效果上,第31条却充分体现了劳动自由的精神,成为保护我国劳动者的自由劳动权利的基本法律依据。

第三,反对就业歧视。就业歧视就是根据劳动者的户籍、性别、民族、种族、肤色、宗教等因素,限制其选择职业的权利。就业歧视可能是企业行为,也可能是政府行为。其中政府行为可能是具体行政行为,也可能是抽象行政行为,即制定包含有就业歧视内容的法规。劳动自由原则本身就含有反对就业歧视的意思,因为就业歧视必然会造成劳动者无法自由地选择工作。根据我国《劳动法》第12条的规定:"劳动者就业,不因民族、种族、性别、宗教信仰不同而受歧视。"

---

① 参见夏积智主编:《中国劳动法若干重要理论与政策问题研究》,中国劳动社会保障出版社1999年版,第7页。

2007年8月30日第十届全国人大常委会第二十九次会议通过的《就业促进法》第3条,重述了上述原则,并在第三章"公平就业"中,具体规定了禁止任何基于性别、民族、残疾、传染病病原携带者、农民工等因素对劳动者进行歧视的行为。该法第62条还赋予受歧视的劳动者向人民法院提起诉讼的救济权利。

第四,禁止强迫劳动。劳动自由的反面是强迫劳动。强迫劳动是指通过暴力手段,迫使劳动者在非自愿的情况下从事劳动,这是一种直接侵犯劳动者的劳动自由的行为。禁止强迫劳动是劳动自由原则的重要内容。择业自由和辞职自由尚未完全褪去契约自由的色彩,因此在一定程度上具有民事权利的性质。而禁止强迫劳动则完全是一项公法上的权利,是每个劳动者基于人类劳动的本质而享有的一项基本人权。我国《劳动法》严厉禁止各种形式的强迫劳动。根据该法第32条和第96条的规定,如果劳动使用者以暴力、威胁或者非法限制人身自由的手段强迫劳动的,不仅劳动者可以随时通知劳动使用者解除劳动合同,而且公安机关还应对责任人员处以15日以下拘留、罚款或者警告。如果情节严重,构成犯罪的,司法机关还要依法追究责任人员的刑事责任。

(三) 三方合作原则

三方合作原则的理论基础是社会连带关系(social solidarity)理论。社会连带关系理论最早是由法国社会学家杜尔凯姆提出的,他认为人类社会存在着"机械的"和"有机的"连带关系。法国法学家莱翁·狄骥(1859—1928年)进一步发挥了这种理论,提出社会连带关系或者社会相互依赖是一个重大事实。人类在社会生活中始终是联合的,这种联合的基础在于人类共同的需要,人类只有共同生活才能满足共同的需要。人们在共同生活中贡献自己同样的能力,以实现共同的需要,这就是一种"同求的连带关系";另一方面,人们有不同的能力和不同的需要,为此,就必须互相交换服务,每个人贡献出自己固有的能力来满足他人的需要,并由此从他人手中获得报酬,这就产生了社会分工,这就是"分工的连带关系"。"社会连带关系"是一种事实,而不是某种道德观念,而且在不同的国家、不同的社会阶段具有不同的形态。在狄骥代表作《宪法论》第一章中,他指出"社会的相互依赖主要是一种法律的关系,我所说的客观法的基础是社会的连带关系"。

劳动关系是一种典型的社会连带关系。作为劳动关系的双方当事人,劳动使用者与劳动者之间并不仅仅是压迫与被压迫、剥削与被剥削的关系,他们之间还存在着广泛的共同利益,双方的合作是互利的,可以同时为双方都带来更多的收益。这可以从劳动者和劳动使用者两个角度来分析:

一方面,从劳动者的角度来看,劳动使用者以自己的资本购置了机器设备,建设了厂房,其主要目的虽然是为了营利,但是客观上也为劳动者创造了就业的机会。劳动者通过向劳动使用者让度自己的劳动,从而获得一份足以维持家庭生活的工资。同时,工作还给劳动者带来了一个自我发展、自我实现的机会。通过辛勤的劳动,劳动者创造了巨大的社会财富,不仅为社会作出了贡献,而且在劳动过程中也实现了自我价值。

另一方面,从劳动使用者的角度来看,资本、土地和劳动力是企业的三个基本要素。虽然劳动使用者占有资本和土地,但是如果没有劳动者的劳动,资本和土地本身并不能创造新的价值。劳动者的辛勤劳动为劳动使用者带来了丰厚的利润,使劳动使用者能够不断地扩大再生产,从而创造更多的价值,并且推动社会生产力的进步。特别是在现代社会,人力资本成为企业竞争力的重要因素,企业效益的提高越来越依赖劳动者个人的积极性和创造性,这就使得劳动者在企业中的地位越来越重要,很多大型企业甚至通过实施"职工股权计划",使劳动者持有企业的少量股份,从而增强劳动者的忠诚度和积极性。

然而,劳动者与劳动使用者之间本质上属于不平等关系,而且双方在利益分配方面还存在着明显的对立关系。因此,单纯依靠双方当事人的自觉自愿来实现合作是不现实的,而是必须要由国家进行适当的干预。在早期工业社会中,各国政府因为受契约自由原则的约束,往往采取自由放任的社会政策,不愿意主动干预劳动关系。但是,这种对劳动关系的自由放任态度,一方面造成了劳动者不能从经济发展中获得适当的份额,产生了严重的社会不公现象;另一方面也引发了很多社会矛盾,影响了社会稳定和经济的持续发展。在欧洲主要资本主义国家都曾经发生过声势浩大的工人运动甚至武装革命。有鉴于此,从19世纪中后期开始,欧洲各国政府就已经开始有限度地介入劳动关系,并且积极推动劳动关系双方的合作,这样在劳动关系双方合作的基础上又增加了政府一方,逐渐形成了劳动者、劳动使用者与政府三方合作的劳动关系调整新机制。

三方合作原则最早是由国际劳工组织率先提出的,也称为"三方性原则"。《国际劳工组织章程》规定,出席国际劳工大会的代表应由每个成员国各派4名代表组成,其中2人为政府代表,另外2人分别代表该国的工人和雇主。工人和雇主代表与政府代表一样,享有独立的投票权。《费城宣言》规定,国际劳工组织的基本原则之一就是:"反对贫困的斗争,需要各国在国内以坚持不懈的精力进行,还需要国际间作持续一致的努力,在这种努力中,工人代表和雇主代表享有与政府代表同等的地位,与政府代表一起自由讨论和民主决定,以增进共同的福利。"按照三方性原则的要求,国际劳工组织的一切主要机构,包括理事会、地区性会议、地区性顾问委员会、产业委员会等,都由成员国的政府、工人和雇主三方代表组成。

三方合作原则已经被绝大多数国家所接受,成为各国劳动法的一个基本原则。例如,新西兰根据其《产业关系法》规定设立的"产业关系委员会",由10名工人代表和10名雇主代表组成,劳工部长任主席。它负责就产业关系的调整、劳动力政策、产业组织以及制定产业关系行为规范等方面,向政府提出建议。加拿大也设立了"劳资关系委员会",由政府代表、工人代表和雇主代表共同组成,劳工部长任主席,它负责促进产业和平与劳资协商,并消除劳资之间分歧。在日本,劳动争议调解委员会是由雇主、工会和公益组织(如大学、研究所、新闻界)三方组成的,由公益组织代表担任委员长。① 在德国,劳动争议诉讼由专门的劳动法院受理。劳动法院是独立于普通法院之外的专门审理劳动争议的独立司法机构,它由职业法官和雇主协会代表、工会代表担任的名誉法官所组成。在法国,一审法院、上诉法院和最高法院所设立的审理劳动争议的专业法庭(劳工法庭或社会法庭),都是由职业法官和工会、雇主组织各自选举的兼职法官所组成的。②

在我国,三方合作原则也已经成为劳动法的一项基本原则,贯穿在我国劳动法中的各项制度之中。第一,我国《劳动法》在总则中规定,劳动者依照法律规定,通过职工大会、职工代表大会或者其他形式,参与民主管理或者就保护劳动者合法权益与劳动使用者进行平等协商,确定了劳动者民主参与企业管理的合作模式。第二,《劳动法》第三章和《劳动合同法》第五章第一节规定了集体协商与集体合同制度,其目的是通过集体协商机制促进劳动双方之间的合作。第三,在劳动基准制定过程中,也逐步实行三方合作原则。例如根据1993年原劳动部颁发的《企业最低工资规定》第 6 条,最低工资率应当由省、自治区、直辖市人民政府劳动行政主管部门会同同级工会、企业家协会研究确定。另外,《劳动法》第四章一方面规定了工作时间限制,另一方面也把一些特殊情况下的加班加点作为例外,此类情况如发生了自然灾害需要紧急处理、生产设备发生故障必须及时抢修,等等,这是在工作时间方面提倡劳动者与劳动使用者之间的谅解与合作。第四,在我国现行的社会保险制度中,绝大多数社会保险项目都需要劳动者与劳动使用者共同缴费,体现了劳动关系双方当事人在预防社会风险方面的合作。第五,在《劳动法》和《劳动争议调解仲裁法》规定的劳动争议处理制度中,劳动争议仲裁委员会是由劳动行政部门代表、同级工会代表和劳动使用者代表三方面共同组成的,这说明即使是劳动争议的处理也同样需要双方的精诚合作。由此可见,我国劳动立法自始至终都贯彻了三方合作原则,并且在 1990 年批准了国际劳工组织《1976 年三方协商促进贯彻国际劳工标准公约》(第 144 号公约)。可见,三方合作原则是一项劳动法基本原则。

---

① 夏积智主编:《中国劳动法若干重要理论与政策问题研究》,中国劳动社会保障出版社 1999 年版,第 35 页。
② 王全兴著:《劳动法》,法律出版社 1997 年版,第 479 页。

第四节 劳 动 权

一、劳动权的概念

劳动权的概念可以有三种不同的理解：第一种是将劳动权理解为"劳动者的权利"（workers' rights）①，即劳动者所享有的一切权利，既包括法定权利，也包括约定权利；既包括基本权利，也包括附随权利；既包括劳动权利，也包括社会保障权利。这种理解下的劳动权范围最为广泛，故也可以称为"广义说"。然而，劳动者的权利不一定都是劳动权，因此更准确地说，这种含义的劳动权应当称为"劳动者权利"或"劳工权利"。

第二种是将劳动权等同于"劳动的权利"（right of work），即获得一份适当的工作的权利。例如我国《宪法》第42条第1款规定："中华人民共和国公民有劳动的权利和义务。"这里所指的"劳动的权利"，显然是从就业的角度而言的，准确一点应当称为"劳动权利"或者"工作权"。如有学者认为，劳动权又称"劳动权利"、"工作权"、"工作权利"，是指法律规定公民所享有的获得就业机会的权利。② 还有学者认为，劳动权是宪法赋予公民的获得有酬职业劳动的基本权利。③ 这些观点都是将劳动权等同于工作权。这样的理解范围最为狭窄，故可称之为"狭义说"。

第三种也是最后一种理解，劳动权是指那些具有人权属性的劳动者权利，包括团结权、集体协商权、集体行动权、社会保障权等权利。这样的劳动权本质上仍然是劳动者权利，但是它排除了一切约定权利，而且也不完全等于法定权利，它更多的是一种应然的权利，而不一定是法定权利，也不一定是劳动者实有的权利。④ 本章所讲的"劳动权"，采用的就是这种理解。这种理解的劳动权范围最为适中，而且将劳动权与人权直接挂钩，因此可以称之为"人权说"。

除了上述理解以外，有的学者还以"劳权"取代"劳动权"的概念。⑤ 虽然"劳权"和"劳动权"外观上很类似，而且范围也有相当多的重合，然而，"劳动

---

① 如杨燕绥认为："劳动权，即劳动者的权利，劳动者的权利主要是就业权和社会保障权。"参见杨燕绥著：《劳动与社会保障立法国际比较研究》，中国劳动社会保障出版社2001年版，第18页。
② 最高人民法院劳动法培训班编：《劳动法基本理论与实务讲座》，法律出版社1995年版，第47页。
③ 王全兴著：《劳动法》，法律出版社1997年版，第105页。
④ 冯彦君认为，劳动权分为应然劳动权，法定劳动权和实有劳动权。应然的劳动权是存在于人们脑海中的理想化的劳动权形态；法定的劳动权是为法律规范所明确规定的劳动权形态；实有的劳动权是已为劳动者所现实拥有的获得实现的劳动权形态。参见冯彦君主编：《劳动法学》，吉林大学出版社1999年版，第59页。
⑤ 常凯：《劳权论——兼论当代中国劳动关系的法律调整》，北京大学2001年博士学位论文。

权"不等于"劳权","劳权"不是一个法学概念,其本身包含有劳资对立的意味,更适用于劳动关系领域。

二、劳动权的性质

劳动权具有人权的属性。正如上面的定义中所指出的,劳动权不是一般的权利,而是专指劳动者所享有的那些具有人权性质的权利。所谓"人权",是指每个人在生命、健康、自由、平等、人格尊严等方面所应享有的不可侵犯的基本权利。人权源于人的固有尊严,既不是制定法所授予的,也不能由制定法所剥夺。人权的概念是17、18世纪资产阶级革命时期提出来的。荷兰法学家、国际法鼻祖格劳秀斯(1583—1645年)主张人的生命权和人身自由是不可侵犯的,并在其著名的《战争与和平法》一书内,首次使用了"人的普遍权利"和"人权"的概念。其后,荷兰的斯宾诺莎、英国的霍布斯和洛克、法国的孟德斯鸠和卢梭都进一步提出和阐述了"天赋人权"的重要思想。特别是卢梭(1712—1778年)的人权思想,对资产阶级革命时期人权口号的提出和人权法的产生起着直接的推动作用。资产阶级在反对中世纪的神权和封建贵族、僧侣特权斗争过程中提出了"天赋人权"的口号,人权被认为是人的天赋的、基本的和不可剥夺的权利。

英国的《权利请愿书》(1628年)和《权利法案》(1689年)是两个最早载有人权规定的法律文件,也是西方国家人权立法的初步形态,它确立了以法律保障个人自由权利的制度。美国的《独立宣言》(1776年)在人类历史上第一次以政治纲领的形式确定了"天赋人权"和"人民主权"的原则,它开宗明义地指出:"我们认为这些真理是不言而喻的:人人生而平等,他们都从他们的'造物主'那里被赋予了某些不可转让的权利,其中包括生命权、自由权和追求幸福的权利。"美国的《独立宣言》被马克思誉为"第一个人权宣言"。法国的《人权与公民权宣言》(1789年)与英国的《权利法案》和美国的《独立宣言》相比,在世界历史上具有更加重要、更加特殊的地位。它宣布:"在权利方面,人们生来是而且始终是平等的。""人的天赋的不可让与的权利是自由、财产、安全和反抗压迫。"[①]

在各项人权中,生存权是最重要也是最基本的。基于生存权又衍生出来一系列的人权,如生命健康权、民族自决权等。劳动权也是由生存权概念衍生出来的一类权利。劳动者在社会中处于弱势地位,本身不占有生产资料,完全依靠工资维持生活。这种弱势阶层如果没有国家的特别保护,单纯依靠市场经济中"弱肉强食"的规则进行调整,劳动者的工资必然会被压低到难以维生的水平,而劳动安全卫生条件则会被放松到严重威胁劳动者生命健康的程度,这显然是

---

① 参见曹建明:《论人权的国际法律保护》,载《郑州大学学报》1999年第5期,第108页。

不正义的。每个劳动者都是社会的一个成员,都通过组成社会而为全社会作出了贡献。没有劳动者的参与,一个社会必然是不健全的,而且是病态的。参与本身就是劳动者对社会的贡献,离开了社会资源,任何企业家或者电影明星都不可能取得成功。因此,社会的每一个参加者都有权要求社会为其提供最低的生存保障,而社会也应当保障每一个成员在资源分配中获得公正份额。对劳动者而言,就是要保障其获得最低水平的收入。

保障劳动者的最低收入,主要包括两个方面:一方面是在劳动者具有劳动能力的情况下,首先应当保障其工作权,即保障劳动者获得一份工作。工作的目的是为了获得一定的收入,为了保障工作能够为劳动者提供足够的收入,劳动法除了规定最低工资等劳动基准以外,更主要是允许劳动者组织成工会,以集体的力量与劳动使用者进行谈判,从而保障每一个劳动者都能获得公平的分配。劳动者组织工会和集体协商的权利,就是团结权和集体协商权。团结权和集体协商权是一种劳动关系自治的形式,是劳动者通过自身的力量向劳动使用者争取公平劳动条件的必要条件。为了保证团结权和集体协商权的实现,劳动法还规定了集体行动权,即采取罢工、怠工等集体争议行为的权利。团结权和集体行动权本身都不是目的,它们本身都而是为了促使劳动使用者参加集体协商,从而达成公平的劳动条件。另一方面,在劳动者因为年老、患病、工伤、失业、生育等原因造成收入减少甚至完全丧失的情况下,还有权从国家和社会获得必要的物质帮助和补偿,此即劳动者的社会保险权。通过上述两个方面,劳动者的生存权就获得了比较全面的保护。

劳动权是一个历史的概念,其范围随着社会的进步而不断扩大。在资本主义社会初期,团结权、集体协商权、集体行动权、社会保险权等权利都没有得到法律的承认,工会处于非法组织的状态。迫于工人运动的压力,世界上最早出现的劳动立法是英国1802年颁布的《学徒健康与道德法》,该法只是规定了纺织工厂18周岁以下的学徒的每日最长工作时间。在这一阶段劳动者的生存权不受重视,法律主要是保护财产所有权和契约自由权,只是零零星星地规定了一些最低劳动标准,而且适用范围狭窄。直到1824年英国《团结法》和1825年《结合法》出台后,工会才在英国取得了合法地位。到19世纪末期,德国俾斯麦政府颁布了《医疗保险法》、《工伤事故保险法》、《伤残和养老保险法》,标志着社会保险权的产生。而直到20世纪70年代,工作环境权的概念才开始出现在一些国家的立法之中。因此,劳动权的发展经历了一个漫长的历史过程,每一项劳动权都是各国劳动者通过坚持不懈的奋斗才争取来的。

劳动权的内涵也随着社会的进步而不断深化。例如,对于工作权而言,早期的工作权只是要求为劳动者提供一份维持基本生活的工作。但是,在1999年6月的第87届国际劳工大会上,国际劳工组织提出了"体面劳动"的概念。所谓

"体面劳动",是指劳动应当是生产性的,而且劳动者的权利得到保护,有足够的收入和充分的社会保护,也意味着有足够的工作岗位。[①] 这说明国际社会对于工作权的认识不再仅仅是一份谋生的工作,而且这种工作还必须是生产性的,并且劳动者能够从这份工作中获得体面的收入。这样的工作权内涵显然比传统意义上的工作权有了质的提高。又如工作环境权,在早期的劳动法著作中几乎无人提及,各国劳动立法中也罕见其踪迹。但是到了20世纪70年代以后,很多国家纷纷制定综合性的劳动安全卫生立法,明确提出工作环境权的概念,才使得工作环境权成为劳动权的一部分。不仅如此,在一些国家,工作环境权不仅要求工作环境的安全卫生,而且还要求工作环境应当使劳动者在生理和心理两个方面都感觉舒适。按照这种要求,工作场所的噪音、异味、工作紧张、工作内容单调乃至于上司或者同事的性骚扰,都属于侵犯劳动者工作环境权的情形。由此可见,今天的劳动权虽然仍然是以生存权为基础,但是在内涵和标准上比传统的劳动权已经有了很大的提高。我们完全可以预计,在21世纪,劳动者所享有的劳动权将会比以往任何时代更全面,都更有利于劳动者身心的全面发展。

三、劳动权的体系

所谓劳动权体系,就是各种具体劳动权共同组成的有机整体。劳动权是一个权利束,其中又包含了很多具体的权利,例如团结权、集体协商权、工作权等等。这些权利互相配合,共同组成劳动权体系。研究劳动权的体系,有利于更好地把握各种具体劳动权的特点,更全面地维护劳动者的利益。

根据劳动权的内容,劳动权体系主要包括六项具体劳动权,即工作权、团结权、集体协商权、集体行动权、社会保险权以及工作环境权。

工作权是指任何具有劳动能力并且愿意工作的人都有获得一份工作的权利。工作权在劳动权体系中居于最重要的地位,是实现其他一切劳动权的前提。工作权的基本含义包括两方面:一方面是政府有义务从宏观的角度采取各项促进就业的措施,尽可能为全体劳动者提供更多的就业机会,最终实现充分就业的目标。另一方面,在就业岗位不能满足所有劳动者就业需要的情况下,政府应保证每个劳动者都享有平等的就业机会,禁止任何因种族、性别、民族、肤色等原因而进行就业歧视。[②]

团结权的概念有狭义和广义两种理解。狭义的团结权是指劳动者组织和参加工会并保证工会自主运行的权利。广义的团结权则是指劳动者运用组织的力量对抗劳动使用者以维护自身利益的权利,其具体内容主要包括三个方面:一是

[①] 林燕玲著:《国际劳动标准》,中国工人出版社2002年版,第17页。
[②] 周长征著:《劳动法原理》,科学出版社2004年版,第77页。

团结权,即组织和参加工会的权利;二是集体谈判权或称团体交涉权,即由工会代表劳动者与劳动使用者进行集体谈判签订集体合同的权利;三是集体争议权或称团体行动权,主要是指劳动者通过工会组织罢工的权利,即所谓的"劳动三权"。① 本书采用的是狭义上的团结权概念。

集体协商权,又称集体谈判权,是指工会或者劳动者选举的代表有权与劳动使用者或者劳动使用者组织,以签订集体合同为目的进行磋商或谈判。劳动者一方通常由工会或者经选举产生的劳动者代表参加协商,劳动使用者一方既可以单独参加协商,也可以组织起来与劳动者一方进行协商。

集体行动权是指多数劳动者为了迫使劳动使用者接受改善劳动条件或者提高工资福利水平等要求,而采取某些对抗性手段(如罢工、怠工、封厂等行为)的权利。大多数工业化国家在法律中允许工会或者劳动者为了争取更好的劳动条件而采取罢工等集体行动,同时也允许劳动使用者采取关厂(lock-out)等产业行动作为对抗。但是,这些激烈的对抗行动对双方都会造成巨大的损失,一般仅作为集体谈判的最后武器,不会轻易使用。

社会保险权是指劳动者在年老、患病、工伤、失业、生育等情况下所享有的获得物质帮助和补偿的权利。社会保险权是劳动者所享有的一项基本劳动权。我国《宪法》和《劳动法》对社会保险权都有着明确的规定。我国《劳动法》第70条规定:"国家发展社会保险事业,建立社会保险制度,设立社会保险基金,使劳动者在年老、患病、工伤、失业、生育等情况下获得帮助和补偿。"

工作环境权,是指劳动者应当在能够保障其安全和身体健康的环境中进行工作的权利。这里所谓的"健康",比传统意义上的概念含义更为广泛。根据国际劳工组织1981年制定的职业安全卫生与工作环境建议书(第164号建议书)的规定,健康不仅限于没有病痛,还包括在工作时,劳工身体上与心理上是否舒适。国际劳工组织对于健康的定义,是采用了世界卫生组织的观点,即所谓健康是指完全的身心舒适与幸福感,不仅限于没有病痛。②

这六项权利对于劳动者都十分重要,具有人权的性质。一般而言,各国宪法或者劳动法对这六项权利都作了规定,使之可以得到法律强制力的保护。任何人侵犯劳动者的上述任何一种具体劳动权,都会受到法律的制裁。然而,由于各国社会和经济发展的水平不同,有些具体劳动权并没有写入法律之中。例如,集体行动权在我国法律中并没有明文规定。但是,我国法律并没有禁止劳动者的集体行动的规定,而且事实上《工会法》第27条还规定,一旦发生停工、怠工事件,工会应当代表劳动者与劳动使用者协商,促使其满足劳动者的合理要求。由

---

① 常凯:《论不当劳动行为立法》,载《中国社会科学》2000年第5期,第73页。
② 黄越钦著:《劳动法新论》,中国政法大学出版社2003年版,第627页。

此可见,尽管我国《劳动法》倡导三方合作原则,但是各种合理的集体行动仍然具有合法性,而且将来集体行动权应当并且也有可能在法律上加以明文规定。

劳动权可以分为集体劳动权与个人劳动权两大类。所谓"集体劳动权",是指劳动者集体所共同享有的劳动权,包括团结权、集体协商权和集体行动权。日本《宪法》第 28 条规定:"劳动者的团结权、集体协商权及其他集体行动的权利受法律保障。"因此日本学者将团结权、集体协商权和集体行动权称为"劳动三权",也称"劳动基本权"。集体劳动权乃是确保劳动者生存权的必要手段,本身不是目的,但相互间有目的和手段的关系,即团结权、集体行动权的目的都是为了集体协商,而保障团结权未必保障集体行动权,因此有明示并存的必要。① 集体劳动权的特点在于,这些权利并不是由劳动者个人来行使的,而主要是由劳动者集体的组织——工会来行使的,因此有的学者称之为"集体劳权"。② 集体劳动权比个人劳动权更能体现现代劳动法的特点,在各国劳动法中都具有十分重要的地位。所谓"个人劳动权",是指除集体劳动权以外的其他各项劳动权,包括工作权、工作环境权与社会保险权。与集体劳动权相比,这三项权利的权利主体都是劳动者个人,而且产生的时间也比集体劳动权为晚。集体劳动权产生于 19 世纪 20 年代,在 20 世纪早期就已经得到了许多国家的认可。而个人劳动权产生于 19 世纪末期,在第二次世界大战之后随着人权意识的普及才得到了真正的发展。因此,集体劳动权是传统类型的劳动权,是各国工人运动的产物;而个人劳动权则带有更多的现代色彩,主要是人权运动的产物。集体劳动权的基础是生存权,具有集体人权的特征;而个人劳动权的基础是发展权,具有个人人权的特征。集体劳动权是劳动权的基础和保障,而个人劳动权则标志着劳动权的内容与范围正在向纵深发展。不过上述比较也并不是绝对的,一些个人劳动权如工作权虽然在立法中出现较晚,但相关的学说和思想很早就已经产生了。

劳动权还可以分为可诉劳动权与不可诉劳动权。一些劳动权(如工作权)不可诉的原因是"因为其义务主体是国家或社会,义务的履行受制于社会诸多因素而无法不折不扣地履行,只能创造条件尽最大努力来履行"③。因此,这种劳动权就是不可诉的。然而,劳动权是宪法和法律规定的劳动者的权利,对于保障劳动者生存权至关重要,因此原则上所有的劳动权都应当是可诉的。无论是政府部门还是用人单位,都不能侵犯劳动者的劳动权。一些劳动权的义务主体虽然在名义上是国家或者社会,但是具体的义务主体必然是一定的政府部门或

---

① 〔日〕管野和夫著:《劳动法》,日本弘文堂平成一年补正版,第 20 页。转引自黄越钦著:《劳动法新论》,中国政法大学出版社 2003 年版,第 66 页。
② 常凯:《论不当劳动行为立法》,载《中国社会科学》2000 年第 5 期,第 73 页。
③ 冯彦君主编:《劳动法学》,吉林大学出版社 1999 年版,第 59 页。

者社会组织。然而在现实中,由于劳动法制的不健全,一些劳动权尚缺乏诉讼程序,仅仅成为一种宣言式的权利,因此才出现了不可诉的权利。例如,我国《工会法》规定的团结权,过去并没有任何法律责任的规定,因此这种权利实际上是不可诉的。我国2001年修改后的《工会法》增加了第六章"法律责任",很多过去不可诉的侵犯团结权的行为现在已经可以向法院提起诉讼了。最高人民法院还在2003年6月25日发布了《关于在民事审判工作中适用〈中华人民共和国工会法〉若干问题的解释》(法释[2003]11号),进一步完善了有关的诉讼程序。可见,任何劳动权在理论上都应当是可诉的,不可诉的现象只能是暂时的,是因为法制不健全或者政府部门未能履行职责而造成的操作性障碍,这种不可诉现象可以通过修订法律逐步加以消除。

第五节 劳动法律关系

一、劳动法律关系概述

劳动法律关系,是指劳动法律规范在调整劳动关系过程中形成的法律上的劳动权利和劳动义务关系。劳动法律关系是劳动关系在法律上的表现,是当事人之间发生的符合劳动法律规范、具有权利义务内容的社会关系。

劳动法律关系是一种权利义务关系,企业、事业单位、国家机关、社会团体、个体经济组织与职工之间根据劳动法各自享有法律上的权利与义务。对劳动者一方,劳动法赋予劳动者享有按劳取酬、劳动保护等权利,但同时要求职工必须承担遵守劳动纪律等义务。对用人单位——企业、事业单位、国家机关、社会团体、个体经济组织一方,劳动法赋予其接受劳动者参加工作、分配任务和要求职工遵守内部劳动规则进行劳动的权利,同时又要求用人单位必须承担支付给职工劳动报酬、提供劳动条件和实现劳动保护的义务。

二、劳动法律关系的特征

(一) 劳动法律关系与劳动关系的区别和联系

劳动法律关系与劳动关系既有联系又有区别。就联系方面而言,人们总是依据客观存在的劳动关系,制定劳动法律规范,从而形成劳动法律关系;劳动关系发展变化了,要求劳动法律规范作相应调整,于是劳动法律关系也会随之变化。劳动关系是劳动法律关系存在的基础。实际生活中不存在的劳动关系,不可能制定法律规范,也不可能形成劳动法律关系。

劳动法律关系与劳动关系的区别体现在:(1) 两者所属的范畴不同。劳动关系是一种社会物质关系,属于经济基础的范畴,因为一定的劳动关系最直接地联系着一定的生产关系,是生产关系的组成部分;而劳动法律关系则是一种思想关系,属于上层建筑的范畴,它依据国家制定的劳动法律而形成,体现了国家的意志。(2)两者产生的前提不同。劳动关系是在劳动过程中发生的,有共同劳动存在就会有劳动关系的存在;劳动法律关系则是被劳动法律规范所调整的劳动关系,所以它的形成必须以劳动法律规范的存在为前提。每一种具体的劳动关系之所以成为劳动法律关系,正是因为有规定和调整这种劳动关系的劳动法律规范存在。如果没有相应的劳动法律规范,就不可能形成劳动法律关系。(3)两者的内容不同。劳动关系是以劳动为内容的,当国家没有制定相应的劳动法律规范时,这种关系因不具有法律上的权利义务关系,也就不具有国家强制力。这时,双方当事人的利益缺少有效的保护与保障。劳动法律关系是以法定的权利和义务为内容的,任何一个劳动法律关系的参加者,都是作为权利的享有者和义务的承担者出现的,同时受到国家法律的保护。

(二)劳动法律关系的特征

(1)劳动法律关系主体双方具有平等性和从属性。劳动法律关系一方主体是劳动者,另一方是用人单位。在劳动法律关系建立之前,即在劳动力市场中,劳动者和用人单位是平等的主体,双方是否建立劳动法律关系及建立劳动法律关系的条件由其按照平等自愿、协商一致的原则依法确定。在双方订立劳动合同,确立劳动法律关系之后,劳动者就成为用人单位的职工,处于提供劳动力的被管理的地位;而用人单位则成为劳动力使用者,处于管理劳动者的地位,双方形成管理与被管理的从属关系。

(2)劳动法律关系具有以国家意志为主导、当事人意志为主体的特征。劳动法律关系是按照劳动法律规范规定和劳动合同的约定形成的,既体现了国家意志,又体现了双方当事人的共同的意志。为了保护劳动者的合法权益,劳动法律关系具有较强的国家干预性质,因此,劳动法律关系体现的国家意志和当事人意志并不是平等的,当事人的共同意志必须符合国家意志并以其为指导,国家意志居于主导地位。

(3)劳动法律关系是在社会劳动中形成和实现的。劳动法律关系形成的现实基础是劳动关系。只有劳动者同用人单位提供的生产资料相结合,实现社会劳动过程,才能依据法律在劳动者与用人单位之间形成劳动法律关系。实现社会劳动过程,就是劳动者和用人单位各自依法行使权利和履行义务的过程,也就是劳动法律关系得以实现的过程。因此说,劳动法律关系是在社会劳动中形成和实现的。

三、劳动法律关系的要素

劳动法律关系的要素,是指构成各种劳动法律关系不可缺少的组成部分。

任何一种劳动法律关系,都是由劳动法律关系的主体、劳动法律关系的内容和劳动法律关系的客体这三个基本要素构成的。如果缺少其中任何一个要素,就不能形成劳动法律关系。

(一)劳动法律关系的主体

所谓法律关系的主体,就是依法享有权利与承担义务的法律关系的参加者。相应地,劳动法律关系的主体,是指依照劳动法享有权利与承担义务的劳动法律关系的参加者。劳动法律关系的主体,一方是劳动者,包括具有劳动能力的我国公民、外国人和无国籍人,即企业、个体经济组织的劳动者,实行企业化管理的事业组织的工作人员,与国家机关、事业组织、社会团体建立劳动关系的劳动者(即工勤人员),以及其他通过劳动合同(包括聘用合同)与国家机关、事业单位、社会团体建立劳动关系的劳动者等;另一方是用人单位,包括企业、事业单位、机关、团体等单位及个体经营单位。劳动法律关系的主体依法享有权利并承担义务,是权利的行使者和义务的承担者。劳动法律关系的主体是构成劳动法律关系的第一要素。

劳动者作为劳动法律关系主体必须具备劳动权利能力和劳动行为能力。所谓权利能力,是指法律关系主体能够享受权利和承担义务的能力,权利能力是法律认定法律关系主体的前提。所谓行为能力,是指法律关系主体能够以自己的行为行使权利并承担义务,从而使法律关系得以产生、变更或消灭的能力。劳动者的劳动权利能力,是指劳动者根据劳动法的规定,能够享有劳动的权利和承担劳动义务的能力。劳动者的劳动行为能力,是指劳动者能够以自己的行为行使劳动权利和承担劳动义务,从而使劳动法律关系产生、变更或消灭的能力。

劳动者的劳动权利能力和劳动行为能力,具有以下特点:

(1)劳动者的劳动权利能力和劳动行为能力开始于16周岁。我国《劳动法》规定:禁止用人单位招用未满16周岁的未成年人。只有年满16周岁的公民才有劳动权利能力和劳动行为能力,才能行使自己的劳动权利并承担劳动义务。而我国民法规定,公民的民事权利能力,始于出生,终于死亡。只有公民年满18周岁才根据法律的规定享有完全民事行为能力。因此,劳动者的劳动权利能力和劳动行为能力不同于公民的民事权利能力和民事行为能力。

(2)劳动者的劳动权利能力和劳动行为能力是统一的、不可分割的。只有同时具有劳动权利能力和劳动行为能力的年满16周岁的公民,才能成为劳动法律关系主体,成为某一用人单位的职工,二者是统一的、不可分割的。一旦公民丧失了劳动行为能力,也就不再享有劳动权利能力,因此也就失去了成为劳动法律关系主体的资格。劳动权利能力和劳动行为能力是统一的,而公民的民事权利能力和民事行为能力则是可以分割的。如上所述,公民的民事权利能力,始于出生,终于死亡;而公民的民事行为能力则受到年龄和智力状况的限制,18周岁以上的公民具有完全的行为能力,10周岁以上的未成年人具有部分行为能力,不满10周岁的未成年人和精神病人则无行为能力。可见,劳动者的劳动权利能力和劳动行为能力的开始时间,晚于公民的民事权利能力,早于公民的完全民事行为能力。

(3) 劳动者的劳动权利能力和劳动行为能力只能由劳动者本人亲自实现。法律不允许他人代理劳动者行使劳动权利能力和劳动行为能力,如果他人代理劳动者行使劳动权利能力和劳动行为能力,这种行为不仅是无效的,也是非法的。而在民事法律关系中,年满10周岁未满18周岁的未成年人是有部分行为能力的人,10周岁以下的人为完全无民事行为能力人,但是他们却仍然享有民事权利能力,可以由他们的法定代理人代理或协助其参与民事法律关系;即使是年满18周岁的公民,也可以委托他人代理自己行使民事行为能力,参与民事法律关系。

(4) 某些劳动者的劳动权利能力和劳动行为能力受到一定的限制。根据劳动法的规定,有些职业或工种,对劳动者的劳动权利能力和劳动行为能力有一定的限制。例如,未成年人和妇女,不得从事井下工作,不得从事繁重的体力劳动;某些特种作业需要劳动者经过特种职业培训并取得职业资格后才可以从事工作等。而公民的民事权利能力和民事行为能力,在法律规定的范围内则不受任何限制。

用人单位作为劳动法律关系主体也必须具备一定的条件,即必须具备用人的权利能力和行为能力。用人单位的用人权利能力,是指法律赋予用人单位享有用人的资格或能力。用人单位的用人行为能力,是指用人单位依法行使招收录用劳动者、变更和解除及终止劳动关系等行为的能力。用人单位的用人权利能力和用人行为能力也是统一的、不可分割的。用人单位行使用人权利能力和用人行为能力,必须符合劳动法律、法规的规定,如用人单位应当依法成立,能够依法支付劳动者工资、缴纳社会保险费、提供劳动保护条件,并能够承担相应的民事责任等。

(二) 劳动法律关系的内容

劳动法律关系的内容,是指劳动法律关系双方依法享有的权利和承担的义务。它是劳动法律关系的基本要素,是劳动法律关系的核心和实质。它是劳动法律关系的基础,没有劳动法律关系的内容,劳动法律关系就失去了实际意义。

劳动法律关系主体依法享有的权利,是指劳动法律规范确认的劳动法律关系主体享受权利和获得利益的可能性。具体表现为享有权利的主体有权依法作出一定行为或不作出一定行为,或者要求他人作出一定行为或不作出一定行为。

劳动法律关系主体依法承担的义务,是指负有义务的劳动法律关系主体依照劳动法律规范,为满足权利主体的要求,履行自己应尽的义务的必要性。具体表现为义务主体依法作出一定行为和不作出一定行为,以保证权利主体的权利和利益能够实现。

劳动法律关系主体的权利和义务具有统一性和对应性。劳动法律关系主体的权利和义务是相辅相成、互相联系的,共同存在于劳动法律关系之中,二者是统一的不可分割的整体。不存在只享受权利不承担义务的主体,也不存在只承担义务不享受权利的主体。劳动法律关系主体双方的权利义务具有对应性:一方的权利是另一方的义务,一方的义务也是另一方的权利。关于劳动者的劳动权利和义务的具体内容,将在后面各章中详述,劳动者依法享有的权利,就是用人单位对劳动者应尽的义务;劳动者应当承担的义务,也就是用人单位享有的权利。

(三) 劳动法律关系的客体

劳动法律关系的客体,是指劳动法律关系双方的权利义务共同指向的对象。主体双方的权利义务必须共同指向同一对象,才能形成劳动法律关系。因此,客体也是构成劳动法律关系必不可少的重要因素。具体而言,劳动法律关系的客体是指劳动法律关系双方共同指向的劳动活动。[1]

对劳动者来说,劳动法律关系的客体即劳动者通过用人单位组织的各种各样的劳动活动,实现劳动权利与履行劳动义务,从而为本人及其家庭成员获得基本生活保障,为国家和社会创造物质财富和精神财富。对用人单位来说,劳动法律关系的客体即通过组织劳动,合理配置劳动力资源,提高劳动生产率,发展经济,并在发展经济的基础上,不断完善劳动管理制度,改善劳动条件,提高劳动者的生活水平,推动社会经济的发展。

---

[1] 参见关怀主编:《劳动法》,中国人民大学出版社2001年版,第82页。

第二章 劳动法的产生和发展

第一节 劳动法的产生

一、劳动法产生的社会基础——劳动关系

劳动是人类社会产生与存在的基本条件。在人类社会发展的不同历史时期,人们在劳动中必然形成一定形式的社会劳动关系,即人们在劳动过程中的人与人之间的关系。人类的存在离不开劳动,但并不是有了劳动就有了劳动法。只有社会劳动关系发展到一定阶段,才产生了劳动法。

在原始社会时期,人们进行群体的共同劳动,有着自然分工和一定的劳动协作关系,这种协作关系,不是靠法律调整,而是靠长期形成的、人们需要共同遵守的习惯来维持。

在奴隶制社会中,奴隶成为奴隶主的私有财产,奴隶主对待奴隶,可以像对待其他任何财产一样,随意转让和买卖。奴隶要绝对服从奴隶主,不能有任何反抗,奴隶主可以对奴隶任意鞭打,当时法律为保护奴隶制的财产关系,奴隶主对奴隶的剥削、压榨可以不负任何责任。奴隶向奴隶主提供劳动,在奴隶和奴隶主之间的这种关系,不是现代意义上的劳动关系。

在封建制社会,农奴虽然有了一定的人身自由,但基本上仍依附在封建主的土地上,受封建主的剥削。封建社会法律为保护封建主的利益,规定了封建主有处置农奴的权利,这种对劳动关系的调整,也不是现代含义的劳动法的产生。

人类社会发展到资本主义的原始积累时期,国家用强制手段迫使大量农民失去土地,强迫他们进入工厂。为实现资本主义的原始积累,在资本主义的萌芽时期,一些国家曾颁布过"劳工法规"。"劳工法规"的主要内容是强迫劳工接受雇主苛刻的劳动条件,如允许延长工时,禁止工人提高工资的要求等等。这样的法规,形式上似乎是劳动法,但实质上仍然不是现代含义的劳动法。以上人类社会各个历史时期,虽然有劳动、有劳动关系,发展到一定阶段时,也开始有对当时劳动关系调整的法律,但都不是现代含义的劳动法。而各个历史时期劳动关系的产生和发展成为以后劳动法产生的社会基础。

二、劳动法的产生——19世纪初期的"工厂立法"

随着资本主义的发展,新兴资本家逐渐在经济上以至于以后在政治上取得

主导地位。产业革命以后,大工业生产迅速发展,大批劳动者进入工厂,社会上形成雇佣者与被雇佣者两大阶级,双方有各自独立的经济利益。对这种劳雇关系,初期在法律上沿用"雇佣自由"原则。这种原则的适用,导致雇主可以随意延长工时,减少工资,劳动条件恶劣,必然引起劳工的不满与反抗。在19世纪初,为稳定社会秩序,在一些国家,开始颁布劳动法规,这种法规在某种程度上开始限制雇主的剥削,或者说是在某种程度上改善劳工条件的法规。历史上这种法规的出现,应该是劳动法的产生。不过当时是以"工厂立法"的形式出现的。

历史上出现得最早的劳动法规,是1802年英国议会颁布的《学徒健康与道德法》。该法规定了英国纺织厂18岁以下工人每日工作时间不得超过12小时,禁止18岁以下工人晚上9时至翌日5时之间夜班工作。虽然这些规定的劳动条件仍然很苛刻,但就当时来讲,英国工厂工作时间在15小时、16小时情况下,法律对工作时间的限制,可以看作在某种程度上限制了雇主的剥削。19世纪初期的"工厂立法"虽然适用范围很小,但毕竟是改善劳工条件的立法,这种法律与资本主义原始积累时期的"劳工法"有本质的不同。继1802年英国的《学徒健康与道德法》之后,欧洲一些工业化发展较早的国家,也开始制定了改善劳工条件的法律,如瑞士、德国、法国等等,先后制定了有关限制工时、改善童工劳动条件的法律。

三、劳动法产生的原因

自19世纪初期开始,在一些国家陆续颁布了劳动法规(工厂立法)。这一时期劳动法产生的原因,有以下几方面的因素:

劳动法产生于大工业时期是"人类理性"的体现。由于资本主义"雇佣自由"原则、"自由放任"政策的适用,国家对劳雇关系不干预的结果,导致雇主随意降低工资、延长工时,劳工条件不断恶劣下去。一些社会活动家、慈善家等等提出改善劳工条件,限制剥削。这些活动促进了劳动法的产生。

劳动法的产生也是资本主义大工业生产的客观要求。随着资本主义机械工业的发展、提高,对生产条件在客观上有一定要求,如在烟雾弥漫的生产车间不可能生产出高质量的产品。为此客观上要求有一定的劳动条件,国家需要通过法律改善某种劳动条件。

劳动法的产生,是因为在资本主义制度的发展过程中,劳工劳动条件不断恶化。每天工人工作时间在14、16小时甚至18小时,工资低,工作条件不能保障人身安全,引起劳工的不满与反抗,劳资矛盾激化,引发社会的不稳定。各国工人阶级为争取自身的生存权利,自发地与资产阶级进行斗争,要求国家立法保护工人,特别是女工和童工。资产阶级国家为协调劳雇双方的利益关系,稳定社会经济秩序,而颁布某些改善劳工条件的法律。这个因素是劳动法产生的主要因素,能够反映其本质原因,所以劳动法的产生是国家开始对劳资关系进行干预,是为协调劳资关系,稳定当时社会经济秩序的要求。以后各国陆续颁布的法律,基本上也离不开这一原因。如1935年美国的《劳资关系法》,其目的是国家以法律强制劳资双方发生利益冲突时,坐下来谈判,一方要求谈判,另一方拒绝为违法。这些法律的出现,主要是为了协调矛盾,稳定社会秩序。

四、初期劳动法的特点

(1)初期的劳动立法,多数是从改善女工和童工的立法开始。因为当时女工和童工劳动条件最差,迫使国家颁布这样的法律,容易得到社会的同情与支持。

(2)初期的劳动立法,适用范围很小。有的国家法律只限于适用较大的工厂,并未普遍适用。

(3)初期的劳动立法,虽然法律规定了对某些劳动条件的改善,但一般缺少监督条款、责任条款。虽然规定了限制工时等内容,但无明确的监督检查机构,对违法者也缺乏责任的具体规定,因此初期的劳动法,很难真正得到实施。

第二节 各国劳动法的发展

一、当代各国劳动立法概况

19世纪随着"工厂立法"的发展,各国工厂法的适用范围不断扩大。英国开始进行了工会立法,英国、法国、美国等一些国家开始了解决劳动争议的相关立法,特别是德国开始进行社会保险的立法,1883年至1889年德国颁布了《疾病保险法》、《工伤保险法》、《老年和残疾保险法》,这是历史上最早的社会保险立法。进入20世纪以后,各国劳动立法的主要内容包括:

第一,工时立法。

实行8小时工作制是各国劳动者长期斗争的目标。第一次世界大战后,有些国家开始实行8小时工作制,如法国、德国、瑞士等国家相继颁布实行8小时工作制。20世纪60年代以后,法国、日本等国家进一步实行40小时工作周。当代各国的工时立法趋势是不断缩短法定工作时间。为适应经济发展及高科技发展的要求,一些国家开始试行各种灵活的工作时间,如非全时工作时间、弹性工作时间、信息网络家内工作等等。

第二,带薪年休假立法。

进入20世纪以后,在工人运动的影响下,一些国家开始实行带薪年休假制度,比较早的是英国、加拿大、新西兰等国,发展至今天,世界各国只有少数国家未实行年休假制度。

第三,职业安全与卫生立法。

职业安全与卫生早期称为工厂安全卫生、劳动保护等。20世纪以后,在一些国家的"工厂法"或"劳动法"中专门设立了职业安全卫生的立法,其中包括矿山安全立法。如美国1970年颁布了《职业安全卫生法》,1977年颁布了《联邦矿山安全卫生法》。特别是有些国家在职业安全卫生中专门规定了对女工在劳动中的特殊保护,如女工产假的规定,防止职业危害的规定等等。在对女工特殊保护的同时,也对未成年工的特殊保护作了规定。

第四,最低工资立法。

最低工资法是保障劳工基本生活的重要法律,也是工人争取生存条件的重要目标。直到20世纪以后,一些国家开始实行最低工资制度,陆续以法律形式规定了最低工资标准。美国1938年的《公平劳动标准法》中对最低工资作了规定。第二次世界大战以后,各国相继颁布了最低工资法。与此同时,在反歧视法的影响下,美国、英国等国家颁布了保护工资报酬平等权利的《同酬法》。

第五,社会保险法。

20世纪以后,继德国的社会保险立法之后,一些国家陆续颁布了疾病、伤害、老年、残疾等保险法律。后来,为稳定社会秩序,减少失业压力,又增加了失业保险法、遗属保险法等。特别是20世纪40年代以后,在英国、美国、北欧一些"高福利"国家,即"从胎儿到天堂"的福利国家,实行包括家庭津贴、医疗补助、失业培训津贴等各种福利制度。但是近几年来,一些国家的福利制度遇到了各种困境。目前,各国的社会保险制度也正在进行改革。

第六,劳动合同立法。

进入20世纪以后,为规范劳资双方的权利义务,特别是在各国劳工争取就业安全下,各国普遍实行了劳动合同制度。如法国、德国、日本等国家颁布了关于解雇工人程序、禁止非法解雇等方面的法律。

第七,关于调整劳资关系,处理劳动争议的立法。

当代世界各国为协调劳资关系(或劳雇关系、劳使关系、劳动关系)陆续建立了集体谈判、集体合同制度,确立了工会的法律地位,在协调劳动关系中适用三方性原则(政府、劳工、雇主),设立了专门处理劳动争议的调解、仲裁、司法机构,如德国设立了劳动法院。

第八,原苏联及东欧一些社会主义国家劳动立法及20世纪90年代以后的变化。

劳动立法的另一历史是俄国十月革命后苏维埃政权于1918年通过了第一部《苏俄劳动法》,1922年重新制定了《苏俄劳动法典》,1970年废除了1922年的《法典》,通过了《苏联和各加盟共和国劳动立法纲要》,《纲要》包括了劳动者基本权利、集体合同、工时、休假、工资、安全卫生、妇女与未成年工劳动、工会、劳动争议、社会保险等内容。除苏联外,第二次世界大战后,陆续成立的其他社会主义国家,在参照苏联劳动立法的基础上结合本国特点,也相继颁布了各国的劳动法典。自20世纪90年代以来,苏联及东欧一些国家已经发生社会政治经济制度的变革,随之劳动立法也有了新的发展变化。20世纪90年代初期,苏联解体后,组成"独立国家联合体"。各独联体国家对原有劳动法进行了修订,并陆续颁布了新的单行劳动法规,如俄罗斯联邦以《劳动基本法》对原有劳动法进行了修改,乌克兰颁布了《工人保护法》、《集体合同法》等单行法规。东欧其他国家在政治经济发生重大变化以后,对原有劳动法也进行了修改、补充,在工时、工资、工作规则等方面通过立法协调各种雇佣关系。

二、各国劳动立法的发展趋势

综观各国劳动立法的历史,由于各国社会制度不同,经济发展阶段不同,劳资双方抗衡力量的变化及国际劳工运动的影响等因素,各国劳动立法的发展进程均有所不同,但从总体来讲,可以体现以下发展趋势:

第一,世界各国均已颁布适合本国特点的劳动法律、法规。

各国制定颁布劳动法的时间及数量虽各有差异,但现在各国已普遍颁布了劳动法。各国劳动法的名称不同,有"劳动法"、"劳工法"、"劳资关系法"、"劳动基准法"等等,从不同角度调整劳动关系。劳动法在法律体系中,产生的时代较晚,但是劳动法在各国法律中数量较多。

现在较多的国家在不断制定颁布各项单行劳动法规的基础上,颁布了法典式的劳动法,成为调整劳动关系的基本法律。

第二,劳动法适用范围不断扩大。

初期的劳动法规,适用范围较小。19世纪出现的"工厂法",只适用于较大的工厂,内容只涉及对女工和童工某种劳动条件的保护。

自19世纪以后,各国劳动法适用范围已从少数工厂扩大到其他所有工业部门,20世纪以后随着经济的发展,扩大到商业、海运等部门,既包括生产部门,也包括非生产部门。逐步扩大到各种经济部门,甚至涉及自雇者、自由职业者、个体经济等等,只要存在劳雇关系,就开始制定法律予以调整。在一些国家,除了对一般劳动者的适用外,还特别对一些特殊群体进行专门立法,如对妇女、海员、移民、残疾人、军人等等。

第三,劳动法已成为完整而系统的法律体系。

各国劳动法的表现形式虽有差异,但现在各国劳动法律体系已逐步形成,内容完整而系统,几乎包括了调整劳动关系的所有内容。如劳动管理、劳动合同、集体合同、工资报酬、工时、休假、职业安全卫生、女工和未成年人的特殊保护、劳动争议、劳动监督检查等等。

第四,当代各国劳动法加强了责任条款及处理劳动纠纷的机构。

初期的劳动法缺少责任条款,法律难以得到真正的实施。现在各国劳动法加强了劳雇双方违反法律、法规应承担的责任。一般依据过错责任原则,分别处理违法者。为及时处理劳动纠纷,稳定社会秩序,劳动法体系中,一般包括处理纠纷的程序法。专门设立受理劳动纠纷的专门机构,如仲裁机构、劳动法院、法庭等等,已有了法定的解决劳动纠纷的具体程序。有些国家还有代理劳动案件的专门律师,将劳动纠纷案件纳入法律援助体系中。

第五,各国劳动法一般均规定了各项主要劳动条件的最低标准。

各国劳动法的发展与完善,与经济发展程度、劳动关系特点、社会制度、劳工运动等因素有关。但当代各国劳动法中,一般都制定了主要劳动条件的最低标准,如最低工资标准、最高工时标准、作业环境中有害物质的容许浓度、最低就业年龄等等。法律规定的最低标准是强制性的。各企业根据其发展条件,在执行时可以优于法定标准,可以通过集体谈判在集体合同、劳动合同中约定。

第六,国际劳动立法的发展,对各国劳动法的影响。

自国际劳工组织成立以来,目前已有一百多个国家加入了该组织,国际劳工组织的立法形式是制定和通过国际劳工公约和国际劳工建议书。国际劳工公约和国际劳工建议书包括劳动条件、劳动标准的所有内容,各国制定颁布劳动法时,经常要参考这些公约和建议书。今后随着经济全球化的发展趋势,在劳动标准上将会产生全球化标准的发展要求。各国经济发展阶段的不同,虽然在劳动标准上不能完全适用统一标准,但各国逐步争取达到最低国际劳工标准还是应该做到的。

各国劳动法发展的总的进程,对协调劳动关系,稳定社会秩序,维护各国劳动者合法权益起到了积极作用。各国劳动法发展进程,有时受到全球经济变化的影响,劳资关系的影响,以及国内经济体制改革、转型等影响,从而也会随之发生积极或消极的变化。

第三节 中国劳动立法简史

中国劳动立法的历史,可以从不同时期、不同情况归纳为以下几个阶段:

一、旧中国时期的劳动立法

(一) 中国劳动组合书记部发动和领导的劳动立法运动

1922年成立的中国劳动组合书记部是领导工人运动的总机关。自19世纪40年代以后,中国工人阶级队伍逐渐壮大形成。在旧中国,中国劳工劳动条件非常恶劣,每日工作12小时以上,工资低微,工作条件没有安全保障。旧中国政府镇压工人的反抗,对罢工者处以严厉的刑罚。自1922年至中华人民共和国建国前夕,中国劳动组合书记部领导工人运动,共召开过六次全国劳动大会,历次劳动大会都不断提出改善劳工条件的口号,并发起劳动立法运动。1922年发出了《关于开展劳动立法运动的通告》,拟定了《劳动立法原则》、《劳动立法大纲》、《劳动法案大纲》。在《劳动法案大纲》中,内容包括集会集社权、同盟罢工权、缔结团体协约权、国际联合权、每日工作8小时、星期日休息、女工8个星期产假工资照发、最低工资保障、国家设立劳动检查局、国家或雇主承担保险费、年休假等等。1925年第二次全国劳动大会上,成立了全国总工会,通过了《经济斗争决议案》,其中提出最低工资、8小时工作制、保护女工等立法要求。在以后的劳动大会上陆续通过了《关于中国职工运动总策略决议案》、《劳动法大纲决议案》、《失业问题决议案》等等,继续开展劳动立法运动。

(二)北洋政府时期的劳动立法

在工人运动的压力下,北洋政府于1923年公布了《暂行工厂规则》,其内容大大低于《劳动立法原则》和《劳动立法大纲》的要求。北洋政府时期颁布的劳动法,虽然在实际上未得到真正的实施,但毕竟是我国劳动法颁布的开始。

(三)广州、武汉国民政府时期的劳动立法

1923年,改组后的国民党确立了联俄、联共、扶助农工三大政策,并于1925年成立广州政府,1926年迁至武汉。这一时期颁布了《工会条例》,在国民党代表大会上通过了《工人运动决议案》,在国民党中央、各省联席会上通过的《关于本党最近政纲决议案》中规定了《关于工人十条》,内容包括组织工会权利、罢工自由、女工童工保护、每星期工作不得超过54小时、疾病及死亡保险、设劳资仲裁会、改良工人居住、设工人补习学校及工人子弟学校等等。1926年公布了《劳工仲裁条例》等。广州、武汉国民政府时期的劳动立法,对保护劳工权益起到了积极的作用,但也曾颁布过《取缔工潮法》等阻碍工人运动的法律。

(四)南京国民政府时期的劳动法

1927年以后,成立了南京国民政府。南京国民政府在对工人运动进行镇压的同时,陆续公布了一些劳动法规。1928年公布了《工会组织条例》,同年还公布了《劳动争议处理法》,规定了劳动争议的调解程序和仲裁程序。1930年公布了《团体协约法》,该法所称的团体协约是指"谓雇主或有法人资格之雇主团体与有法人资格之工人团体,以规定劳动关系为目的所缔结之书面契约"[①]。1929年公布了《工厂法》、1932年公布了《修正工厂法》,该法是南京政府时期较为重要的劳动立法,内容比较广泛,包括女工、童工、工资、工作时间、劳动契约等等。

---

① 关怀主编:《劳动法学》,法律出版社1996年版,第107页。

1932年公布了《工厂检查法》，规定了检查机构、职权及检查员条件等等。抗日战争以后，直至1949年，在战争环境下，南京政府又公布了一些限制工人运动的法令，如《非常时期工会管制暂行办法》、《战乱时期紧急治罪法》。

二、革命根据地时期的劳动立法

1927年以后，中国共产党在江西、湖南、湖北、广东、陕西、甘肃一些地区建立了革命根据地，公布了适用于根据地的劳动法令。如1931年的《中华苏维埃共和国劳动法》、《关于实施劳动法的决议案》，内容包括劳动合同、集体合同、工作时间、休息时间、工资、女工童工保护、社会保险、劳动保护、解决劳动纠纷等等。1933年又对该法进行了修改。这一时期的劳动法对调整这部分地区劳动关系起到了一定的作用，但这些法令所规定的条件较高，对当时革命根据地来讲，不少内容脱离实际，难以实施。

1940年以后，在中国共产党领导的抗日根据地，颁布了一些劳动法令，如《冀鲁豫边区劳工保护暂行条例》，内容包括言论结社自由、最低生活保障、每日工作10小时、集体合同、劳动合同等等。还公布了《陕甘宁边区劳动保护条例》等。

抗日战争结束后，在中国共产党领导的解放区，颁布过一些劳动法令。1948年全国劳动大会决议中提出"关于解放区职工运动的任务"，其内容包括职工参加民主管理、劳动时间8小时至10小时、限制加班、工资、女工童工保护、劳动保护、劳动保险、劳动契约、劳动纠纷处理等等。

三、中华人民共和国成立以后的劳动立法

1949年中华人民共和国成立以后，劳动法在不同的历史阶段，经历了曲折发展的道路。随着中国法制建设的发展和完善，劳动立法也正在成为一个发展较快的法律部门。

（一）新中国成立后至2007年的劳动立法

中华人民共和国成立以后，至2007年之前劳动立法的发展大体可以分为三个阶段：

1949年至1966年，为调整这一时期的劳动关系，颁布了《关于劳资关系暂行处理办法》、《关于私营工商企业劳资双方订立集体合同的暂行办法》、《国营企业内部劳动规则纲要》、《全国年节及纪念日放假办法》、《中华人民共和国劳动保险条例》、《关于工人、职员退休处理的暂行办法》、《国家机关工作人员退休处理暂行办法》、《关于劳动争议解决程序的规定》、《中华人民共和国工会法》以及劳动安全方面的《工厂安全卫生规程》、《建筑安装工程安全技术规程》、《工人、职员伤亡事故报告规程》等等。与此同时，曾经开始进行《中华人民共和国

劳动法》的起草工作,但并未完成而停顿下来。

1966年至1978年"文化大革命"时期,在法律虚无主义影响下,劳动立法工作停顿,法制工作被破坏。

1978年以后,中国进入一个新的历史时期,国家工作重点转入经济建设,随之法制建设也进入全面发展阶段,劳动法制建设取得重大进展。最为突出的是《中华人民共和国劳动法》(以下简称《劳动法》)的颁布和实施。经过多年的起草工作,1994年7月5日第八届全国人民代表大会常务委员会第八次会议通过了《劳动法》,并于1995年1月1日开始实施。这是新中国成立后第一部综合性调整劳动关系的法律。《劳动法》共有13章107条。该法的主要成就体现在:

第一,基本适应我国现阶段市场经济体制对劳动力市场的要求,如劳动合同制的实施,经济性裁员的规定等等。

第二,该法内容体系结构完整,囊括了涉及劳动关系双方权利义务的所有内容,并规范了解决争议的程序、法律责任、监督检查等内容。

第三,该法原则上规范了最低工资、工时休假、职业安全与卫生、女工与未成年工特殊保护、职工奖惩等重要劳动标准。

第四,该法为适应现阶段我国劳动就业的总体形势特点,在劳动合同、法律责任等项规定上,突出了对劳动者权利的保护。

《劳动法》颁布后,1994年国家劳动部陆续颁发了17个配套规章。紧接着,1995年国务院发布了《关于修改〈国务院关于职工工作时间的规定〉的决定》,1995年国务院又发布了《关于深化企业职工养老保险制度改革的通知》,同年,劳动部发布了《〈国务院关于职工工作时间的规定〉的实施办法》、《违反〈中华人民共和国劳动法〉有关劳动合同规定的赔偿办法》和《关于贯彻执行〈中华人民共和国劳动法〉若干问题的意见》,并与国家经贸委联合发布了《现代企业制度试点企业劳动工资社会保险制度改革办法》,等等。特别是1995年以后又相继颁布了一些重要法律、法规,如1999年国务院颁布《失业保险条例》,2001年10月27日第九届全国人大常委会第二十四次会议通过了《中华人民共和国工会法》的修正案,同时,全国人大常委会又通过了《中华人民共和国职业病防治法》,2002年全国人大常委会通过了《中华人民共和国安全生产法》,2003年国务院颁布了《工伤保险条例》等。

(二) 2007年以后我国劳动法的最新发展

2007年是我国劳动立法中的一个里程碑。在这一年中,先后通过了三部重要的劳动法律,分别是6月29日通过的《中华人民共和国劳动合同法》,8月30日通过的《中华人民共和国就业促进法》以及12月29日通过的《中华人民共和国劳动争议调解仲裁法》。这三部法律分别完善了我国的劳动合同法律制度、就业促进法律制度和劳动争议处理法律制度,标志着我国已经初步建立了适应社会主义市场经济体制需要的劳动立法体系。尤其是《劳动合同法》，严格要求企业与劳动者签订书面劳动合同，并且扩大无固定期限劳动合同的适用范围，在社会上掀起了学习劳动法的热潮。

除了三部法律以外，国务院还制定了两个重要的条例。一个是2007年12月14日国务院公布的《职工带薪年休假条例》，该《条例》细化了《劳动法》所建立的带薪年休假制度，明确规定连续工作1年以上的职工，有权享受5—15天的带薪年休假。另外一个是2008年9月18日国务院公布的《劳动合同法实施条例》，该《实施条例》进一步明确了《劳动合同法》中的一些规定，并对该法的立法方向作出了适当的调整。2010年，我国又颁了一部重要法律，即《中华人民共和国社会保险法》，这部法律全面而系统地规范了基本养老保险、基本医疗保险、工伤保险、生育保险、失业保险。同时对社会保险费的征缴、社会保险基金、社会保险的经办、社会保险监督、法律责任也作了明确规定，该法适用范围广泛，是一部保障劳动者的社会保障权的重要法律。

第三章 国际劳动立法

第一节 国际劳动立法范围及起源

一、国际劳动立法范围

在劳动问题上进行国际间的合作、交流以及通过国际协商进行约束,是伴随各国经济的发展,国际间经济贸易的发展而提出的。

国际劳动立法范围广义上主要包括:

第一,国际劳工组织的章程、公约及建议书。

国际劳工组织是重要的国际劳动立法机构。国际劳工组织章程、国际劳工公约、国际劳工建议书,经国际劳工大会通过后,如果经其所属会员国批准即对该国具有约束力。

第二,联合国和区域性的公约或协定。

联合国和区域性制定的有关劳工问题的公约、协定等,也是国际劳工立法的组成部分。如《世界人权宣言》、《公民权利和政治权利国际公约》、《经济、社会和文化权利国际公约》、《欧洲保护人权与基本自由公约》等所涉及劳工问题的相关内容。

第三,国与国之间的双边协定。

在国际交往中涉及劳工问题,国与国之间也需协商签署一些双边协定或条约,如欧洲一些国家之间涉及移民、海员、社会保障、劳工纠纷等内容的协定或条约。

狭义上的国际劳动立法,一般主要指国际劳工组织章程、国际劳工公约、国际劳工建议书。国际劳工公约和国际劳工建议书也合称为国际劳工标准。

二、国际劳动立法思想的产生

国际劳动立法思想开始于19世纪上半叶。当时一些国家陆续进入大工业生产时期,随着经济的发展,国际间的贸易也发展起来,必然加剧了国际间贸易竞争。与此同时,各国工人运动也在发展,为了改善劳工条件,缓解劳资冲突以及国际经济贸易竞争的需要,一些政治活动家、社会活动家、社会改良主义者提出了社会改良的主张,包括在劳动上进行国际间的约束,如英国的空想社会主义者欧文、法国社会活动家勒格朗等。一直到19世纪下半叶,国际劳动立法思想才开始被工人组织、社会团体所接受,并提出了制定国际标准等主张。

三、国际劳动立法的开端

在国际劳动立法思想的影响下,1880年瑞士政府曾首先提出召开国际会议,制定国际劳工公约,此项倡议因各国间意见分歧未能实行。1889年瑞士政府又联合一些国家,建议召开国际会议,由于德国要求在柏林召开,因此1890年在柏林召开了包括15个国家参加的会议。这是历史上第一次由政府派代表讨论劳工问题的会议。1900年在巴黎成立了国际劳动法协会,在它的推动下,1906年在瑞士召开了有15个国家参加的会议,通过了两个公约《关于禁止工厂女工夜间工作公约》、《关于禁止火柴制造中使用白(黄)磷公约》(又称《伯尔尼公约》)。1913年国际劳动法协会又起草了《关于女工童工工作时间公约》、《关于禁止童工夜间工作时间公约》两个公约,原计划于1914年召开会议通过,因第一次世界大战的爆发而未能实现。综上所述,国际劳动立法于19世纪下半叶有了开端,其原因是:(1)国际工人运动的推动。如1866年第一国际曾把每日工作8小时提到全世界工人阶级的共同纲领中。(2)为缓和劳资冲突的需要。(3)国际间经济贸易的竞争。为平衡国际间人工成本的需要而进行劳动标准的国际间约束。

国际劳动立法虽然有了开端,但其发展进程是很缓慢的,通过的两个公约,实际上也未得到真正的施行,还有两个公约未能召开会议讨论通过。当时的国际劳动立法也受到一些阻力,如有的工人团体主张争取劳动条件斗争采取直接行动而反对劳动立法;一些政府认为国际劳动立法是干涉国家主权;有学者认为国际劳动立法违反契约自由原则等等。

第二节 国际劳工组织的建立

一、国际劳工组织的产生

第一次世界大战结束后,战胜国于1919年初在巴黎召开会议,在巴黎和会上,成立了一个由15人组成的委员会,讨论国际劳工问题,拟定了《国际劳工组织章程草案》和一个包括9项原则的宣言,当年提交巴黎和会讨论通过。后来编入《凡尔赛和平条约》的第13篇,即《国际劳动宪章》,并于1919年6月正式成立了国际劳工组织。国际劳工组织在1919年至1939年期间是国际联盟的附设机构。1940年至1945年第二次世界大战期间,国际联盟解体,国际劳工组织作为一个独立性的组织继续存在。第二次世界大战以后,国际劳工组织成为联合国的专门机构之一直至现在。国际劳工组织所关心和处理的事务,一般都涉及工人、雇主的权利和义务。

二、国际劳工组织的性质和特点

国际劳工组织的性质是普遍的、官方的国际劳动立法组织,它不是民间的地区性的国际组织。国际劳工组织的成员国必须是独立的国家,现在已有一百多个会员国。

国际劳工组织与其他国际组织不同的一个突出特点是"三方性原则",三方性原则主要是指在涉及劳动问题上,劳工代表、雇主代表应与政府代表处于平等地位,共同协商作出决定,以协调劳动关系。包括各成员国参加国际劳工大会应有劳工、雇主、政府三方代表出席。

国际劳工组织的主要机构有国际劳工大会、国际劳工组织理事会、国际劳工局。

三、国际劳工组织的主要任务

国际劳工组织的主要任务是制定和通过国际劳工公约和国际劳工建议书。国际劳工公约和建议书是国际劳工组织的立法形式,因此,国际上通常将国际劳工组织通过的国际劳工公约和建议书合称为《国际劳工标准》。国际劳工公约和建议书需经国际劳工大会三分之二代表通过,国际劳工大会通过的国际劳工公约如果经过会员国国家批准,该国即受该公约的约束。国际劳工公约和建议书的主要区别为公约被会员国批准后即需负履行义务,而建议书不需批准,只作为制定法律的参考。截至 2008 年年底,国际劳工组织已通过 188 个公约,199 个建议书。各会员国真正批准的公约数目,各国有所不同,多则几十个,少则只有几个。会员国对一个公约履行了批准手续后,便要承担该公约在本国实施的义务。对一个公约的批准不能有所保留,即不能只接受一部分,而拒绝另一部分。同时国际劳工组织也有关于退出某个公约的条件和程序规定。

国际劳工组织制定公约和建议书的主要依据,在第二次世界大战前是《国际劳动宪章》规定的 9 项原则。第二次世界大战后是 1944 年通过的《费城宣言》中的原则。

《国际劳动宪章》中规定的 9 项原则是:(1) 在法律上和事实上,人的劳动不应视为商品;(2) 工人和雇主都有结社的权利,只要其宗旨合法;(3) 工人应该得到足以维持适当生活水平的工资,(4) 工厂的工作时间以每日 8 小时或每周 48 小时为标准;(5) 工人每周至少有 24 小时的休息,并尽量把星期日作为休息日;(6) 工商业不得雇佣 14 岁以内的童工,并限制 14—18 岁男女青年的劳动;(7) 男女工人做同等工作应得到同等的报酬;(8) 各国法律所规定的劳动状况标准,应给合法居住该国的外籍工人以同样的待遇;(9) 各国应设立监察制度以保证劳动立法的实施,监察人员应有妇女参加。①

1944年在美国费城召开的国际劳工大会上通过了《费城宣言》。《费城宣言》的第三部分,具体提出了国际劳工组织的10项目标:(1)充分就业和提高生活标准;(2)使工人受雇于他们得以最充分地发挥技能和成就,并得以为共同福利作出最大贡献的职业;(3)作为达到上述目的的手段,在一切有关者有充分保证的情况下,提供训练和包括易地就业和易地居住在内的迁移和调动劳动力的方便;(4)关于工资、收入、工时和其他工作条件的政策,其拟订应能保证将进步的成果公平地分配一切人;(5)切实承认集体谈判的权利和在不断提高生产率的情况下劳资双方的合作,以及工人和雇主制订与实施社会经济措施方面的合作;(6)扩大社会保障措施,以便使所有需要此种保护的人得到基本收入,并提供完备的医疗;(7)充分地保护各业工人的生命和健康;(8)提供儿童福利和产妇保护;(9)提供充分的营养、住宅和文化娱乐设施;(10)保证教育和职业机会均等。

国际劳工组织自成立以来,在上述原则和目标下,制定和通过的公约及建议书得到不断发展。就公约内容来讲,从最初关于保护女工童工、工作时间、最低就业年龄、职业安全等内容,逐步发展到包括有关劳工问题的各个方面,大体可以分为10类:(1)基本政策;(2)民主权利;(3)就业与失业;(4)工作时间与休息时间;(5)女工、未成年工;(6)职业安全与卫生;(7)工资;(8)社会保障;(9)职业培训;(10)其他。②

四、国际劳工组织与中国的关系

中国是1919年参加巴黎和会的国家,因此,也是国际劳工组织的创始国之一。1949年中华人民共和国成立之前,旧中国政府时期先后批准了14个国际劳工公约,并于1944年成为国际劳工组织常任理事国。新中国成立以后的相当长的历史时期内,中华人民共和国与国际劳工组织没有关系。直至1971年恢复中华人民共和国在联合国的席位,台湾当局退出国际劳工组织以后,新中国自1983年第69届国际劳工大会开始,参加了国际劳工组织的活动并陆续承认或批准了25个国际劳工公约。1984年中国政府对旧中国时期的14个公约予以重新承认。国际劳工组织对1949年以后台湾当局批准的23个公约取消了公约的批准效力,撤销了对批准的登记。我国重新承认旧中国时期批准的14个公约是:

(1)《确定准许儿童在海上工作的最低年龄公约》(第7号公约);

---

① 任扶善著:《世界劳动立法》,中国劳动出版社1991年版,第227—228页。
② 同上书,第231页。

(2)《农业工人的集会结社权公约》(第11号公约);

(3)《工业企业中实行每周休息公约》(第14号公约);

(4)《确定准许使用未成年人为扒炭工或司炉工的最低年龄公约》(第15号公约);

(5)《在海上工作的儿童及未成年人的强制体格检查公约》(第16号公约);

(6)《本国工人与外国工人关于事故赔偿的同等待遇公约》(第19号公约);

(7)《海员协议条款公约》(第22号公约);

(8)《海员遣返公约》(第23号公约);

(9)《制定最低工资确定办法公约》(第26号公约);

(10)《航运的重大包裹标明重量公约》(第27号公约);

(11)《船舶装卸工人伤害防护公约》(第32号公约);

(12)《各种矿场井下劳动使用妇女公约》(第45号公约);

(13)《确定准许使用儿童于工业工作的最低年龄公约》(第59号公约);

(14)《对国际劳工组织全体大会最初28届会议通过的各公约予以局部的修正以使各该公约所赋予国际联盟秘书长的若干记职责今后的执行事宜有所规定并因国际联盟的解散及国际劳工组织章程的修正而将各该公约一并酌加修正公约》(第80号公约)。

1983年以后中国恢复国际劳工组织的活动后至2008年,新批准了11项国际劳工公约,分别是:

(1)《残疾人职业康复与就业公约》(第159号公约);

(2)《男女工人同工同酬公约》(第100号公约);

(3)《三方协商促进贯彻国际劳工标准公约》(第144号公约);

(4)《作业场所安全使用化学品公约》(第170号公约);

(5)《就业政策公约》(第122号公约);

(6)《准予就业最低年龄公约》(第138号公约);

(7)《劳动行政管理公约》(第150号公约);

(8)《建筑业安全卫生公约》(第167号公约);

(9)《禁止和立即行动消除最恶劣形式的童工劳动公约》(第182号公约);

(10)《职业安全卫生公约》(第155号公约);

(11)《就业与职业歧视公约》(第111号公约)。

在我国已经承认或批准的25项国际劳工公约中,其中有三项新中国成立之前批准的公约在 1999 年因为我国批准了《准予就业最低年龄公约》而自然失效①,因此,目前对我国仍然有效的国际劳工公约共 22 项。

五、经济全球化对国际劳动立法的影响

在经济全球化、国际资本及各国劳动力将逐渐在世界范围内互动的背景下,国际劳动标准在世界劳工运动以至国际贸易中越来越受到关注。自 20 世纪 70 年代以来,国际上开始讨论、争论将国际劳工标准与世界贸易挂钩,特别提出国际劳工组织的 8 个公约作为"核心劳工标准",应当纳入到世界贸易组织协议中,称为"社会条款"。② 这些主张得到一些发达国家政府和劳工组织的支持。但发展中国家由于其社会经济发展阶段的不同,适用同一劳工标准会影响其在国际经济贸易中的地位。因此,关于国际劳工标准问题,今后还将继续讨论和争论,也会受到更加广泛的关注。如 2000 年联合国秘书长安南提出包括以人权、劳工标准、环境为内容的九项原则的"全球契约",这九项原则中有六项为劳动问题。为此,中国的劳动法制建设应关注国际社会关于国际劳工标准问题发展的最新情况。

---

① 这三项公约是第 7 号公约、第 15 号公约以及第 59 号公约。
② 周长征:《WTO 的"社会条款"之争与中国的劳动标准》,载《法商研究》2001 年第 3 期。

第四章 就业促进法

第一节 就业概述

一、就业的概念和特征

就业作为一个十分复杂的社会经济问题,从不同的角度可作不同的解释:从劳动经济学的角度看,就业是劳动力与生产资料结合,生产社会物质财富并进行社会分配的过程;从劳动者个人的角度看,就业是劳动者的谋生手段;从社会价值的角度看,就业是使劳动力和生产资料两大资源得到合理利用的过程;从劳动法的角度看,就业,是指具有劳动能力的公民在法定劳动年龄内自愿从事有一定劳动报酬或经营收入的社会劳动。[①]

就业具有以下特征:

(1)就业的主体具有特定性。就业的主体必须是具有劳动权利能力和劳动行为能力的公民。公民的劳动权利能力和劳动行为能力具有一致性,一般通过劳动年龄的规定明确。各国劳动法律都对劳动者就业最低年龄和就业最高年龄作了严格规定,只有在法律规定的年龄段内,劳动者才具备就业的条件,否则便不能就业。我国《劳动法》规定,年满16周岁的公民,才具有就业的资格。

(2)就业必须是出自公民的自愿,即公民在主观上必须具有求职的愿望。就业是公民的一种权利,行使或放弃这种权利,完全取决于公民自己的意愿;但是,劳动者的就业权利的实现必须主观上有求职的愿望。

(3)就业必须是一种能够为社会创造财富或有益于社会的劳动,即就业要求劳动者必须从事法律允许的有益于社会的社会劳动,这是劳动者的劳动是否得到社会承认和法律保护的客观依据。

(4)就业必须使劳动者能够获得一定的劳动报酬或经营收入。首先,就业的目的是通过劳动获得一定的物质利益;其次,劳动能够获得一定的报酬或经营收入,这是劳动者实现自己再生产的物质保障。

二、就业立法概况

劳动是人类生存和发展的基本条件。就业意味着公民实现了劳动权。因

[①] 参见关怀主编:《劳动法》,中国人民大学出版社2001年版,第102页。

而,在劳动立法中,关于就业的法律规定占有重要的地位。综观各国就业立法,它由三个部分组成:一是宪法中关于公民劳动权的规定,如委内瑞拉《宪法》、墨西哥《宪法》等,我国《宪法》也有保障公民劳动权的规定;二是劳动基本法中关于就业的规定,各国劳动法典中几乎都有就业的内容,如法国《劳动法典》第三卷为《安置和雇佣》,我国《劳动法》也设有"促进就业"专章规定;三是关于就业的专项法规,如英国 1980 年、1982 年的《就业法》,日本 1947 年的《职业安定法》等。①

由于就业问题历来是世界各国关注的普遍性社会问题,国际劳工组织非常重视关于就业的立法。其中主要有:1919 年《失业公约》(第 2 号)及同名建议书(第 1 号),1944 年《国家计划公共工程建议书》(第 71 号),1948 年《职业介绍所组织公约》(第 88 号)及同名建议书(第 83 号),1958 年《歧视(就业与职业)公约》(第 111 号)及同名建议书(第 111 号),1964 年《就业政策公约》(第 122 号)及同名建议书(第 122 号),等等。

新中国成立以来,国家很重视就业工作,不断寻找和开辟适合我国国情的就业途径,并为此先后颁布了一系列关于就业的法律、法规。我国的就业立法大致可分为以下几个阶段:

(1) 1949—1956 年,是我国就业立法的建立和形成阶段。

这一时期,由于新中国刚刚从战争的废墟中诞生,安置大量的失业人员,稳定全国局势,尽快恢复经济和生产,成为当务之急。1950 年前后,中央人民政府政务院公布了《关于救济失业工人的指示》;劳动部公布了《救济失业工人暂行办法》;1952 年 8 月政务院公布了《关于劳动就业问题的决定》。这些规定对于当时安置失业人员就业起了重要的作用。1954 年 9 月 20 日,第一届全国人大第一次会议通过了《中华人民共和国宪法》。根据宪法的有关规定和当时的中心任务,国家进行了一系列的劳动立法,其中关于就业方面的法规包括:1954 年劳动部发布的《建筑工人调配暂行办法》;同年,国务院发布《复员建设军人安置暂行办法》。从此,国家开始有计划、有组织地统一安排就业工作。

(2) 1957—1976 年,是我国就业立法的低谷阶段。

在这近二十年的时间里,由于"左"的错误思想的干扰和法律虚无主义作祟,加之"十年动乱"的破坏,同其他各项工作一样,就业立法工作也陷于停滞不前状态,关于就业方面的立法几乎没有。

(3) 从 1977—2006 年,是我国就业立法的恢复和发展阶段。

这一时期,我国加快了劳动立法的步伐,在就业方面制定、颁布了一系列法律、法规。但由于长期存在着认识上的偏差和工作上的错误,忽视就业方面的法

---

① 王全兴著:《劳动法》,法律出版社 1997 年版,第 345 页。

制建设,主要以行政手段对全国就业实行统包统分,以致管理集中,统得太死,未能充分合理地实现就业,加之"十年动乱"期间,城镇里大批的知识青年"上山下乡",到了1979年,这些人又大批"返城"等待就业。就业问题一度成为我国极为突出和严峻的社会问题。为了缓解这一社会问题,我国及时地采取相应的措施,陆续出台了一系列就业的法律、法规。1980年,中央召开了全国就业工作会议,并发出了《进一步做好城镇劳动就业工作》文件;1981年,党中央、国务院颁布了《关于广开门路,搞活经济,解决城镇就业问题的若干规定》;1982年,劳动人事部颁布了《关于劳动服务公司若干问题的意见》;1983年又制定了《关于招工考核择优录用的暂行规定》;1986年,国务院发布了《国营企业招用工人暂行规定》。这一系列的就业政策和行政法规,对于解决当时的就业问题起了积极的推动作用,使相当一部分失业人员得以就业,从而暂时缓解了我国就业的巨大压力。

在此基础上,适应经济体制改革的需要,打破我国长期以来在计划经济体制下以固定工为主体的用工模式,改革用工制度,实行多种用工形式并存的劳动合同制。为此,我国政府颁布了一系列就业法规,其中包括:1983年劳动人事部发布的《关于积极试行劳动合同制的通知》;同年国务院发布的《关于科技人员合理流动的若干规定》;1984年劳动人事部发布的《关于做好招聘工作的通知》;1986年国务院发布的《国营企业实行劳动合同制暂行规定》。这些法规的出台,无疑是我国就业制度的一个巨大变革,它为我国全面实行全员劳动合同制奠定了基础。

随着我国社会主义市场经济体制的确立,为了适应社会经济发展的需要,1994年7月5日第八届全国人大常委会第八次会议通过了《中华人民共和国劳动法》,在第二章规定了"促进就业",为今后我国的就业保障确定了基本的原则和方针。

(4) 2007年至今,是我国就业促进法开始走向定型和成熟的阶段。

2007年8月30日,第十届全国人大常委会第二十九次会议通过了《中华人民共和国就业促进法》。该法共69条,分为九章,分别是总则、政策支持、公平就业、就业服务和管理、职业教育和培训、就业援助、监督检查、法律责任和附则。这部法律标志着我国就业促进法律制度已经全面建立。

值得一提的是,在2007年的2月25日,国务院还颁布了《残疾人就业条例》,进一步落实了《残疾人权益保障法》关于残疾人就业权利的规定,该条例也是我国就业促进法制的一个重要组成部分。

三、国家和政府对就业的职责

就业不单纯是社会成员自己劳动意愿的满足,而且也要求客观条件的保障。

如果缺少必要的客观条件,社会成员的劳动愿望就会落空。但社会成员就业的客观条件,不是靠个人就能创造的,而是有赖于国家和政府帮助,这是国家和政府的一项职责。

为了能够尽可能地促进劳动者就业,政府一般要制定一定的就业政策,通过就业政策的具体实施来创造更多的就业岗位,从而促进就业。国际劳工组织制定了很多关于促进就业的公约和建议书,其中最重要的是1964年《就业政策公约》(第122号公约)和同名的建议书(第122号建议书)。该公约要求各成员国应宣布并实行一项积极的就业政策,其目的在于促进充分的、自由选择的生产性就业。上述政策应符合以下各项要求:

(1) 向一切有能力工作并寻找工作的人提供工作;

(2) 此种工作应尽可能是生产性的;

(3) 每个工人不论其种族、肤色、性别、宗教信仰、政治见解、民族血统或社会出身如何,都有选择职业的自由,并有获得必要技能和使用其技能与天赋的最大可能的机会,取得一项对其很合适的工作。

可见,第122号公约对就业的标准提出了一些具体的要求,这对于各国就业政策的制定具有重要的指导意义。我国于1997年批准了第122号公约,而且我国政府近年来也一直致力于促进就业工作,特别是在国有企业下岗职工再就业和大学生就业方面制定了很多具体措施,如1998年6月9日中共中央、国务院联合发布的《关于切实做好国有企业下岗职工基本生活保障和再就业工作的通知》等等。

在社会主义市场经济体制下,我们国家和政府对就业的职责主要表现为以下两个方面:

第一,国家把扩大就业放在经济社会发展的突出位置。

扩大就业,是维护劳动者根本利益,化解劳动者流动日益增加给社会带来的压力,保证社会经济稳定增长的基础。我国《就业促进法》第2条明确了国家在扩大就业方面的责任,要求国家把扩大就业放在经济社会发展的突出位置,实施积极的就业政策,坚持劳动者自主择业、市场调节就业、政府促进就业的方针,多渠道扩大就业。

第二,县级以上政府对扩大就业承担直接责任。

现代国家几乎都把促进就业作为政府的一项基本职责,我国《就业促进法》更是将政府在促进就业工作中的职责作为法律责任加以明确规定。该法第4条要求县级以上人民政府把扩大就业作为经济和社会发展的重要目标,纳入国民经济和社会发展规划,并制定促进就业的中长期规划和年度工作计划。具体而言,各级政府要通过发展经济和调整产业结构、规范人力资源市场、完善就业服务、加强职业教育和培训、提供就业援助等措施,来创造就业条件,扩大就业。

四、我国的就业制度模式

就业制度,是指国家为了促进和保障劳动者充分就业,实现劳动力资源合理配置而采取的各种制度。由于社会经济发展阶段的不同,我国对劳动力资源的配置方式也不同,由此形成了两种类型的就业制度模式。

(一)行政配置型就业制度模式

这种就业制度模式是伴随着我国计划经济体制的形成而产生的。它曾经为解决旧中国遗留下来的严重失业问题发挥过重要的作用,对恢复和发展社会经济产生了积极的影响。在这种制度中,城镇劳动者完全由国家运用行政手段,实行统一计划、统一招收、统一调配,被动地依赖和接受国家的安置就业。用人单位也无用工自主权,只是被动地服从国家的统一调配,安置劳动者就业。这种单一集权式的就业制度,形成了劳动者都挤在等待国家统包安置这条独木桥上的被动局面,存在许多弊端:(1)造成了劳动者对国家安置就业的依赖性,同时,也使得劳动者不能按自己的意愿,实现劳动力与生产资料的结合,从而抑制了劳动者的创造性和积极性,造成劳动力素质下降。(2)用人单位没有自主用工的权利,只有按国家规定的指标安置的义务,以致影响了用人单位的积极性。(3)对国家而言,这种就业制度由于缺乏与经济发展政策、产业政策和所有制政策的有机联系,无法解决日益严重的就业问题。同时,这种就业制度也严重束缚了社会生产力的发展,不能适应社会主义市场经济的需要。随着我国社会主义市场经济体制的建立,这种就业制度已经逐步被市场导向型就业制度取代。

(二)市场导向型就业制度模式

随着经济体制改革和对外开发的发展,政府已经越来越无法包揽就业工作。因此,1980年8月举行的全国劳动就业工作会议提出了"三结合"的就业方针,即在国家统筹规划和指导下,实行劳动部门介绍就业、自愿组织起来就业和自谋职业相结合的方针。此后,随着社会主义市场经济体制的确立,在"三结合"就业方针的基础上,我国逐渐形成了以市场为导向的新型就业制度模式,即坚持劳动者自主择业、市场调节就业、政府促进就业的方针指导下的新的就业制度模式。这一方针在我国2007年颁布的《就业促进法》中进一步得到了确认。

第二节 公平就业

一、公平就业与反对就业歧视

所谓公平就业,就是反对各种类型的就业歧视,保障劳动者能够在公平的基础上实现其就业权利。公平就业的反面就是就业歧视。就业歧视就是根据劳动者的户籍、性别、民族、种族、肤色、宗教等因素,限制其选择职业的权利。就业歧视可能是企业行为,也可能是政府行为。其中政府行为可能是具体行政行为,也可能是抽象行政行为,即制定包含有就业歧视内容的法规。例如,如果一个城市禁止农民工进城寻找工作,那么,即使一个农民工非常适合该工作岗位,而且劳动使用者也愿意与之订立劳动合同,双方仍然无法建立劳动关系。可见,就业歧视不仅侵犯了劳动者的劳动自由,而且还可能妨碍劳动使用者的用工自由,因此是建立统一高效的人力资源市场的巨大障碍。

就业歧视在我国是一种违法行为。我国早在1994年颁布的《劳动法》第3条就规定,劳动者享有平等就业和选择职业的权利。该法第12条明确规定:"劳动者就业,不因民族、种族、性别、宗教信仰不同而受歧视。"针对现实中比较常见的性别歧视,该法第13条进一步规定:"妇女享有与男子平等的就业权利。在录用职工时,除国家规定的不适合妇女工作的工种或者岗位外,不得以性别为由拒绝录用妇女或者提高对妇女的录用标准。"因此,任何基于民族、种族、性别或宗教信仰的就业歧视在我国都是违法的。

我国2007年颁布的《就业促进法》,更是高度重视反对就业歧视问题,特别以专章规定了"公平就业"。该法第25条和第26条分别针对我国比较多见的政府歧视行为和企业歧视行为,明确规定了各级人民政府和用人单位在反就业歧视方面的责任。首先,各级人民政府应当创造公平就业的环境,消除就业歧视,制定政策并采取措施对就业困难人员给予扶持和援助。其次,用人单位招用人员、职业中介机构从事职业中介活动,应当向劳动者提供平等的就业机会和公平的就业条件,不得实施就业歧视。

在国外关于禁止就业歧视的法律中,影响较大的是1964年的美国《民权法案》(the Civil Rights Act)。该《法案》在1968年、1972年和1991年经过三次修正,其精华在第7条,该条规定雇主和工会不能因为种族、肤色、性别、宗教或国籍因素而对雇员进行歧视。[1] 根据有关法律,还成立了专门的管理机构——平等就业机会委员会(Equal Employment Opportunity Commission, EEOC),负责处理有关争议和投诉。

国际劳工组织也一向重视禁止任何形式的就业歧视,并将禁止就业歧视列为基本国际劳工标准。这方面的公约和建议书主要是1958年《就业和职业歧视公约》(第111号公约)和同名建议书(第111号建议书)。第111号公约给就业中的"歧视"下了一个定义。所谓"歧视",就是"根据种族、肤色、性别、宗教、政治观点、民族血统或社会出身所作出的任何区别、排斥或优惠,其结果是剥夺或

---

[1] 工会主要涉及公平代表(fair representation)问题。参见周长征著:《劳动法原理》,科学出版社2004年版,第78页。

损害在就业或职业上的机会或待遇上的平等"①。另外,会员国政府在同有代表性的雇主组织和工人组织以及其他的适当机构协商以后也可以把其他形式的区别、排斥或优惠视为歧视,只要这种做法会产生剥夺或者损害就业或职业上的机会或待遇平等。我国已经于2005年8月批准了该公约。

二、就业歧视的主要类型与法律保护

就业歧视的实质是一种不公平的区别对待行为。究竟什么样的行为属于法律上禁止的"就业歧视",大多数国家都是采用在法律上明确规定歧视类型的做法。我国《劳动法》第12条规定的就业歧视类型包括民族、种族、性别、宗教信仰等四种歧视类型。我国《就业促进法》第3条在重述《劳动法》第12条所规定的四种歧视类型的基础上,在列举了四种歧视类型之后,用了一个"等"字,表示该法所禁止的歧视类型不仅原来的四种,并在第三章"公平就业"部分,进一步明确增加了残疾歧视(第29条)、传染病病原携带者歧视(第30条)、农民工歧视(第31条)三种歧视类型,从而使得更多的劳动者能够享受到公平就业的阳光。实践中,性别歧视与我国《就业促进法》新增加的三种歧视类型最为常见,下面分别加以分析。

(一)性别歧视

由于男性长期以来在经济、社会与政治中都处于统治地位,因此性别歧视是世界各国普遍存在的一种歧视类型。国际劳工组织在1951年专门制定了第100号公约,即《同工同酬公约》,试图首先解决劳动报酬方面的性别歧视问题。该公约规定:"各会员国应当以符合现行决定报酬率办法的适当手段,保证在一切工人中实行男女工人同工同酬的原则。"我国已经于1990年11月批准了该《公约》,并且在立法上也非常重视男女同工同酬问题。我国《宪法》第48条第2款就明确规定:"国家保护妇女的权利和利益,实行男女同工同酬,培养和选拔妇女干部。"我国《劳动法》第46条第1款则规定:"工资分配应当遵循按劳分配原则,实行同工同酬。"但是,该条的规定比较宽泛,没有从性别歧视的视角强调"男女同工同酬"。我国2005年全面修订的《妇女权益保障法》则对男女同工同酬作出了明确而具体的规定,依照该法,妇女不仅在享受福利待遇方面享有与男子平等的权利,而且在晋职、晋级、评定专业技术职务等方面,亦应当坚持男女平等的原则,不得歧视妇女。尽管目前我国在同工同酬立法方面的立法已经比较完备,但是由于传统文化和旧的制度的影响,这些法律往往缺乏有效的执行,存在着很严重的有法不依现象。现实中用人单位拒绝招用女性的事例还比比皆是,甚至很多机关事业单位也存在着严重的性别歧视问题。因此,反对性别歧视

---

① 周长征:《WTO的"社会条款"之争与中国的劳动标准》,载《法商研究》2001年第3期。

在我国仍然是一项任重道远的长期工作。

（二）农民工歧视

农民工歧视的实质是户籍歧视，在国际劳工组织的第111号公约中属于社会出身歧视的一种。社会出身歧视是一种非常落后的社会制度，历史上西欧国家的贵族身份、印度的种姓制度等，都是社会出身歧视的典型，并且现在都已经不复存在。在我国改革开放之前，各种人员的升学和就业登记中都要申报"家庭出身"，然后根据家庭出身决定就业的范围和工种的优劣，这也是一种典型的社会出身歧视。虽然家庭出身歧视现在也已经销声匿迹，但是基于户籍原因的社会出身歧视至今仍普遍存在。例如，目前在劳动力市场和人才招聘会上，很多用人单位都要求求职者要有特定的城市户口，这显然侵犯了公民平等就业的权利。我国劳动者一出生就已经被赋予一定地区的户籍，但是不管出生在何地，他都仍然享受我国《宪法》所赋予的公民权利。如果因为其户籍而限制其在户籍地以外的就业权利，无疑是剥夺了其部分公民权利，这在现代法治国家是法律所不允许的，而且也不符合社会主义市场经济体制下建立全国统一的劳动市场的需要。鉴于我国已经批准了第111号国际劳工公约，因此解决包括户籍歧视在内的社会出身歧视问题已经成为我国政府所承担的一项国际法义务。

农民工是户籍歧视的最大受害者，很多地方过去曾经长期以地方法规或规章的形式限制农民工就业，比如要求农民工要办理就业证、暂住证等繁琐的手续。因此，我国对农民工的就业歧视往往带有制度歧视的特点，在实践中很难通过法律程序加以纠正。2002年以后，随着国家重新开始关注"三农问题"，并且珠三角等地区发生了大规模的"民工荒"，各地长期以来对农民工的就业歧视问题因而出现了重大转机。2003年1月，国务院办公厅颁发了《关于做好农民进城务工就业管理和服务工作的通知》，提出要取消对农民进城务工的不合理限制，各地区、各有关部门要取消对企业使用农民工的行政审批，取消对农民工进城务工就业的职业工种限制，不得干涉企业自主合法使用农民工。2004年12月，国务院办公厅又颁布了《关于进一步做好改善农民进城就业环境工作的通知》，进一步明确了要推进大中城市户籍制度改革，放宽农民进城就业和落户的条件，对农民工子女接受义务教育，在入学条件等方面应当与当地学生同等对待，等等。我国2007年颁布的《就业促进法》完成了对农民工制度歧视的最后一击，该法第31条以法律的形式明确规定农村劳动者进城就业享有与城镇劳动者平等的劳动权利，不得对农村劳动者进城就业设置歧视性限制。当然，徒法不足以自行，立法虽然已经健全，能否在实践中全面落实上述立法与政策，切实赋予两亿农民工平等就业权利，还有待各级政府与社会各界长期不懈的努力。

（三）残疾歧视

残疾歧视问题也是现代人类社会的顽疾之一。据统计，在我国8296多万残疾人中,已经实现就业的只有2266万人,其中城镇463万人、农村1803万人。我国目前尚有858万有劳动能力、达到就业年龄的残疾人没有实现就业,而且每年还将新增残疾人劳动力30万人左右。一些用人单位不按照规定安排残疾人就业、不依法与残疾人职工签订劳动合同,以及歧视残疾人的情况时有发生。为此,完善残疾人立法就成为近年来国家社会立法的一个重点。

我国《就业促进法》第29条规定国家保障残疾人的劳动权利,用人单位招用人员,不得歧视残疾人。但第29条的规定显然过于笼统,不可能真正解决残疾歧视问题。这方面更有效的立法乃是2008年2月25日国务院颁布的《残疾人就业条例》以及2008年4月24日第十一届全国人大常委会第二次会议通过的修改的《残疾人保障法》。《残疾人保障法》首先在第3条第3款概括地规定"禁止基于残疾的歧视",在第38条第2款则进一步明确规定:"在职工的招用、转正、晋级、职称评定、劳动报酬、生活福利、休息休假、社会保险等方面,不得歧视残疾人。"这是我国法律在残疾就业歧视方面最完整、最具体的表述。《残疾人就业条例》则在第4条第1款中规定"禁止在就业中歧视残疾人",并且在第13条将该原则性规定进一步明确化,规定:"用人单位应当为残疾人职工提供适合其身体状况的劳动条件和劳动保护,不得在晋职、晋级、评定职称、报酬、社会保险、生活福利等方面歧视残疾人职工。"与《残疾人保障法》相比较,条例还要求用人单位为残疾人提供"适合其身体状况的"劳动条件和劳动保护,以及在"晋职"中也要实行平等待遇,这就把反对残疾歧视从就业环节扩展到了残疾人的职业发展和工作环境之中,标志着我国在立法上对残疾人平等权利的保护越来越全面。

(四) 传染病病原携带者歧视

针对传染病病原携带者的歧视实质上是一种健康就业歧视,美国、澳大利亚等国将艾滋病感染者、乙肝病原携带者等人群视为残疾人加以保护,在法律上禁止因为此类健康原因而进行歧视待遇。[①] 我国没有把传染病病员携带者作为残疾人,通过《残疾人保障法》进行保护,而是在《就业促进法》将此类劳动者单列为一种类型。该法第30条规定:"用人单位招用人员,不得以是传染病病原携带者为由拒绝录用。……"

据统计,我国大约有1.2亿乙肝病原携带者,占我国总人口的10%左右。2007年5月18日,国家劳动和社会保障部与卫生部联合下发了《关于维护乙肝表面抗原携带者就业权利的意见》,明确指出,乙肝表面抗原携带者不会通过呼吸道和消化道传染,一般接触也不会造成乙肝病毒的传染。除了少数特殊行业外,慢性乙型肝炎病毒携带者可照常参加工作。除国家法律、行政法规和卫生部

[①] 叶静漪、魏倩:《健康就业歧视若干法律问题研究》,载《人权》2004年第3期。

规定禁止从事的易使乙肝扩散的工作外,用人单位不得以劳动者携带乙肝表面抗原为理由拒绝招用或者辞退乙肝表面抗原携带者。该《意见》要求各地严格规范用人单位的招、用工体检项目,保护乙肝表面抗原携带者的隐私权。用人单位在招、用工过程中,可以根据实际需要将肝功能检查项目作为体检标准,但除国家法律、行政法规和卫生部规定禁止从事的工作外,不得强行将乙肝病毒血清学指标作为体检标准。各级各类医疗机构在对劳动者开展体检过程中要注意保护乙肝表面抗原携带者的隐私权。该《意见》实际上是对《就业促进法》第30条的具体解释和落实。

另外一种常见的传染病原携带者是艾滋病病毒感染者。根据2003年12月1日我国卫生部与联合国艾滋病中国专题组联合发布的《中国艾滋病防治联合评估报告》,截至2003年6月,中国艾滋病病毒的实际感染人数约为84万人,其中艾滋病患者约为8万人。① 这个数字虽然不大,但是联合国另外发表的《中国艾滋病报告》中指出,中国已经成为艾滋病感染率增长最快的国家之一,到2010年,中国艾滋病病毒感染者将超过1000万人。② 为了更好地控制艾滋病的蔓延,并且保护艾滋病感染者的权利,国务院于2006年11月颁布了《艾滋病防治条例》,该《条例》第3条明确规定:"任何单位和个人不得歧视艾滋病病毒感染者、艾滋病病人及其家属。艾滋病病毒感染者、艾滋病病人及其家属享有的婚姻、就业、就医、入学等合法权益受法律保护。"另外,江苏、浙江、云南等省还制定了地方法规,都有保护艾滋病病毒感染者权利的规定。我国《就业促进法》第30条则将对艾滋病病毒感染者的公平就业保护权利从行政法规和地方法规上升为法律。

但是,出于保护社会公众利益的考虑,我国《就业促进法》第30条同时规定,经医学鉴定传染病病原携带者在治愈前或者排除传染嫌疑前,不得从事法律、行政法规和国务院卫生行政部门规定禁止从事的易使传染病扩散的工作。这一限制最突出地表现在食品生产行业。例如我国《食品卫生法》第26条第2款规定:"凡患有痢疾、伤寒、病毒性肝炎等消化道传染病(包括病原携带者)、活动性肺结核,化脓性或者渗出性皮肤病以及其他有碍食品卫生的疾病的,不得参加接触直接入口食品的工作。"

---

① 艾滋病感染者不同于艾滋病患者,艾滋病病毒感染者是指已经感染了艾滋病病毒,但是还没有表现出明显的临床症状,没有被确诊为艾滋病的人,其身体状况跟健康人无异。从传播途径来看,艾滋病病毒主要是通过血液、性交、母婴三大途径传染,不会通过空气、唾液及第三载体(如蚊虫叮咬)进行传播。

② 高耀洁著:《中国艾滋病调查》,广西师范大学出版社2004年版,第23页。

三、法律责任与救济

就业歧视案件不属于一般的劳动争议,如果用人单位违反了《就业促进法》的有关规定,对法律所保护的特定群体(如女性、残疾人、乙肝病毒携带者等)进行了歧视待遇,劳动者不需要经过劳动争议仲裁程序,而是可以直接向人民法院提起诉讼。我国《就业促进法》第62条规定:"违反本法规定,实施就业歧视的,劳动者可以向人民法院提起诉讼。"因此,劳动者最主要的救济方式就是诉讼。2008年12月,武汉市江汉区法院作出判决,判令某公司向一名被解雇的乙肝病毒携带者书面赔礼道歉,并向其支付精神抚慰金5000元。[1] 该案被媒体称为"反就业歧视第一案",对于广大劳动者通过司法程序维护公平就业权利具有重要意义。

就业歧视诉讼中举证责任的分配非常关键。目前我国对于就业歧视诉讼程序规定还不健全,导致很多案件中劳动者因为无法举证而败诉。从美国的经验来看,求职者可以提供两种证据证明招聘方有歧视行为:直接证据与间接证据。直接证据就是有证据表明,招聘者的言行直接违反了法律所禁止歧视的对象。例如某招聘者评论某应聘的女生衣着打扮不够女性化,等等。间接证据就是某求职者属于法律禁止歧视的某一类人,而且招聘者没有聘用该求职者,却聘用了其他人,或者继续就该岗位向社会招聘。如果招聘者不能提供合理的理由,则可以推定其构成了歧视行为。[2] 将来我国就业歧视法应当在举证责任方面继续加以完善,切实为那些受到歧视的劳动者提供司法救济。

第三节 就业服务与职业介绍

一、就业服务

就业服务,是指由特定的机构提供一系列服务措施,以满足劳动者求职和用人单位招聘人员的需求。具体说,就是通过培育和完善统一开放、竞争有序的人力资源市场,从而为用人单位和劳动者之间进行双向选择提供平台,用人单位行使用人自主权,劳动者行使择业自主权,最终帮助劳动者实现就业。我国《就业促进法》要求县级以上人民政府建立健全公共就业服务体系,设立公共就业服务机构,为劳动者提供免费的就业服务。可见,提供就业服务已经成为我国政府的一项法律义务。

就业服务的主要内容包括职业指导、职业介绍、就业训练、劳动保障事务代

---

[1] 杨维立:《反就业歧视"第一案"胜诉的示范意义》,载《中国青年报》2008年12月18日。
[2] 参见周长征著:《劳动法原理》,科学出版社2004年版,第128页。

理以及相关的其他相关服务,比如职业咨询与规划、就业状况调查等服务项目。就业服务主要是通过公共就业服务体系实现的。公共就业服务机构应当不断提高服务的质量和效率,向劳动者提供免费的就业服务。公共就业服务机构不得从事经营性活动,其经费纳入同级财政预算。公共就业服务机构主要为劳动者免费提供下列服务:

(1) 就业政策法规咨询;

(2) 职业供求信息、市场工资指导价位信息和职业培训信息发布;

(3) 职业指导和职业介绍;

(4) 对就业困难人员实施就业援助;

(5) 办理就业登记、失业登记等事务;

(6) 其他公共就业服务。

除了公共就业服务体系以外,政府也鼓励社会各方面依法开展就业服务活动,加强对公共就业服务和职业中介服务的指导和监督,逐步完善覆盖城乡的就业服务体系。对于私营职业中介机构提供公益性就业服务的,县级以上人民政府应当按照规定给予补贴。国家鼓励社会各界为公益性就业服务提供捐赠、资助。

二、职业介绍

(一) 职业介绍的概念

职业介绍是指有关部门或机构依法为用人单位招用人员和劳动者求职与就业所提供的就业中介服务。职业介绍是促进劳动力市场供求双方实现双向选择和劳动力资源合理配置的重要环节,也是政府采取的有效的就业服务措施之一。

国际劳工组织在 1919 年《失业公约》(第 2 号公约) 中就要求会员国建立公立免费职业介绍所,为劳资双方的就业和用人提供服务。后又通过 1948 年《就业服务公约》(第 88 号公约) 和 1949 年的《收费职业介绍所公约(修正)》(第 96 号公约),要求会员国发展公益性的职业介绍所,强化职业介绍所的服务性质,同时逐步废除营利性收费职业介绍机构。我国虽然尚未批准职业介绍方面的公约,但社会主义市场经济的发展,要求国家劳动行政管理部门转变管理职能,通过建立和完善职业介绍制度,使劳动力的管理从直接支配的手段向市场服务的手段转变,促进劳动力市场的健康发展。

(二) 职业介绍机构

职业介绍机构,是指依法设立的、从事职业介绍服务工作的专门机构。职业介绍机构应当具备法人资格,一般要向当地工商行政管理机关登记注册,并在劳动行政管理部门的领导下,运用市场机制调节劳动力供求关系,即对社会的求职者和用人单位及个人提供介绍职业服务,满足就业方与用工方的需求,为充分开发和利用劳动力资源服务。

职业介绍机构分为非营利性职业介绍机构和营利性职业介绍机构。其中，非营利性职业介绍机构包括公共职业介绍机构和其他非营利性职业介绍机构。公共职业介绍机构，是指各级劳动保障行政部门举办，承担公共就业服务职能的公益性服务机构，使用全国统一标识。其他非营利性职业介绍机构，是指由劳动保障行政部门以外的其他政府部门、企事业单位、社会团体和其他社会力量举办，从事非营利性职业介绍活动的服务机构。营利性职业介绍机构，是指由法人、其他组织和公民举办，从事营利性职业介绍活动的服务机构。

（三）我国的职业介绍法律制度

我国《劳动法》第11条规定："地方各级人民政府应当采取措施，发展多种类型的职业介绍机构，提供就业服务。"1995年原劳动部颁布了《职业介绍规定》，对我国职业介绍机构的开设条件、程序及其职责等作了规定。2000年12月8日劳动和社会保障部发布了《劳动力市场管理规定》，该《规定》废止了《职业介绍规定》，并对劳动者求职就业和用人单位招用人员、职业中介机构规范管理的程序和方法，建立失业登记制度、招聘广告审批制度、用人空岗报告制度、录用人员就业登记制度、职业介绍行政许可制度等劳动力市场基本管理制度进行了较为全面的规定。2007年8月颁布的《就业促进法》用专章规定了"就业服务和管理"，以法律的形式对职业中介机构的设立条件和活动管理作出了规定。依照上述法律法规，我国现行的职业介绍法律制度主要包括以下几个方面的内容：

1. 职业介绍机构设立的条件

我国设立职业介绍机构应当具备以下条件：(1) 有明确的章程和管理制度；(2) 有开展业务必备的固定场所、办公设施和一定数额的开办资金；(3) 有一定数量具备相应职业资格的专职工作人员；(4) 法律、法规规定的其他条件。

2. 职业介绍机构的批准和登记

职业介绍实行行政许可制度。开办职业介绍机构或其他机构开展职业介绍活动，须经劳动保障行政部门批准。劳动保障行政部门接到开办职业介绍机构或其他机构开展职业介绍活动的申请后，应当自接到申请之日起30日内审理完毕。对符合条件的，应予以批准；不予批准的，应当说明理由。各类职业介绍机构的审批权限和程序以及具体开办条件，由省级劳动保障行政部门统一规定。劳动保障行政部门对经批准开办的职业介绍机构实行年度审验。

开办非营利性职业介绍机构，须持劳动保障行政部门的批准文件，根据国家有关规定到相应的登记管理机关进行登记。属于事业单位的，应到机构编制管理机关办理事业单位登记或备案；属于民办非企业单位的，应到民政部门办理民办非企业单位登记。开办营利性职业介绍机构，须持劳动保障行政部门的批准文件,到工商行政管理机关办理企业登记注册。职业介绍机构设立分支机构以及变更或者终止的,应到原审批部门和登记管理机关核准办理有关手续。未经依法许可和登记的机构,不得从事职业中介活动。设立外商投资职业介绍机构以及职业介绍机构从事境外就业中介服务的,应当按照有关规定办理手续。

3. 职业介绍机构的业务内容

职业介绍机构从事的业务,主要包括:(1)为求职者介绍用人单位;(2)为用人单位和居民家庭推荐求职者;(3)开展职业指导、咨询服务;(4)收集和发布职业供求信息;(5)根据国家有关规定,从事互联网职业信息服务;(6)经劳动保障行政部门批准,组织职业招聘洽谈会;(7)具备相应资格的,从事劳动力跨省流动就业中介服务;(8)经劳动保障行政部门核准的其他服务项目。

4. 职业介绍机构的业务管理

职业介绍机构工作人员实行持职业资格证书上岗制度。从事职业中介活动,应当遵循合法、诚实信用、公平、公开的原则。禁止任何组织或者个人利用职业中介活动侵害劳动者的合法权益。

职业中介机构收费必须要规范。公共职业介绍机构和其他非营利性职业介绍机构的有偿服务项目,其收费标准实行政府指导价,由省级劳动保障行政部门提出建议,报同级价格主管部门确定。营利性职业介绍机构的收费标准,参照国家有关规定自主确定,并接受当地物价部门监督。职业介绍机构应当在服务场所明示合法证照、批准证书、服务项目、收费标准、监督机关名称和监督电话等,并接受劳动保障行政部门及其他有关部门的监督检查;并应当按规定据实填报统计报表。

禁止职业介绍机构从事下列行为:(1)提供虚假就业信息;(2)为无合法证照的用人单位提供职业中介服务;(3)伪造、涂改、转让职业中介许可证;(4)扣押劳动者的居民身份证和其他证件,或者向劳动者收取押金;(5)其他违反法律、法规规定的行为。

三、境外就业中介管理

(一) 境外就业中介的概念

境外就业中介,是指为中国公民境外就业或者为境外雇主在中国境内招聘中国公民到境外就业提供相关服务的活动。为进一步规范境外就业中介活动,维护境外就业人员的合法权益,劳动和社会保障部、公安部、国家工商行政管理局于2002年5月14日联合发布了《境外就业中介管理规定》。

(二) 境外就业中介机构的设立

境外就业中介实行行政许可制度。未经批准及登记注册,任何单位和个人不得从事境外就业中介活动。境外机构、个人及外国驻华机构不得在中国境内从事境外就业中介活动。劳动保障部门负责境外就业活动的管理和监督检查。公安机关负责境外就业中介活动出入境秩序的管理。工商行政管理部门负责境外就业中介机构登记注册和境外就业中介活动市场经济秩序的监督管理。

从事境外就业中介活动应当具备以下条件:(1)符合企业法人设立的条件;(2)具有法律、外语、财会专业资格的专职工作人员,有健全的工作制度和工作人员守则;(3)备用金不低于50万元;(4)法律、行政法规规定的其他条件。

申请从事境外就业中介活动的机构(以下简称申请机构)应当向其所在地的省级劳动保障行政部门提出申请,经初审同意并征得同级公安机关同意后,报劳动和社会保障部审批。劳动和社会保障部自收到申请之日起60日内作出答复。新设境外就业中介机构报劳动和社会保障部审批前,应当到工商行政管理机关办理名称预先核准登记。劳动和社会保障部审查批准并抄送公安部后,向该机构颁发境外就业中介许可证(以下简称许可证)。许可证自颁发之日起有效期为3年。

申请机构应当自领取许可证之日起30日内,到工商行政管理机关申请企业法人设立登记或者变更登记,并应当于设立登记或者变更登记核准之日起10日内,到所在地的省级劳动保障行政部门和公安机关备案。

(三)境外就业中介机构的经营和管理

1. 境外就业中介机构依法从事的业务

境外就业中介机构依法从事的业务包括:(1)为中国公民提供境外就业信息、咨询;(2)接受境外雇主的委托,为其推荐所需招聘人员;(3)为境外就业人员进行出境前培训,并协助其办理有关职业资格证书公证等手续;(4)协助境外就业人员办理出境所需要护照、签证、公证材料、体检、防疫注射等手续和证件;(5)为境外就业人员代办社会保险;(6)协助境外就业人员通过调解、仲裁、诉讼等程序维护其合法权益。

2. 境外就业中介机构的主要义务

(1)核查境外雇主的合法开业证明、资信证明、境外雇主所在国家或者地区移民部门或者其他有关政府主管部门批准的招聘外籍人员许可证明等有关资料。

(2)协助、指导境外就业人员同境外雇主签订劳动合同,并对劳动合同的内容进行确认。劳动合同内容应当包括合同期限、工作地点、工作内容、工作时间、劳动条件、劳动报酬、社会保险、劳动保护、休息休假、食宿条件、变更或者解除合同的条件以及劳动争议处理、违约责任等条款。

(3)境外就业中介机构应当依法与境外就业人员签订境外就业中介服务协议书。协议书应当对双方的权利和义务、服务项目、收费标准、违约责任、赔偿条款等内容作出明确规定。

(4) 境外就业中介机构应当将签订的境外就业中介服务协议书和经其确认的境外就业劳动合同报省级劳动保障行政部门备案。省级劳动保障行政部门在 10 日内未提出异议的,境外就业中介机构可以向境外就业人员发出境外就业确认书。公安机关依据有关规定,凭境外就业确认书为境外就业人员办理出入境证件。

3. 备用金制度

境外就业中介实行备用金制度。备用金用于因境外就业中介机构责任造成其服务对象合法权益受到损害时的赔偿及支付罚款、罚金。境外就业中介机构按照规定将备用金存入省级劳动保障行政部门指定的国有商业银行中该境外就业中介机构的专门账户,实行专款专用。备用金及其利息由境外就业中介机构所在地省级劳动保障行政部门实行监管。未经监管部门的许可,任何单位和个人不得擅自动用备用金。备用金及其利息归境外就业中介机构所有。

第四节 就业援助

一、就业援助的概念与范围

就业援助制度是指政府为就业困难人员所提供的特殊就业服务和帮助。我国《就业促进法》第六章对就业援助制度作了规定,主要是通过公益性岗位安置和采取就业援助服务等措施,对就业困难人员实行优先扶持和重点帮助。

就业困难人员是指因身体状况、技能水平、家庭因素、失去土地等原因难以实现就业,以及连续失业一定时间仍未能实现就业的人员。就业困难人员的具体范围,由省、自治区、直辖市人民政府根据本行政区域的实际情况规定。比如上海市劳动和社会保障局在 2002 年 7 月颁布的《关于对本市就业困难人员开展就业援助的实施意见》,北京市劳动和社会保障局与北京市财政局在 2003 年 6 月联合颁布的《社区公益性就业组织安置就业困难人员专项补助办法》,都对"就业困难人员"的认定标准和认定程序作了规定。

依照我国《就业促进法》以及有关政策,就业困难人员主要包括以下五种类型的人员:

(1) 因身体状况导致就业困难的人员。通常是指年龄偏大、患有疾病或者身体残疾的就业困难人员。年龄偏大的对象范围一般指男性年满 50 周岁、女性年满 40 周岁的所谓"4050"人员。其他身体原因是指因生理、心理或者其他原因,部分丧失劳动能力的人员,主要是残疾人。残疾人就业困难人员主要是根据《残疾人就业条例》的规定,通过用人单位按比例安排就业、设立残疾人就业保障金等措施加以解决。

（2）因技能水平导致就业困难的人员。通常指文化素质偏低、职业技能缺乏、陈旧或不能适应岗位需要等市场经济能力较差的就业困难人员。这部分人员的就业主要是通过再就业培训或者转业培训解决。

（3）因家庭因素导致就业困难的人员。通常指零就业家庭,夫妻双下岗、双失业的家庭,城镇享受最低生活保障待遇的家庭所涉及的就业困难人员,以及由其他成员引起家庭负担过重,致使本人就业困难的人员。此类人员在各地都属于就业援助的重点,兼具就业和扶贫两种性质。

（4）因失去土地导致就业困难的人员。通常指因土地被全部或者部分征收,生活无着落、就业困难的被征地人员。随着城市的快速扩张,我国有几千万城郊失地农民面临着重新就业的难题。由于失地农民存在着文化教育水平偏低、缺乏职业技能等问题,所以通常是依托征地单位,就地进行安置。

（5）连续失业一定时间仍未能实现就业的人员。按照我国目前的政策,连续失业一定时间通常指登记失业一年以上的失业人员。失业时间越长的失业者越难找到工作,解决长期失业者的再就业问题是一个世界性的难题。

二、就业援助的主要措施

（一）政府投资开发公益性岗位

政府投资开发的公益性岗位是指政府作为出资主体,扶持或者通过社会筹集资金开发的,以安排就业困难人员为主,符合社会公共利益需要的服务性岗位和协助管理岗位。这种公益性岗位通常包括以下几种情况:一是协助政府行使公共管理职能所必需的就业岗位,比如社会保障协理、公共交通协管、社会治安协管、环境卫生协管等。二是政府为满足社会公众需要,投入相关基础设施形成的就业岗位,比如车辆看管、书报亭、电话亭等。三是政府补贴,社会共同出资形成的,维护社区正常运转的岗位,比如社区保洁、社区保安、社区绿化等。此外,一些地方还规定,机关、事业单位的门卫、守法、后勤服务等临时用工岗位也应作为政府投资开发的公益性岗位。

政府投资开发的公益性岗位,应当优先安排符合岗位要求的就业困难人员。例如,法定劳动年龄内的家庭人员均处于失业状态的城市居民家庭,即零就业家庭,可以向住所地街道、社区公共就业服务机构申请就业援助。街道、社区公共就业服务机构经过确认属实的,应当为该家庭中至少一人提供适当的就业岗位。公益性岗位是政府帮助就业困难人员重新就业的主要渠道,此类岗位大多对于知识技能的要求比较低,多数就业困难人员能够胜任此类岗位的要求。政府出资开发此类岗位,既满足了加强公共服务的需要,又有利于解决就业困难人员的再就业问题。

对于开发公益性岗位安置就业困难人员的公益性就业机构,政府给予岗位补贴和社会保险补贴等优惠政策。在公益性岗位安排就业困难人员,并与其签订一年以上期限劳动合同的,按照实际招用人数,在相应期限内给予社会保险补贴。同时根据实际情况,给予适当的岗位补贴。各地补贴标准不一,例如,依照上海市劳动和社会保障局2002年的规定,就业困难人员岗位补贴的标准为当年上海城镇职工最低工资标准的50%,社会保险缴费专项补贴的标准为按上海城镇职工最低工资标准计算,每人每月的社会保险缴费额的50%左右。依照北京市劳动和社会保障局2003年的规定,社区公益性就业组织招用就业困难人员从事公益性劳动,可享受社区公益性就业组织安置就业困难人员专项补助,补助标准原则上按劳动合同签订之日上年度北京市职工平均工资的70%计算。该专项补助包含了岗位补贴和社会保险补贴。

(二) 鼓励企业招用就业困难人员

解决就业问题不能单靠政府,更重要的是运用财政杠杆,鼓励企业积极招用就业困难人员。许多国家在鼓励企业招用就业困难人员方面都有相应的补贴政策。例如,法国对雇用失业者达到一定数量并签订一年以上期限劳动合同的企业,对所雇失业者可以免缴一年的社会保险费。英国对企业雇用失业两年以上的失业者,并签订6个月以上合同的,给予每周50—75英镑的工资补贴,并为被雇用的失业者提供750英镑的一次性培训补贴。

为了鼓励企业招用就业困难人员,我国也采取了一些鼓励政策,以降低企业用工成本,引导企业承担社会责任。目前鼓励政策主要包括三个方面:一是税收优惠。对符合条件的企业,在新增加的岗位中新招用符合条件的劳动者,与其签订一年以上期限劳动合同并缴纳社会保险费的,按照实际招用人数,在相应期限内定额一次减免营业税、城市维护建设税、教育费附加和企业所得税。二是社会保险补贴。对符合条件的企业,在新增岗位中新招用符合条件的劳动者,与其签订一年以上劳动合同并缴纳社会保险费的,在相应期限内给予社会保险补贴。三是提供小额担保贷款。对符合贷款条件的劳动密集型小企业,在新增加的岗位中心招用符合条件的劳动者达到企业现有在职职工总数一定比例以上,并与其签订了一年以上期限劳动合同的,根据实际招用人数,提供最高不超过人民币100万元的贷款。

(三) 鼓励就业困难人员自谋职业或自主创业

对于具有一定特长的就业困难人员,可以鼓励其自谋职业或自主创业,这样不仅可以解决其自身的就业问题,有些时候还可以创造出更多的就业岗位。鼓励自主创业是各国的通行做法,比如英国对50岁以上的失业者自营就业的,可连续52周给予每周60英镑的就业津贴,免收所得税,另外发给750英镑的一次性培训补助。法国实施"失业者创业援助"计划,对领取失业津贴的求职者和享受最低生活津贴的人员创业,给予2万法郎的一次性补助,提供培训和创业咨询补贴,并允许其创业的第一年免缴社会保险费。①

在借鉴国际经验,并总结国内实践经验的基础上,我国鼓励就业困难人员的优惠政策主要包括三个方面:一是税费减免政策。对符合条件的劳动者,从事个体经营,在规定限额内依次减免营业税、城市维护建设税、教育费附加和个人所得税,并免收属于管理类、登记类和证照类的各项行政事业性收费。二是贷款贴息政策。对符合条件的劳动者,自谋职业、自主创业或合伙经营与组织起来就业的,其自筹资金补足部分,由政府建立担保基金,提供贷款担保,银行发放小额担保贷款,财政提供一定额度或者全额的贷款贴息。三是社会保险补贴政策。对符合条件的劳动者,通过灵活就业等方式实现再就业的,给予一定比例的社会保险补贴,增强其就业的稳定性。此外,各地还在融资贷款、经营场地、社会保险接续等方面提供了更多的优惠政策。

(四)就业援助服务

就业援助服务是依托街道、社区等公共就业服务机构,以就业困难人员作为主要服务对象,开设专门窗口,实施政策咨询、求职登记、职业指导、岗位推荐、技能培训、事务代理等就业援助措施,使他们在生活保障、在就业和社会保险等方面得到及时有效的帮助。概括地讲,就业援助服务包括提高就业能力的服务和畅通就业渠道的服务。我国《就业促进法》要求地方各级人民政府加强基层就业援助服务工作,对就业困难人员实施重点帮助,提供有针对性地就业服务。在具体内容上,包括以下方面:

(1)求职登记和职业指导。根据就业困难人员的客观情况和实际需求,为其制定服务方案,确定具体服务内容,综合运用职业介绍、职业指导、就业培训、公益性岗位和其他劳动保障相关服务措施,提供有针对性的服务。

(2)岗位援助。政府开发并掌握一批适合就业困难人员的就业岗位,通过组织就业困难人员参加招聘活动,或个别介绍、送岗位到家等形式,使有就业愿望的就业困难人员了解岗位信息,及时落实再就业岗位。

(3)职业技能培训。根据就业岗位的需求,结合就业困难人员的特点,介绍并指导他们选择职业技能培训课程,组织并推荐他们参加职业技能培训。

(4)跟踪服务。在就业困难人员上岗后,继续提供职业咨询和指导的服务,同时,根据各项服务措施的落实,及时了解推荐人员上岗情况、办理招聘备案手续情况、缴纳社会保险和发放工资情况等。

地方各级人民政府还要鼓励和支持社会各方面为就业困难人员提供技能培训、岗位信息等服务。近年来,为了帮扶就业困难人员实现再就业,各级劳动保

---

① 参考劳动和社会保障部组织编写:《中华人民共和国就业促进法讲座》,中国劳动社会保障出版社 2007 年版,第 203 页。

障行政部门通过招投标方式,公开认定了一批培训质量较好、培训促进就业效果较为显著的教育培训机构作为再就业培训定点机构,组织开展多层次、多形式的再就业技能培训。同时,建立完善政府出资购买培训补贴,引导培训机构根据市场需求和就业需要,提高培训的实用性和有效性。另外,对免费提供服务的各类职业介绍机构,各级人民政府也应根据其免费介绍服务后实际实现就业的人数,按规定给予一定的职业介绍补贴,调动各类职业介绍机构为困难人员提供就业服务的积极性和主动性。

第五节 职业教育和培训

一、职业培训概述

(一)职业培训的概念

职业培训,即职业教育,亦称职业训练、职业技术培训或职业技能开发,它是根据现代社会职业需求以及劳动者的从业意愿和条件,对要求就业和在职的劳动者所进行的旨在培养和提高其专业技术知识和职业技能的教育和训练活动。国际劳工组织在1975年《人力资源开发中职业指导和职业培训作用建议书》(第150号公约)中对职业培训的定义为:职业指导和培训系指指导和培训的目的在于确定和开发人类从事生产性和令人满意的职业生活的能力,通过接受不同形式的教育,提高个人的理解能力,并通过个人或集体,去影响工作和环境。

职业是社会分工的产物。在现代社会里,劳动者需要通过从事某种具体的职业来实现就业,进而达到其谋生和为社会发展做贡献的目的。每一种职业都对从业者有具体的职业素质要求,其中包括知识结构、技术技能、生理心理和道德品质等方面的要求。职业培训就是为满足这些要求,而对从业者按照不同的职业要求和层次目标进行的教育和培训。可见,职业培训是整个国民教育的一个有机组成部分,职业培训与普通教育均是国民教育体系中不可偏废的部分,都是为了培养和提高人的才能及文化技能水平的智力开发活动;普通教育是基础,职业培训是普通教育的延伸和专门化。

(二)职业培训的特征

通过职业培训与普通教育的比较,我们可以看出,职业培训具有以下特征:

(1)教育目的的针对性和专业性。职业培训以直接培养和提高劳动者的职业技能为目的,其目标是使受培训者成为一定劳动领域的专门人才,以满足现代社会职业和劳动力供求双方的需要,具有很强的针对性和专业性;而普通教育是以提高受教育者的基础文化水平为目标的,具有基础性和普及性。

(2)教育对象的特定性。职业培训是一种以劳动者为特定对象的人力资源开发活动,它的教育和培训对象是社会劳动者,其中包括失业的劳动者、在职的劳动者、企业富余人员和其他求职者;而普通教育一般是以处于学龄期的青少年为主要教育对象。

(3) 教育内容的实践性和应用性。职业培训突出专业技术知识和实际操作技能的培养和提高,在教育内容上更侧重实践性和应用性;而普通教育突出基础知识和素质教育,在内容上则比较注重基础性和系统性。

(4) 教育手段和方法的灵活性。职业培训是特需教育,注重教育和实践相结合,一般可以根据劳动者自身的要求和条件,采取比较灵活的教育手段和方法,进行不同层次的教育和训练;而普通教育则采取比较固定的常规教育,一般是全日制教育。

(三) 职业培训的意义

发展职业教育,加强职业培训是社会发展的客观要求。人类社会的不同发展阶段,对劳动者素质的要求也会有所不同。当今世界已进入知识经济时代,科学技术的发展,经济的振兴,乃至整个社会的进步,都对劳动者的素质和职业技能提出了新的要求,而劳动者的素质和职业技能的获得与提高都有赖于职业培训的建立和发展。加强职业培训已成为全球共识,对于我国社会主义市场经济和现代化建设更具有战略性意义。

第一,加强职业培训是我国实施"科教兴国"战略的重要环节。

当今世界,人类社会已进入知识爆炸的时代,以信息技术为主要标志的科技进步日新月异,国家之间的竞争归根到底就是科学技术的竞争。"科教兴国"战略是我国政府在深刻分析世界科技革命发展进程和我国社会主义现代化建设实际于 1995 年作出的重大决策。我国《职业教育法》第 1 条规定:"为了实施科教兴国战略,发展职业教育,提高劳动者素质,促进社会主义现代化建设,根据教育法和劳动法,制定本法。"因此,加强职业培训是我国实施"科教兴国"战略的重要环节。

第二,加强职业培训有利于提高劳动者素质和全民族的素质。

党的十五大报告中指出:"培养同现代化要求相适应的数以亿计高素质的劳动者和数以千万计的专门人才,发挥我国巨大人力资源的优势,关系 21 世纪社会主义事业的全局。"20 世纪 80 年代,邓小平同志讲过两句话,一句话是:"科学技术是第一生产力。"另一句话是:"我们国家,国力的强弱,经济发展后劲的大小,越来越取决于劳动者的素质。"劳动者的素质,包括思想品德(含政治思想和职业道德)和职业能力两个方面。一方面,劳动者素质的培养和提高是一个持续的过程,在普通教育阶段获得的知识和技能需要不断地更新,职业培训是劳动者素质持续培养和提高的主要途径;另一方面,劳动者是社会成员的主体部分,他们的素质决定着、代表着全民族的素质。因此加强职业培训关系到劳动者素质和全民族的素质的提高问题,从而成为关系社会经济发展的战略重点。

第三,加强职业培训有利于劳动者劳动权的实现和保障。

职业技能或职业能力是劳动者实现劳动权的基础。而职业培训的主要任务就是帮助劳动者获得必要的职业能力,为其进入劳动力市场准备条件;同时,职业培训还可以帮助失业劳动者通过职业培训、转业训练等,尽快掌握新知识、新技术,实现再就业,以保障劳动者的劳动权的持续实现。为此,我国《劳动法》第66条规定:"国家通过各种途径,采取各种措施,发展职业培训事业,开发劳动者的职业技能,提高劳动者素质,增强劳动者的就业能力和工作能力。"

第四,职业培训是人力资源开发的重要组成部分。

目前在国际上,人力资源已经成为企业乃至整个国家的第一资源,各国都开始或更加重视人力资源的开发。职业培训是人力资源开发的重要组成部分。当前,越来越多的拥有先进管理技术的跨国公司已经把培训看作是一种"超前性投资",它们在充分了解员工个人需求和职业发展愿望的基础上,制定出系统的、科学的、动态的员工职业生涯规划,并为员工提供适合其自身要求的多个发展渠道和学习深造机会,期望培训不仅能够提高员工自身的专业知识和技能,而且能够形成市场竞争优势,并支持其长期的发展战略和变革。越来越多的发展中国家也开始注重职业培训,如马来西亚设立技能开发基金,菲律宾、泰国、斯里兰卡等国大力开发职业标准,加强职业培训。[1] 人力资源开发对我国同样具有非同寻常的作用和价值。近年来,我国政府高度重视职业培训工作,在《劳动法》和《职业教育法》中明确了职业培训的法律地位,通过推进素质教育,深化职业培训机构改革,完善技术技能人才培养体系等措施,不断扩大职业培训规模,提高培训质量,加快人力资源的开发,促进社会经济发展。

二、职业培训立法

世界各国在第二次世界大战以后,特别是20世纪60—70年代,就开始重视职业培训立法了。如日本1958年的《职业培训法》,美国1963年的《职业培训法》,英国1964年的《工业培训法》(1973年改为《雇佣培训法》),法国1966年的《职业训练法》、1976年的《终生培训法》和联邦德国1969年的《职业训练法》等。[2] 国际劳工组织在1962年《社会政策基本宗旨和准则公约》(第117号)的第6部分"教育和职业培训"中规定:"如当地条件许可,应采取适当措施,逐步推广教育、职业培训和徒工习艺计划,切实培养男女少年儿童适应一项有益工

---

[1] 参见张小建主编:《就业与培训》,中国劳动社会保障出版社2001年版,第108页。
[2] 参见杨燕绥著:《劳动与社会保障立法国际比较研究》,中国劳动保障出版社2001年版,第43页。

作。"在1975年通过的《人力资源开发公约》(第142号)及150号同名建议书中,对人力资源开发中的职业指导和职业培训作出了规定。

我国的职业培训立法大致可分为下述三个时期:

第一,国民经济恢复时期的立法。

这是我国职业培训的开始阶段,主要是以举办专业培训班和师傅带徒弟为主的培训形式。当时的职业培训立法多散见于当时有关劳动就业的法律、法规之中。

第二,有计划的经济建设时期。

这一时期,我国初步奠定了职业培训的基础。国家颁发了职业培训的一系列法规和文件。其中主要有1952年2月政务院颁布的《关于国营、公私合营、合作社营、个体经营的企业和事业单位的学徒的学习期限和生活补贴的暂行规定》;1961年5月劳动部颁发的《技工学校通则》。

第三,中国共产党十一届三中全会以来的立法。

党的十一届三中全会以来,为了适应经济和社会发展的客观需要,国家先后制定了大量的职业培训法规,其中主要有:劳动部制定的《技工学校工作条例》(1986年)、《关于实行技师聘任制的暂行规定》(1987年)、《工人考核条例》(1990年)、《就业训练中心管理规定》(1991年)、《关于深化技工学校教育改革的决定》(1993年)、《职业技能鉴定规定》(1993年)、《职业资格证书规定》(1994年与人事部联合颁发)、《职业训练规定》(1994年)、《职业培训实体管理规定》(1994年)、《关于从事技术工种劳动者上岗前必须培训的规定》(1995年)、《企业职工培训规定》(1996年,与国家经贸委联合颁发)等项规章。

1991年国务院制定了《关于大力发展职业技术教育的规定》。1994年我国《劳动法》在第八章对"职业培训"进行了专章规定。1996年我国《职业教育法》对我国职业教育体系、职业教育的实施、职业教育的保障条件等问题作了规定。2002年9月24日国务院发布了《关于大力推进职业教育改革与发展的决定》,该《决定》共有24条,分别对职业教育改革与发展的目标、管理体制和办学体制改革、加快农村和西部地区职业教育发展、加强职业教育与劳动就业的联系、多渠道筹集资金等方面作了详细的规定。2002年12月28日全国人大常委会颁布了《民办教育促进法》,该法明确了民办教育事业是社会主义教育事业的组成部分,并对民办学校的设立、管理和监督、扶持和奖励以及举办者的权利和义务等作出了规定。该法从2003年9月1日起施行。2007年8月30日全国人大常委会颁布的《就业促进法》,第五章专门对职业教育和培训作了规定。该法除了进一步完善现有的立法之外,特别规定了农民工技能培训制度,对促进农民工就业具有特别重要的意义。该法自2008年1月1日起开始施行。

三、职业培训的分类与形式

(一) 职业培训的分类

职业培训根据不同的划分标准,有着不同的分类,一般来讲,主要以受培训的对象是否就业为标志,把职业培训划分为就业前职业培训和就业后职业培训两大类。

1. 就业前职业培训

就业前职业培训,是指对尚未从事社会劳动而有从业意愿的劳动者,进行职业能力的开发和职业技能的教育。受培训的对象主要包括两大部分:一是从未就业的劳动者;二是曾经就业现在失业的劳动者。培训的方式多以在校学习为主要途径,这些培训的实体主要为国家和社会各界举办的各种职业学校和职业培训中心。

2003年以后,农民工职业培训也开始纳入到各级政府职业培训的日程之中。农民工职业培训是指对已经或者准备从事非农产业的农村劳动者,有针对性地进行职业技能、职业道德、职业纪律、法律知识以及城市生活常识等方面的培训,增强其就业竞争力,帮助其尽快实现从农民工向新市民的身份转变。2003年,国务院办公厅转发了农业部等六部委的《2003—2010年全国农民工培训规划》,提出在这一期间,对拟向非农产业和城镇转移的6000万农村劳动力开展转移就业前的引导性培训,对其中的3500万人开展职业技能培训,对已进入非农产业就业的2亿多农民工进行岗位培训。2006年,国务院《关于解决农民工问题的若干意见》进一步要求扩大农村劳动力转移培训规模,提高培训质量,落实农民工培训责任,劳动保障、农业、教育等部门要按照各自职责,切实做好农民工培训工作。我国2007年颁布的《就业促进法》第50条则以法律的形式确立了农民工职业培训制度,该条规定:"地方各级人民政府采取有效措施,组织和引导进城就业的农村劳动者参加技能培训,鼓励各类培训机构为进城就业的农村劳动者提供技能培训,增强其就业能力和创业能力。"进一步落实《就业促进法》以及国务院的有关规定,对于推动我国的城市化进程,根本解决三农问题,具有十分深远的意义。

2. 就业后职业培训

就业后的职业培训,是指对已就业的劳动者进行专业知识和职业技能的培训。其目的是为了提高在职职工的技术业务知识和实际操作水平,以提高劳动生产率和适应社会生产力不断发展的需要。

随着科学技术在社会实践中得到广泛的应用,企业为求得自身的发展,也在不断地更新设备,引进先进的生产技术,开发新产品,以适应市场经济的需求。社会的进步,企业的发展,必然要求劳动者自身的素质也要不断提高。过去那种劳动者个人自身经验积累和在一般性生产中培训,已经难以担当劳动力水平提高的重任,因而必须进行周期性的就业后职业培训。

就业后职业培训,主要由用人单位举办并承担费用,培训结束后,受训人员仍回原单位工作。这种培训的方式,主要包括脱产培训、半脱产培训和业余培训。

此外,依据职业技能标准和培训层次的不同,职业培训又可分为初级、中级、高级职业培训。

(二)职业培训的形式

1. 学徒培训

学徒培训,是指由用人单位招收学徒工,在师傅直接指导下,通过实际操作,让其掌握一定技能的培训形式。学徒培训,是一种比较传统的培训形式,目前仍有积极的意义。学徒培训是通过签订学徒(招收)培训合同或师徒合同,其内容包括培训目标、培训期限、培训标准及培训期间的待遇等。

学徒培训关系具有以下法律特征:(1)学徒培训关系不是劳动关系,在培训期间,用人单位与劳动者确立的仅是以传授、学习技艺为内容的学徒关系,只有学徒学艺期满,符合用人单位的录用条件,双方在平等自愿、协商一致的原则下,签订劳动合同,才能确立劳动关系。(2)建立学徒培训关系的目的,旨在建立正式的劳动关系,受训者是否达到预期的培训要求,是决定能否建立劳动关系的主要根据。

2. 学校培训

学校培训是职业培训的一个很重要的部分,其中包括技工学校、职业(技术)学校和成人高等学校教育等形式。

(1)技工学校

技工学校,是培养中级技术工人的职业学校,它是我国职业教育事业的重要组成部分。学生毕业后,能够扎实地掌握本专业所需要的技术理论基础知识,熟练地掌握基本操作技能,完成中级水平的技术作业。为了适应改革开放对中级技术人才的大量需求,1986年11月11日,劳动人事部、国家教育委员会发布了《技工学校工作条例》,对技工学校的举办、教学条件、招生、培养目标、课程设置、教学制度及管理制度等都作了具体规定。

技工学校是培养技术技能型人才的主要基地。招生对象主要是初中毕业生,学制3年。技工学校实行教学实习与科研生产相结合的方式,经过几十年的改革发展,目前技工学校已形成初、中、高级培训并存,学历教育与职业资格证书教育相结合,多层次、多功能、多元化的职业培训体系,遍及机械、电子、航空、电力、石油、冶金、铁路等近30个部门和系统。

(2) 职业(技术)学校

职业(技术)学校,亦称职业中学,它的主要任务是培养社会急需的初级技术人员。它招收的对象一般为初中毕业生,课程设置分为普通文化课和技能课两部分,但偏重技能训练,学生经考试合格的,发给毕业证,由劳动等部门推荐,用人单位考核,择优录用;也鼓励自由选择职业。

(3) 成人高等学校

成人高等学校,是指以在职人员为主要培养对象的教育学校、管理干部学院、职工大学以及独立设置的各类业余大学(包括夜大、电大、函大、刊大等学校)。它所进行的是专职教育和继续教育,是职业培训的较高级形式,是劳动者获得某一专业的文化理论教育的理想途径。

依据规定,成人高等学校的毕业人员,即获专科和本科毕业证书者,应享有与普通高校同类毕业生同等的待遇。

3. 就业训练中心培训

就业训练中心,是指在各级劳动行政部门领导下,由劳动就业服务机构管理指导的就业训练实体。就业训练中心是培训失业人员的主要基地,其培训对象主要是失业青年和失业职工。就业训练中心组织就业前训练和转业训练,多以实用技术和适应性培训为主,学制灵活,少到1—3个月,多到6—12个月。

为了适应社会主义市场经济发展的需要,特别是劳动力市场的建立,客观上要求劳动者必须具备较高的素质,以适应竞争机制。1994年12月9日,劳动部发布了《就业训练规定》,该《规定》从1995年5月1日起实行。该《规定》对就业训练中心的职责、就业训练中心的招收对象、就业训练中心的组织与管理等作出了具体规定。

4. 民办学校培训

民办学校是指国家机构以外的社会组织或者个人,利用非国家财政性经费,面向社会举办的学校及其他教育机构。根据我国《民办教育促进法》的规定,民办学校可以实施以职业技能培训为主的职业资格培训、技术等级培训、劳动就业职业技能培训。举办实施以职业技能为主的职业资格培训、职业技能培训的民办学校,由县级以上人民政府劳动和社会保障行政部门按照国家规定的权限审批,并抄送同级教育行政部门备案。民办学校对招收的学生,根据其类别、修业年限、学业成绩,可以根据国家有关规定发给学历证书、结业证书或者培训合格证书。对接受职业技能培训的学生,经政府批准的职业技能鉴定机构鉴定合格的,可以发给国家职业资格证书。

5. 劳动预备制度

劳动预备制度是国家为提高青年劳动者素质,培养劳动后备军而建立和推行的一项新型培训制度。从1999年起,在全国城镇普遍推行劳动预备制度。这一制度的基本内容是组织新生劳动力和其他求职人员,在就业前接受1—3年的职业培训和职业教育,使其取得相应的职业资格或掌握一定的职业技能后,在国家政策的指导和帮助下,通过劳动力市场实现就业。实行劳动预备制度的主要对象是城镇不能继续升学并准备就业的初、高中毕业生。各地可从本地实际出发,另行制定培训办法。各地还可根据实际情况引导城镇失业人员和国有企业下岗职工参加劳动预备培训。

6. 职工培训

职工培训,也称职工教育或在职培训,是指在职职工为了更新文化知识和提高劳动技能而接受的一种训练方式。其特点是:(1)培训对象一般为本单位在职职工,因而培训费用一般应由用人单位承担;(2)培训时间大多安排在生产、工作时间以外,具有业余教育的性质;(3)培训的起点较高,针对性强,主要根据本企业工种(专业)需要进行培训;(4)培训的形式灵活多样。

职工培训是用人单位的一项经常性工作,必须制度化。因此,我国《劳动法》第68条规定:"用人单位应当建立职业培训制度,按照国家规定提取和使用职业培训经费,根据本单位实际,有计划地对劳动者进行职业培训。从事技术工种的劳动者,上岗前必须经过培训。"

根据上述规定,用人单位的职业培训制度包括以下几个方面:

第一,按照国家规定提取和使用职业培训经费。1992年11月20日,财政部发布的《企业财务通则》规定,职工教育经费属于企业管理经费,在企业成本中列支。职工教育经费主要用于培训人员的工资、保险福利费、校舍修缮费、生产实习费、图书资料费等。

第二,根据本单位实际工作的需要,有计划、分期分批地对劳动者进行职工培训。职工的培训计划,应当根据本单位的实际情况编制,其主要内容应当包括:培训的目标、培训的基本内容、培训方式、培训时间和培训经费等。所谓本单位的实际情况,是指本单位职工素质、数量,本单位所能提供的培训经费等。

第三,从事技术工种的劳动者,上岗前必须经过培训。技术工种,是指在劳动过程中操作技术要求相对高的工种。即劳动者上岗前,对所从事的工种,必须有一定的理论认识和操作上的熟练过程,否则不能上岗。这里有两层含意:一是开始从事技术工种的劳动者上岗前必须经过培训;二是原来从事其他技术工作,被调动后从事新的技术工种的劳动者,上岗前也要经过培训。

四、职业技能鉴定

依据我国《劳动法》第69条的规定,国家确定职业分类,并对不同的职业,划分不同的职业技能标准,进行职业技能考核和鉴定,依据考核鉴定的结果,发给相应的职业资格证书。

(一) 职业分类

所谓职业分类,是指国家根据社会经济发展、技术进步和劳动力管理的需要,对所有职业,按照劳动者所从事的工种的类别和一定的划分原则进行的归类界定。

对职业进行科学的分类,其意义在于为开展劳动力需求进行预测和规划,对就业人口结构、层次及发展趋势进行调查统计和分析研究,为制定各类人员教育和培训计划,进行职业介绍和就业咨询提供依据,从而实现对劳动力配置和使用的科学管理。1992年,中国完成了第一部《中华人民共和国工种分类目录》,目前,已正式颁布3200多个工人技术等级标准(职业技能标准);1999年,颁布了《中华人民共和国职业分类大典》,目前已确定4000个职业(工种)(1838个职业标准正在制定中)。

(二) 职业技能标准

职业技能标准,是指在职业分类的基础上,通过科学的方法确定的,劳动者从事或将要从事特定职业所应具备的知识和技能水平的预期目标。其内容包括知识要求、技能要求和工作实例三部分。职业技能标准是依法对劳动者技术业务水平和劳动能力考核和鉴定的尺度,是对从业人员进行职业培训、技能考核和技能鉴定的基本依据,也是用人单位使用劳动力及开展国际劳务合作交流的基本依据。

(三) 职业技能鉴定

职业技能鉴定,是指对劳动者的职业技能依法进行技术等级资格的考核和认定。

职业技能鉴定的对象,即国家法律规定可以列为职业技能鉴定的劳动者。依据现行的法律规定,对下列劳动者可以进行职业技能鉴定:(1)各类职业技术学校和培训机构毕(结)业生,凡属技术等级考核的工种,逐步实行职业技能鉴定;(2)企事业单位学徒期满的学徒工,必须进行职业技能鉴定;(3)自愿申请职业技能鉴定的企事业单位的职工以及社会各类人员。

依据规定,职业技能鉴定机构分为三个层次:

(1) 国家级职业技能鉴定中心。它隶属于劳动和社会保障部。它的主要职责是:第一,参与制定国家职业技能标准和组建国家职业技能鉴定题库;第二,开展职业分类、职业技能标准、职业技能鉴定理论研究及咨询服务;第三,推动全国职业技能竞赛活动。

(2) 省级职业技能鉴定中心。它隶属于各省劳动行政部门。它的主要职责是:第一,组织本地区职业技能鉴定工作和具体实施考评员的资格培训;第二,开展职业技能鉴定有关问题的研究和咨询服务;第三,推动本地区职业技能竞赛活动。

（3）行业性职业技能鉴定中心。行业性职业技能鉴定中心,必须通过自行申请,经劳动和社会保障部审批方可从事该行业的职业技能鉴定工作。行业性职业技能鉴定中心的职责主要有:第一,参与制定非社会通用的本行业特有工种的职业技能标准;第二,组织本行业特有工种的职业技能工作和考评员的资格培训;第三,开展职业技能鉴定及有关问题的研究和咨询服务;第四,推动本行业的职业技能竞赛活动。

五、职业资格证书制度

（一）职业资格的概念

职业资格,是指对劳动者从事某一职业所必需的学识、技术和能力的基本要求,包括从业资格和执业资格。从业资格是指劳动者从事某一专业的学识、技术和能力的起点标准;执业资格是指从业者依法独立开业或从事某一特定专业的学识、技术和能力的必备标准。执业资格是政府对某些责任较大、社会通用性强、关系公共利益的专业实行的就业准入制度。

（二）职业资格证书的概念与分类

职业资格证书是通过政府认定的考核鉴定机构,按照国家规定的职业技能标准或任职资格条件,对劳动者的技能水平或职业资格进行客观公正、科学规范的评价和鉴定的结果,是劳动者具备某种职业所需要的专门知识和技能的证明。职业资格证书制度是国际上通行的一种对技术技能型人才的资格认证制度。与学历文凭证书不同,职业资格证书与某一职业能力的具体要求密切结合,反映特定职业的实际工作标准和规范,以及劳动者从事这种职业所达到的实际能力水平。

我国技术性职业(工种)的职业资格证书,分为"初级技能"、"中级技能"、"高级技能",以及"技师"、"高级技师"五种,由劳动和社会保障部统一印制,劳动保障部门或国务院有关部门按规定办理和核发。劳动者依法取得的职业资格证书,是劳动者通过职业技能鉴定的法律后果,它是劳动者求职、任职、独立开业和用人单位录用劳动者的主要依据,也是境外就业、对外劳务合作人员办理技能水平公证的有效证件。

第五章 劳动合同法

第一节 劳动合同概述

一、劳动合同的概念和特征

(一) 劳动合同的概念

劳动合同亦称劳动契约,欧美国家一般称雇佣合同,是指劳动者与用人单位之间为确立劳动关系,依法协商就双方权利和义务达成的协议。劳动合同是劳动关系建立、变更和终止的一种法律形式。根据这种协议,劳动者加入企业、个体经济组织、事业组织、国家机关、社会团体等用人单位,成为该单位的一员,承担一定的工种、岗位或职务工作,并遵守所在单位的内部劳动规则和其他规章制度;用人单位则应及时安排被录用的劳动者工作,按照劳动者劳动的数量和质量支付劳动报酬,并且根据劳动法律、法规规定和劳动合同的约定提供必要的劳动条件,保证劳动者享有劳动保护及社会保险、福利等权利和待遇。

(二) 劳动合同的特征

劳动合同作为契约的一种,除了具有普通合同的一般特征外,还具有以下法律特征:

第一,劳动合同主体具有特定性。

我国《劳动合同法》明确规定劳动合同的主体一方是劳动者,另一方是用人单位。劳动者是指依法具有劳动权利能力和劳动行为能力的自然人,包括在我国境内与用人单位确立劳动关系的本国公民、外国人和无国籍人;用人单位,主要是指企业、个体经济组织,同时也包括与劳动者通过签订劳动合同或其他方式确立劳动关系的国家机关、事业单位和社会团体。

第二,劳动合同具有从属性。

劳动合同的从属性揭示出劳动关系不是平等主体之间的关系,可以从经济从属性、组织从属性和人格从属性三个方面来理解。经济从属性是指劳动者需要依赖工资收入为生,因而在经济上对用人单位具有从属性。组织从属性是指劳动者通常会被用人单位编入到其内部组织架构之中,作为该组织的一名成员参与生产经营。人格从属性是指劳动者不是按照自己的意志从事劳动,而是将自己置于用人单位的指挥、管理和监督之下,从而导致了人格上对用人单位的从属性。无论是在大陆法国家还是英美国家,人格从属性都是司法机关认定劳动者身份的主要标准。[①]

第三,劳动合同具有有偿性。

劳动合同的有偿性表现为:劳动合同主体双方履行义务都有特定的物质性回报,即劳动者以提供劳动为条件获得工资收入和其他待遇;用人单位则以支付工资报酬等为条件获取对劳动力资源的利用,从而获得相应的劳动成果。有偿性特征表明,无偿的义务劳动或者志愿劳动不属于劳动合同的范畴,因而不能成立劳动关系。

第四,劳动合同具有社会性。

劳动合同往往涉及第三人的物质利益关系,从而具有社会性特征,这是由劳动力本身再生产的特点决定的。劳动者因享有社会保险和福利待遇的权利而附带产生了劳动者的直系亲属依法享有一定的物质帮助权。如若劳动者因生育、年老、患病、工伤、残废、死亡等原因,部分或全部、暂时或永久地丧失劳动能力时,用人单位不仅要对劳动者本人给予一定的物质帮助,而且对劳动者所供养的直系亲属也要给予一定的物质帮助。劳动者享有的这种物质帮助权是通过国家立法强制实施的,反映在劳动合同中则体现为:劳动合同中必须具备社会保险条款,同时劳动合同双方当事人还可以在劳动合同中明确规定有关福利待遇的条款,而这些条款的内容往往涉及第三人的物质利益关系。

二、劳动合同的作用

劳动合同作为确立劳动关系的法律形式,是组织社会劳动,合理配置劳动力资源,稳定劳动关系,促进社会生产力发展的重要手段。在社会主义市场经济条件下,劳动合同的作用主要有:

第一,劳动合同是建立劳动关系的基本形式。

以劳动合同作为建立劳动关系的基本形式,是世界各国普遍的做法,也是建立和完善我国社会主义市场经济体制的客观要求。这是由于劳动过程是非常复杂的,也是千变万化的,不同行业、不同单位和不同劳动者在劳动过程中的权利义务各不相同,国家法律、法规只能对共性问题作出原则性的规定,而不可能对当事人的权利义务进行具体规定。这就要求双方当事人依法签订劳动合同,明确相互的权利和义务。我国《劳动合同法》第 10 条第 1 款规定:"建立劳动关系,应当订立书面劳动合同。"明确了劳动合同是建立劳动关系的基本形式。

第二,劳动合同是促进劳动力资源合理配置的重要手段。

用人单位可以根据生产经营或工作需要确定招收录用劳动者的时间、条件、

---

① 参见周长征:《劳动法中的人——兼论"劳动者"原型的选择对劳动立法实施的影响》,载《现代法学》2012 年第 2 期,第 103—111 页。

方式和数量,并且通过与劳动者签订不同类型、不同期限的劳动合同,发挥劳动者的专长,合理使用劳动力。劳动合同主体双方享有的依法订立、变更、解除、终止劳动合同的自主权,使得双方既可确立相对稳定的劳动关系,又可促使劳动力流动,从而达到促进劳动力资源合理配置的目的,进而达到提高劳动生产率,促进社会生产力发展的根本目的。

第三,劳动合同有利于避免或减少劳动争议。

劳动合同明确规定劳动者和用人单位之间的劳动权利、义务和责任,这对合同主体双方既是一种保障,又是一种约束,有助于提高双方履行合同的自觉性,促使双方正确地行使权利,严格地履行义务。因此劳动合同的订立和履行,有利于避免或减少劳动争议的发生,有利于稳定劳动关系。同时,即使发生劳动争议,也可以以合同条款为依据进行处理,有利于争议的解决。

三、劳动合同的立法概况

劳动合同立法是指国家制定或认可劳动合同行为规则的立法。各国劳动合同立法的模式主要有两类:一是制定单行的劳动合同法,如比利时、德国、法国、芬兰等欧洲国家;另一类是将劳动合同作为劳动法的一个部分进行规定,没有单独的劳动合同立法,如匈牙利、保加利亚、波兰等国家。

我国的劳动合同立法,已经过较长的发展时期。早在土地革命时期,中央苏区的《中华苏维埃共和国劳动法》(1931年发布,1933年修改发布)中,就设有劳动合同专章;抗日战争时期《陕甘宁边区劳动保护条例(草案)》也对劳动合同作了规定。

中华人民共和国成立以来,劳动合同立法一直是劳动立法的一个重要组成部分。1949年11月,中华全国总工会《关于劳资关系暂行办法》第2条规定:"私营企业与被雇佣工人职员学徒及勤杂人员之间的关系属本法规定者,得由劳资双方协议,签订集体合同或劳资契约规定之。"1951年5月,劳动部《关于各地招聘职工的暂行规定》中规定:"招聘职工时雇佣与被雇佣者双方应直接订立劳动契约,须将工资待遇、工时、试用期以及招住远地者来往路费、安置家属等加以规定,并向当地劳动行政部门备案。"此后,劳动部还制定了《关于建筑工程单位赴外地招用建筑工人订立劳动合同的办法》(1954年)和《关于订立建筑工人借调合同办法》(1959年)。1958年,国家对企业新招用职工试行了合同制度,对煤矿、矿山及县办企业从农村招用的新工人,试行了亦工亦农的轮换制度。但是在社会主义改造完成后,随着固定工制度①的普遍实行,劳动合同制不再作为

---

① 固定工制度是我国计划经济条件下为适应劳动力高度集中管理的计划管理体制而形成的一种用工制度。城镇适龄劳动者由国家统包统配到全民所有制和城镇集体所有制单位成为固定工,固定工人数受国家指令性劳动计划的控制,固定工长期使用,一般不予辞退,劳动者与用人单位之间形成一种固定的身份隶属关系。固定工制度是一种僵化的用工制度,存在许多弊端。

主要的用工形式,有关法规中仅要求用人单位与临时工订立劳动合同,如1962年10月国务院制定的《关于国营企业使用临时工的暂行规定》中,就有"各单位招用临时工,必须签订劳动合同"的规定。

中共十一届三中全会以后,国家的工作重心转移到经济建设上来,在全面进行经济体制改革的同时,对劳动制度也逐步进行了改革,劳动合同制度得到了重新肯定和发展。如1980年《中外合资经营企业劳动管理规定》第2条规定:"合营企业的雇佣、解雇和辞退,生产和各种任务,工资和奖励,工作时间和假期,劳动保险和生活福利,劳动保护,劳动纪律等事项,通过劳动合同加以规定。"1982年2月,劳动人事部发出了《积极推行劳动合同制的通知》,确定了实行劳动合同制的目的、要求和步骤,并在全国试行劳动合同制。此后,国务院和有关部委先后发布了《国营企业实行合同工制度的试行办法》(1982年)、《国营建筑企业招用农民合同制工人和使用农村建筑队暂行办法》(1984年),《矿山企业实行农民轮换工制度试行条例》(1984年)、《交通、铁路部门装卸搬运作业实行农民轮换工制度和使用承包工试行办法》(1984年)等重要法规。到1986年7月,国务院在总结试点经验的基础上发布了《国营企业实行劳动合同制暂行规定》、《国营企业招用工人暂行规定》、《国营企业辞退违纪职工暂行规定》及《国营企业职工待业保险暂行规定》,对实行劳动合同制的基本原则,合同制工人的招收录用,劳动合同的订立、变更、终止和解除,职工在职和待业期间的待遇,退休养老期间的待遇及组织管理等,作了系统全面的规定,从而为在全国范围内企业招用工人实行劳动合同制提供了法律依据。

我国1994年颁布的《劳动法》,全面肯定了劳动合同制度,为推行全员劳动合同制提供了基本法律依据。为了配合《劳动法》的贯彻实施,劳动部于1994年12月3日和1995年5月10日分别发布了《违反和解除劳动合同的经济补偿办法》和《违反〈中华人民共和国劳动法〉有关劳动合同规定的赔偿办法》,作为《劳动法》的配套法规执行。为了具体地规范劳动合同,促进《劳动法》的有效实施,全国各地如北京、山东、上海、江苏、福建、广东等地都纷纷制定了地方劳动合同立法以适应劳动关系的发展需要,其中,北京、上海各自颁布实施的新的劳动合同立法——《北京市劳动合同规定》(2001年12月24日发布,2002年2月1日起实施)与《上海市劳动合同条例》(2001年11月15日发布,2002年5月1日起实施)具有相当的影响力。

2007年6月29日,第十届全国人大常委会第二十八次会议通过了《劳动合同法》。该法共8章98条,全面地规定了劳动合同的订立、效力、变更、履行、解除和终止等内容,特别是还首次将劳务派遣和非全日制用工这两种非典型劳动关系纳入到劳动立法之中,具有十分进步的意义。该法在《劳动法》之后,成为我国劳动立法史上的又一个里程碑,标志着我国劳动立法水平发展到一个新的高度。为了配合该法的实施,国务院于 2008 年 9 月 18 日颁布了《劳动合同法实施条例》,共 6 章 38 条,对《劳动合同法》的立法精神和具体适用问题作出了具体的阐释。

为了解决我国《劳动合同法》颁布后用人单位滥用劳务派遣等问题,2012 年 12 月 28 日,全国人大常委会又通过了《关于修改〈中华人民共和国劳动合同法〉的决定》,对《劳动合同法》中关于劳务派遣的规定进行了修改和完善,严格了用人单位使用劳务派遣用工的条件和责任,再次强调了劳务派遣不得作为主要用工形式的原则。该修正案自 2013 年 7 月 1 日起施行。

四、劳动合同的分类

按照不同的标准,劳动合同可以进行不同的分类。常见的分类主要有:

(1) 按照劳动合同期限的不同,劳动合同可分为固定期限劳动合同、无固定期限劳动合同和以完成一定工作任务为期限的劳动合同。

固定期限劳动合同是指用人单位与劳动者约定合同终止时间的劳动合同。劳动合同的期限可以是 1 年、2 年、3 年,也可以是 5 年、10 年、20 年等,由双方当事人根据工作需要和各自的实际情况确定。劳动合同期限届满,劳动关系自行终止。如果双方当事人同意续订,可以续订合同。如果已经续订两次,还要再续订的,劳动者有权提出订立无固定期限劳动合同,用人单位不得拒绝。在《劳动合同法》颁布之前,我国存在着劳动关系短期化的现象,大多数用人单位只是与劳动者订立 1 年以内的固定期限劳动合同,这种现象造成了劳动关系不稳定,劳动者报酬难以提高等社会问题。

无固定期限劳动合同,是指用人单位与劳动者约定无确定终止时间的劳动合同。我国《劳动合同法》致力于推动劳动关系的长期化、稳定化,因此扩大了用人单位应当与劳动者订立无固定期限劳动合同的范围。依照该法第 14 条第 2 款,除了双方协商一致的情况以外,只要符合下面的三种情形,劳动者单方就可以提出订立无固定期限劳动合同,用人单位不得拒绝:一是劳动者在该用人单位连续工作满 10 年的;二是用人单位初次实行劳动合同制度或者国有企业改制重新订立劳动合同时,劳动者在该用人单位连续工作满 10 年且距法定退休年龄不足 10 年的;三是连续订立二次固定期限劳动合同,且劳动者没有《劳动合同法》第 39 条和第 40 条第 1 项、第 2 项规定的情形,续订劳动合同的。

以完成一定工作任务为期限的劳动合同是指双方当事人把完成某项工作任务作为合同终止日期的劳动合同。当约定的工作任务完成后,合同即自行终止。这种劳动合同与固定期限劳动合同的区别在于:固定期限劳动合同的合同期限是具体、明确的;而以完成一定工作任务为期限的劳动合同的合同期限则是相对的,具有一定的弹性。尽管如此,任何一项工作任务只要内容是确定的,总是要在一定期限内完成的,而且完工日期是可以大致估算的。因此,以完成一定工作任务为期限的劳动合同,本质上仍然是一种固定期限劳动合同。根据我国《劳动合同法实施条例》第22条规定,以完成一定工作任务为期限的劳动合同因任务完成而终止的,用人单位应当依照《劳动合同法》第47条的规定向劳动者支付经济补偿。我国《劳动合同法实施条例》第22条实质上是要求用人单位参照终止固定期限劳动合同的情形,向劳动者支付经济补偿。

(2)按照用人方式的不同,劳动合同可分为录用合同、聘用合同和借用合同等。

录用合同是用人单位与被录用劳动者之间,为确立劳动关系,明确双方权利义务的协议。用人单位招收录用劳动者应当按照预先规定的条件,依法通过面向社会、公开招收、择优录用的方式,与被录用劳动者签订劳动合同。录用合同一般适用于招收录用普通劳动者。

聘用合同,亦称聘任合同,是指聘用单位与被聘用劳动者之间,为确立劳动关系,明确双方权利义务的协议。聘用合同一般适用于招聘有技术业务专长的劳动者,如企业或事业组织聘请本地或外地的专家、技术顾问、法律顾问、经济顾问等。聘用合同应当明确双方的责、权、利。

借用合同,亦称借调合同,是指借用单位、被借用单位与被借用人员之间,为确立借用关系,明确相互之间权利义务的协议。它一般适用于借用单位与被借用单位之间,为技术力量的互通有无或人员的余缺调剂、互相协作而签订的劳动合同。在借调期间,被借用人员与原单位的劳动关系不变,但是其岗位和工作条件及福利待遇等随着借用合同而发生变化。

(3)按照就业方式的不同,劳动合同可分为全日制用工劳动合同和非全日制用工劳动合同。

全日制用工劳动合同,又称全职劳动合同,是指劳动者按照国家法定工作时间,从事全职工作的劳动合同。

非全日制用工劳动合同,又称部分时间劳动合同,是指劳动者按照国家法律规定,从事部分时间工作的劳动合同。各国对非全日制用工一般都有从事工作时间的限定。在我国,根据《劳动合同法》第68条的规定,非全日制用工,是指以小时计酬为主,劳动者在同一用人单位一般平均每日工作时间不超过4小时,每周工作时间累计不超过24小时的用工形式。从事非全日制工作的劳动者,可以与一个或一个以上用人单位建立劳动关系。非全日制用工是劳动用工制度的一种重要形式,是灵活就业的主要方式。近年来,我国以小时工为主要形式的非全日制用工发展较快,这一用工形式突破了传统的全日制用工模式,适应了用人单位灵活用工和劳动者自主择业的需要,已成为促进就业的重要途径。

(4)按照劳动合同的存在形式不同,可以将劳动合同分为书面劳动合同、口头劳动合同。

书面劳动合同,又称要式劳动合同,是指以法定的书面形式订立的劳动合同。此类劳动合同适用于当事人之间的权利义务需要明确的劳动关系,很多国家法律规定劳动合同必须采取书面形式订立。我国《劳动合同法》强调建立劳动关系必须要签订书面合同,否则用人单位要承担严重不利后果。

口头劳动合同,又称非要式合同,即由劳动关系当事人以口头约定的形式产生的劳动合同。这类合同适用于当事人之间的权利义务可以短时间内结清的劳动关系,它的履行只能依据当事人的信誉和相互之间的信任。我国《劳动合同法》只是允许非全日制用工采用口头合同的形式。

此外,国内外劳动法学界还有其他分类,如:根据劳动者是否在编分为正式工劳动合同和临时工劳动合同;根据劳动者所从事工作的性质和内容不同分为脑力劳动合同和体力劳动合同;按照劳动者身份的不同,劳动合同可以分为工人劳动合同和职员劳动合同等。

五、非典型劳动合同

随着市场经济的全球扩张,典型的劳动合同模式在世界各国都处于一种不断萎缩的状态,而形形色色的非典型劳动合同则日益大行其道。这些非典型劳动合同具体表现为劳务派遣(labor dispatching)、非全日制工作(part-time work)、临时工作(temporary work)、家内劳动(home work)以及远程工作(telecommunication work)等。我国《劳动合同法》首次以法律的形式规定了劳务派遣与非全日制工作这两种非典型劳动合同,这是我国劳动立法开始对非典型劳动合同进行调整的开始。

(一)劳务派遣合同

所谓劳务派遣,有时也称劳动租赁(labor leasing),是指劳务派遣机构与劳动者订立劳动合同,但是并不直接使用该劳动者,而是将其派遣到要派企业(第三人)的工作场所,在要派企业的指挥监督下从事劳动的一种用工形式。劳务派遣是非典型劳动关系的一种形式。

劳务派遣最主要的法律特征就是"雇用"与"使用"的分离。在劳务派遣制度下,劳动关系已经从传统的劳动者与用人单位之间的两方关系,演变成为劳动者、劳务派遣机构以及要派企业之间的三角关系。国际劳工组织在2003年发布的工作报告《雇佣关系的范围》中,形象地将劳务派遣关系称为"三角雇佣关系"(triangular employment relationship)。[1]

---

[1] 参见国际劳工局:《雇佣关系的范围》,报告五,国际劳工大会第91届会议,2003年,日内瓦。

1. 劳务派遣单位的设立与法律责任

劳务派遣单位应当依照公司法的有关规定设立,注册资本不得少于200万元,应当具有与开展业务相适应的固定的经营场所和设施,还要具有符合法律、行政法规规定的劳务派遣管理制度,以及法律、行政法规规定的其他条件。经营劳务派遣业务,应当向劳动行政部门依法申请行政许可;经许可的,依法办理相应的公司登记。未经许可,任何单位和个人不得经营劳务派遣业务。

由于在我国《劳动合同法》颁布实施后,很多用人单位把大量的劳动合同用工转换为劳务派遣用工,一些大企业超过半数的职工都是劳务派遣工,这样造成了劳动者的合法权益缺乏保障,影响了劳动关系的和谐稳定。[①] 为此,2012年12月28日全国人大常委会通过的《关于修改〈中华人民共和国劳动合同法〉的决定》第3条规定,劳动合同用工是我国的企业基本用工形式,劳务派遣用工是补充形式,只能在临时性、辅助性或者替代性的工作岗位上实施。这次修改明确了"三性"岗位的定义,依照该决定,临时性工作岗位是指存续时间不超过6个月的岗位;辅助性工作岗位是指为主营业务岗位提供服务的非主营业务岗位;替代性工作岗位是指用工单位的劳动者因脱产学习、休假等原因无法工作的一定期间内,可以由其他劳动者替代工作的岗位。这样,立法机关统一了各地对"三性"岗位的解释,从而大大压缩了劳务派遣的适用范围,有望遏制劳务派遣在我国"超常发展"的势头。

劳务派遣单位是被派遣劳动者在法律意义上的用人单位,应当履行用人单位对劳动者的义务。劳务派遣单位与被派遣劳动者应当订立两年以上的固定期限劳动合同,合同中除应当载明《劳动合同法》规定的必备条款以外,还应当载明被派遣劳动者的用工单位以及派遣期限、工作岗位等情况。劳务派遣单位应当将劳务派遣协议的内容告知被派遣劳动者,并且不得克扣用工单位按照劳务派遣协议支付给被派遣劳动者的劳动报酬,不得向被派遣劳动者收取费用;如果劳务派遣单位违反有关劳动法律法规的规定,给劳动者造成损失的,劳动者可以要求用工单位和劳务派遣单位承担连带责任。

2. 用工单位应当承担的法律义务

(1) 执行国家劳动标准,提供相应的劳动条件和劳动保护;

(2) 告知被派遣劳动者的工作要求和劳动报酬;

(3) 支付加班费、绩效奖金,提供与工作岗位相关的福利待遇;

(4) 对在岗被派遣劳动者进行工作岗位所必需的培训;

(5) 连续用工的,实行正常的工资调整机制;

(6) 用工单位不得将被派遣劳动者再派遣到其他用人单位。

---

① 周长征:《劳务派遣的超常发展与法律再规制》,载《中国劳动》2012年第5期,第27页。

3. 被派遣劳动者的权利

(1) 同工同酬的权利。被派遣劳动者享有与用工单位的劳动者同工同酬的权利。用人单位应当按照同工同酬原则,对被派遣劳动者与本单位同类岗位的劳动者实行相同的劳动报酬分配办法。用工单位无同类岗位劳动者的,参照用工单位所在地相同或者相近岗位劳动者的劳动报酬确定。

(2) 参加或组织工会的权利。依照我国《劳动合同法》的规定,被派遣劳动者有权在劳务派遣单位或者用工单位依法参加或者组织工会,维护自身的合法权益。

(二) 非全日制劳动合同

非全日制用工,是指以小时计酬为主,劳动者在同一用人单位一般平均每日工作时间不超过4小时,每周工作时间累计不超过24小时的用工形式。非全日制劳动合同与劳务派遣合同一样,都属于非典型劳动合同的重要形式之一。

各国立法考虑到非全日制劳动合同在促进就业方面的积极作用,允许非全日制劳动者可以与一个以上的用人单位订立劳动合同。任何一方当事人可以随时终止用工,并不需要支付经济补偿金。

第二节 劳动合同的订立

一、劳动合同订立的概念和原则

劳动合同的订立是指劳动者和用人单位之间依法就劳动合同条款进行协商,达成协议,从而明确相互权利义务的法律行为。劳动合同的订立涵盖订立过程和订立结果两方面。订立过程通常表现为当事人要约、承诺的过程;订立结果表现为由特定形式承载着特定内容的合同文本。①

在市场经济条件下,订立劳动合同是建立劳动关系的有效途径,因此,应加强劳动合同订立的规范化和合法化,以保证劳动关系的协调稳定。我国《劳动法》第17条规定:"订立和变更劳动合同,应当遵循平等自愿、协商一致的原则,不得违反法律、行政法规的规定。"我国《劳动合同法》第3条则规定:"订立劳动合同,应当遵循合法、公平、平等自愿、协商一致、诚实信用的原则。"结合上述法律规定,订立劳动合同必须遵循以下几项基本原则:

第一,平等自愿、协商一致原则。

所谓平等,是指劳动者和用人单位的法律地位平等,即当事人双方应以平等的身份订立劳动合同,这是订立劳动合同的基础和基本条件。所谓自愿,是指劳动合同的订立,应完全出于合同当事人的意愿,任何一方都不得以地位、权势、经

---

① 参见冯彦君著:《劳动法学》,吉林大学出版社1999年版,第116页。

济实力等因素或采取欺诈、威胁的手段把自己的意志强加于对方,第三人也不得干涉劳动合同的订立。对于双方当事人来说,平等是自愿的前提,自愿是平等的体现,因而二者是不可分割的。

协商一致,是指劳动合同的双方当事人在充分表达自己意思的基础上,对合同条款进行协商,并对相互的权利义务达成一致意见,签订劳动合同。只有通过协商一致,才能真正体现平等自愿。

第二,合法原则。

由于劳动者与用人单位之间缺乏真正平等协商的基础,国家不得不进行一定的干预。例如,法律、行政法规对工作时间、工资、劳动安全、社会保险等重要劳动条件都有明确规定,一些国家法律要求用人单位必须雇用一定比例的残疾人,这都在一定程度上限制了用人单位的合同自由。实行合法原则,有利于保护劳动者的合法权益,维系劳动关系的平衡。合法原则主要体现在两个方面:

一方面,劳动合同的主体必须合法。也就是说,劳动合同的主体双方要有权利能力和行为能力。用人单位作为劳动合同的一方当事人,必须是依法成立并能够以单位的名义与劳动者签订合同;劳动者成为劳动合同的当事人(除法律特别规定者外)必须年满16周岁和具有劳动行为能力。我国《劳动法》第15条第1款规定:"禁止用人单位招用未满16周岁的未成年人。"《北京市劳动合同规定》第9条规定:"用人单位应当依法成立,能够依法支付工资、缴纳社会保险费、提供劳动保护条件,并能够承担相应的民事责任";"劳动者应当达到法定年龄,具有与履行劳动合同义务相适应的能力";"用人单位招用未成年人或者外地来京务工人员,应当符合国家和本市有关规定"。

另一方面,劳动合同的内容也必须合法。劳动合同的双方当事人在确定具体的劳动权利义务时,不得违背国家有关法律、法规的规定。如有的劳动合同规定:"发生工伤事故,单位概不负责","劳动者个人自行选择是否参加养老、医疗和失业保险",等等,均属于内容违法因而无效的条款,对此,用人单位应承担由此而产生的法律责任。

第三,诚实信用原则。

劳动合同具有一定的人身信任关系,劳动任务的完成,很大程度上需要双方的配合与协作。因此,双方在订立与履行劳动合同时,都必须要本着善意与合作的态度行事,根据具体的情势,应当互相承担说明、通知、保护、忠诚、协力、保密等义务。

第四,公平原则。

公平原则首先要求劳动合同双方当事人在合同订立、履行、变更、终止与解除等环节,都必须要秉持公平的精神,不得利用自身的强势地位,迫使对方接受明显不公平的合同条件,比如减轻或者免除自己一方的责任,加重或者排除对方的权利;又如双方约定的违约金原则上不能超过实际损失,等等。其次,如果劳动合同条款有两种以上解释的,应当采用对劳动者有利的一种解释。最后,公平原则还要求在用人单位没有过错,甚至是劳动者自己有过错的情况下,用人单位仍应当对劳动者承担一定的责任。比如在劳动者因违反操作规程而发生工伤的情况下,用人单位仍然应当为劳动者申报工伤,并且支付相应待遇。又如在用人单位因为客观原因而停工、停产不超过一个工资支付周期的情况下,仍然应当按照约定的工资标准向劳动者支付工资。

二、劳动合同订立的程序

劳动合同的订立程序,是指劳动者和用人单位订立劳动合同时所遵循的步骤或环节。它既能保障合同订立的正常进行,也是合同内容合法化、规范化的重要措施。我国法律目前还没有对劳动合同的订立程序作出明确规定,但是根据实践经验和客观需要,订立劳动合同应经过要约与承诺两个基本阶段。

(一) 要约

要约,是指劳动合同的一方当事人向另一方当事人提出的订立劳动合同的意思表示。提出要约的一方称为要约人。要约人可以是用人单位,也可以是劳动者。要约的内容应当包括:订立劳动合同的愿望,订立劳动合同的条件,以及要求对方考虑答复的期限等。订立合同的条件必须明确具体,其中,用人单位应当如实向劳动者告知其工作内容、工作时间、工作条件、职业危害、安全生产状况、劳动报酬,以及劳动者要求了解的其他情况;用人单位有权了解劳动者与劳动合同直接相关的基本情况,劳动者应当如实说明。

订立劳动合同的要约,是一种法律行为,对要约人产生一定的法律约束力。要约人在要约有效期内不得随意变更或撤回要约,也不得拒绝受要约人的有效承诺。

(二) 承诺

承诺,是指受要约人对劳动合同的要约内容表示同意和接受,即受要约人对要约人提出的劳动合同的全部内容表示赞同,而不是提出修改,或者部分同意,或者有条件的接受。当然订立劳动合同的过程也是要约——反要约——再要约,直至承诺的反复协商取得一致意见的过程。

劳动合同的承诺,也是一种法律行为。一般情况下,要约一经承诺,书写成书面合同,经双方当事人签名盖章,合同即告成立。根据我国《劳动合同法》第16条,劳动合同由用人单位与劳动者协商一致,并经用人单位与劳动者在劳动合同文本上签字或者盖章生效。实践中劳动合同的签订程序多为:用人单位根据本单位的情况事先起草了书面合同草案,经与劳动者协商达成一致意见,双方签字盖章,合同即告成立。在这种情况下,劳动者有权对合同草案的有关条款提出修改意见,而不必一味地服从。例如,劳动部1995年8月发布的《关于贯彻执行〈中华人民共和国劳动法〉若干问题的意见》第16条规定:"用人单位与劳动者签订劳动合同时,劳动合同可以由用人单位拟定,也可以由双方当事人共同拟定,但劳动合同须经双方协商一致后才能签订,职工被迫签订的劳动合同或未经协商一致签订的劳动合同为无效劳动合同。"

三、劳动合同订立的形式

劳动合同订立的形式分为书面形式和口头形式两种。当事人用口头形式订立劳动合同,灵活、简便,但不便于履行和监督、检查,特别是发生劳动争议时,往往因口述无凭而难以处理。采用书面形式订立劳动合同,严肃、慎重、明确,便于履行和监督、检查;一旦发生劳动争议,便于当事人举证,也便于有关部门处理。因此,许多国家的法律规定劳动合同必须采取书面形式订立。

我国劳动法要求劳动合同必须采用书面形式。我国《劳动法》第19条对劳动合同订立的形式作了强制性规定:"劳动合同应当以书面形式订立"。我国《劳动合同法》第10条第1款延续了这种书面形式的要求,规定"建立劳动关系,应当订立书面劳动合同"。如果用人单位建立劳动关系之后满1个月不满1年未与劳动者订立书面劳动合同的,应当向劳动者每月支付2倍的工资。超过1年者,视为双方之间已经建立了无固定期限劳动合同。

第三节 劳动合同的效力

一、劳动合同效力的概念

劳动合同的效力,是指劳动合同具有法律效力,即劳动法赋予劳动合同对双方当事人及相关第三人的法律约束力。我国《劳动法》第17条第2款规定:"劳动合同依法订立即具有法律约束力,当事人必须履行劳动合同规定的义务。"我国《劳动合同法》第3条第2款规定:"依法订立的劳动合同具有约束力,用人单位与劳动者应当履行劳动合同约定的义务。"

理解劳动合同的效力,应当分清劳动合同成立和劳动合同生效这两个法律概念。所谓劳动合同成立是指劳动合同双方当事人就确立劳动关系意思表示一致,并就劳动合同条款经协商一致,签订了协议。劳动合同生效是指劳动合同具有法律效力的起始时间。在理论上,劳动合同成立和劳动合同生效既有联系又有区别,劳动合同成立是劳动合同生效的前提,但劳动合同成立并不意味着劳动合同一定生效,只有依法成立的劳动合同才具有法律约束力。

我国《劳动合同法》没有严格区分劳动合同成立和劳动合同生效,第16条规定:"劳动合同由用人单位与劳动者协商一致,并经用人单位与劳动者在劳动合同文本上签字或者盖章生效。……"显然,第 16 条是把成立与生效混为一谈了。另外,第 16 条显然不允许双方约定劳动合同的生效日期,只是以签字或者盖章作为生效的条件,过去的一些地方法规因为与该法不一致而应当停止适用。

签订劳动合同是一种法律行为,它是劳动法律关系产生的重要法律事实。订立劳动合同应当遵循平等自愿、协商一致的原则,不得违背法律、行政法规的规定。只有当订立劳动合同的行为符合《劳动合同法》的规定及有关法律规范时,才能受到国家法律的保护,产生当事人期望的法律后果。否则,将导致合同无效。

二、无效劳动合同

(一) 无效劳动合同的概念

无效劳动合同是指不具有法律约束力的劳动合同。如果当事人订立的劳动合同不符合法定的生效要件,则劳动合同就得不到国家法律的承认和保护,即归于无效。

(二) 劳动合同无效的原因

劳动合同无效的原因主要包括以下四种情形:

(1) 合同当事人欠缺权利能力和行为能力。无论是用人单位还是劳动者都应当具备相应的权利能力和行为能力,才能订立劳动合同。如果不具备权利能力和行为能力,则订立的劳动合同根据《劳动法》属于无效合同。首先,用人单位在招聘时应当具备相应的权利能力和行为能力。用人单位在劳动法上的权利能力和行为能力就是其能够进行招聘的法律资格。如果用人单位不具备民事主体资格,比如企业、个体工商户等用人单位没有进行工商登记,领取营业执照,也就不具有用人权。国家机关、事业单位等招用人员如果超出了国家人事部门批准的编制范围,也属于不具有行为能力。[1] 另外还有一些特别法律法规限制了用人单位的行为能力,比如一些地方法规规定某些行业限制招聘某类劳动者,等等。其次,劳动者也应当具备相应的权利能力和行为能力。如果劳动者是外国人或无国籍人,且未取得我国的就业许可,则不具有订立劳动合同的权利能力。劳动者的行为能力是指劳动者的年龄与精神状态适合从事订立劳动合同的行为。如果劳动者不满 16 周岁,或者患有严重的精神疾病,也就不具有订立劳动合同所必需的行为能力。此类劳动者订立的劳动合同也属于无效合同。

(2) 违反法律、行政法规强行性规范的劳动合同。劳动合同的内容应当合法。如果合同内容只是违反了法律的一般性的规定,并不会导致合同无效。然

---

[1] 参见马原主编:《劳动法条文精释》,人民法院出版社 2003 年版,第 182 页。

而,如果劳动合同违反了法律、行政法规的强行性规范,则合同就属于无效合同。劳动法上的强行性规范主要有劳动保护规定、工作时间规定、劳动者基本权利规定、对妇女儿童特殊保护规定等。① 违反这些规定即会导致合同无效的后果。例如,一些用人单位在劳动合同中规定"工伤概不负责",或者规定女性劳动者在合同期内不得结婚或者生育,等等,此类条款因为违反我国《工伤保险条例》、《婚姻法》等法律、行政法规的强行性规范而无效。

(3) 以欺诈、胁迫的手段或者乘人之危,使对方在违背真实意思的情况下订立或者变更劳动合同的。劳动合同必须是双方在平等自愿的基础上意思达成一致而订立的。如果任何一方使用欺诈、胁迫等手段,都会造成相对人不能表达其真实意思,因此所签订的劳动合同也是无效的。

所谓"欺诈",是指一方当事人通过故意捏造虚伪情况、或者歪曲、掩盖真实情况,使相对人陷入错误认识而与之签订劳动合同的行为。欺诈一方主观上必须存在着故意,即明知可能引起对方的错误认识而希望这种结果的发生。客观上欺诈一方必须实施了欺诈行为。欺诈行为可以是作为,也可以是不作为。另外在结果上还应当引起相对人的错误认识,相对人基于这种错误认识与欺诈一方订立了劳动合同。欺诈是一种违法行为,不仅会导致劳动合同的无效,严重的还可能会构成刑法上的诈骗罪。

所谓"胁迫",是指一方当事人通过以某种现实或者将来的危害而使相对人产生恐惧,并与之订立劳动合同的行为。胁迫与欺诈的构成要件一样,胁迫一方也必须在主观上存在着故意,在客观上实施了胁迫行为,并且造成了相对人基于恐惧而与之订立劳动合同的后果。胁迫不仅使劳动合同失去了真实意思的基础,而且往往还侵犯了相对人的人身权利,因此所签订的劳动合同应当归于无效。如果情节严重,可能还会构成刑法上的"强迫劳动罪"。

所谓"乘人之危",是指行为人利用他人的危难处境或紧迫需要,为牟取不正当利益,迫使对方违背自己的真实意愿而作出某种意思表示。根据我国《合同法》第54条规定,一方乘人之危使对方在违背真实意思的情况下而订立的合同,属于可变更可撤销的合同,受损害一方可以向人民法院或者仲裁机构申请变更或者撤销合同。我国《劳动合同法》没有规定可变更可撤销合同,而是将乘人之危与欺诈、胁迫一起作为导致劳动合同无效的法定事由。

(4) 用人单位免除自己的法定责任、排除劳动者权利的。如果用人单位利用自身的优势地位,免除自己的法定责任,或者排除劳动者的权利,则事实上该劳动合同并没有真实的合意作为基础,因此也就无法取得法律效力。我国《劳动合同法》此项规定参考了《合同法》第40条关于格式合同的规定,即提供格式

---

① 参见马原主编:《劳动法条文精释》,人民法院出版社2003年版,第182页。

条款一方免除其责任、加重对方责任、排除对方主要权利的,该条款无效。区别在于《劳动合同法》并不以格式条款为前提,只要劳动合同存在着用人单位免除自己法定责任、排除劳动者权利的情形,即使不是格式条款,仍然归于无效。另外,我国《劳动合同法》只适用于用人单位排除自己的法定责任的情形,如果排除的不是"法定责任",则不影响劳动合同的效力。

（三）劳动合同无效的后果

劳动合同的无效可以是整个合同的无效,也可以是一部分条款的无效。如果这些无效的条款与合同的其他部分是可分的,那么这些条款的无效并不影响其余部分的效力。双方当事人对劳动合同的无效或者部分无效有争议的,由劳动争议仲裁机构或者人民法院确认。任何一方当事人都不能单方面决定合同是否有效。

劳动合同无效的法律后果,与一般的民事合同不同。由于劳动者用以交换的劳动力的特殊性,不可能采取返还及追缴等办法处理,所以双方不承担相互返还的责任。如果劳动者已经提供了劳动,则仍然享有报酬请求权,用人单位不得以合同无效为由拒绝向劳动者支付工资以及其他法定权益。劳动者的工资一般可以参照本单位相同或相近岗位劳动者的工资标准支付。

如果一方对于合同的无效负有责任,并且给对方造成了损失的,则还应当承担赔偿损失的责任。依照最高人民法院的有关司法解释,如果是因为用人单位原因造成合同无效的,应当比照违反和解除劳动合同经济补偿金的支付标准,赔偿劳动者因合同无效所造成的经济损失。在我国,《劳动合同法》与《劳动法》的区别在于,《劳动法》只规定了由于用人单位的原因导致合同无效,应当对劳动者承担赔偿责任,而没有规定因为劳动者的原因导致合同无效的情形。《劳动合同法》则规定劳动合同双方当事人应当根据过错情况,对合同的无效承担责任。这就意味着劳动者也可能因此而承担赔偿责任。

第四节　劳动合同的内容

劳动合同的内容,是指劳动合同双方当事人经过协商达成的关于劳动权利、义务的具体规定,具体表现为合同条款。劳动合同的内容既关系到劳动者与用人单位的切身利益,也关系到劳动法律、法规的贯彻实施,因而是劳动合同法律制度中的一个重要问题。

由于劳动过程本身的复杂性和多变性,劳动合同的内容不可能千篇一律,而只能由用人单位根据劳动过程的特点和单位的实际情况与劳动者协商确定,本节仅就合同的主要条款加以阐述,其内容包括必备条款与约定条款两大部分。

一、必备条款

必备条款,是指依照法律规定劳动合同应当具备的条款。根据我国《劳动合同法》第17条第1款规定,劳动合同应当具备以下条款:
(1) 用人单位的名称、住所和法定代表人或者主要负责人;
(2) 劳动者的姓名、住址和居民身份证或者其他有效身份证件号码;
(3) 劳动合同期限;
(4) 工作内容和工作地点;
(5) 工作时间和休息休假;
(6) 劳动报酬;
(7) 社会保险;
(8) 劳动保护、劳动条件和职业危害防护;
(9) 法律、法规规定应当纳入劳动合同的其他事项。

与我国《劳动法》相比,我国《劳动合同法》删除了"劳动纪律"、"劳动合同终止的条件"以及"违反劳动合同的责任"三项条款。删除"劳动纪律"条款是因为劳动纪律本身带有规章制度的性质,不应该由双方在劳动合同中约定,而是应当按照《劳动合同法》第4条所规定的职工民主程序制定。删除"劳动合同终止的条件"是因为《劳动合同法》不允许双方约定劳动合同终止的条件,只有在法定的情形下才能终止合同。删除"违反劳动合同的责任"条款是因为《劳动合同法》不允许双方任意约定违约责任,只有在服务期协议或者竞业限制协议中才能约定违约责任,除了上述两种情形以外,劳动合同约定违约责任是无效条款。

另外一方面,我国《劳动合同法》也增加了一些《劳动法》中没有的必备条款,比如"用人单位的名称、住所和法定代表人或者主要负责人"、"劳动者的姓名、住址和居民身份证或者其他有效身份证件号码"、"工作地点"、"工作时间和休息休假"、"社会保险"、"职业危害防护",并且在第9项规定了一个开放式的兜底条款"法律、法规规定应当纳入劳动合同的其他事项"。这表明我国《劳动合同法》对于劳动合同必备条款的要求越来越全面细致,并且允许行政法规或者地方法规根据具体情况,补充规定一些必备条款。

我国《劳动合同法》与《劳动法》一样,仍然把劳动合同期限、工作内容、劳动报酬、劳动保护和劳动条件等条款作为必备条款,这些条款关系到劳动合同当事人的基本权利义务。下面就对这四个条款作一些说明。

(一) 劳动合同期限

劳动合同期限,是指劳动合同的起始和终止的时间,即劳动合同规定的双方当事人权利、义务关系有效期间。我国《劳动合同法》第12条规定:"劳动合同分为固定期限劳动合同、无固定期限劳动合同和以完成一定工作任务为期限的劳动合同。"具体采用哪种合同期限由双方当事人在订立劳动合同时协商选择。同时，为了保障劳动者的权益，我国《劳动合同法》第14条第2款规定："用人单位与劳动者协商一致，可以订立无固定期限劳动合同。有下列情形之一，劳动者提出或者同意续订、订立劳动合同的，除劳动者提出订立固定期限劳动合同外，应当订立无固定期限劳动合同：(一) 劳动者在该用人单位连续工作满10年的；(二) 用人单位初次实行劳动合同制度或者国有企业改制重新订立劳动合同时，劳动者在该用人单位连续工作满10年且距法定退休年龄不足10年的；(三) 连续订立二次固定期限劳动合同，且劳动者没有本法第39条和第40条第1项、第2项规定的情形，续订劳动合同的。"

上述"连续工作满10年"的起始时间，应当自用人单位用工之日起计算，包括《劳动合同法》施行前的工作年限。劳动者非因本人原因从原用人单位被安排到新用人单位工作的，劳动者在原用人单位的工作年限合并计算为新用人单位的工作年限。原用人单位已经向劳动者支付经济补偿的，新用人单位在依法解除、终止劳动合同计算支付经济补偿的工作年限时，不再计算劳动者在原用人单位的工作年限。

与我国《劳动合同法》第14条的立法精神相同，《北京市劳动合同规定》第15条也规定了用人单位应劳动者要求，应当与其签订无固定期限劳动合同的一些具体情形，这些情形包括："(一) 全国劳动模范、先进工作者或者'五一'劳动奖章获得者；(二) 复员、转业退伍军人初次分配工作的；(三) 建设征地农转工人员初次分配工作的；(四) 尚未实行劳动合同制度的用人单位初次实行劳动合同制度时，劳动者连续工龄满10年，且距法定退休年龄10年以内的；(五) 国家和本市规定的其他情形。"

(二) 工作内容

工作内容，是指劳动者应为用人单位提供的劳动，包括工作岗位与工作任务和要求。这是劳动者履行劳动合同的主要义务，须在合同中加以明确规定。首先，劳动合同中必须订明工作岗位，即劳动者进入用人单位后担任何种工作或职务。这也与法律规定的有关解除劳动合同的条件密切相关。至于要求完成的工作任务或劳动定额，应视用人单位的具体情况，有必要的加以具体规定；不宜具体规定的，作出原则性的规定即可。关于劳动或工作的时间、地点、方法和范围等，法律、法规有统一规定的，按规定执行；没有统一规定的，由双方商定，但不得违背《劳动合同法》和《劳动法》的基本原则。

(三) 劳动保护和劳动条件

劳动保护，是指用人单位为了保障劳动者在劳动过程中的身体健康与生命安全，预防伤亡事故和职业病的发生，而采取的有效措施。在劳动保护方面，凡是国家有规定标准的，用人单位必须按国家标准执行，劳动合同的约定只能高于国家标准,而不得低于国家标准。国家没有规定标准的,劳动合同中的约定标准以不使劳动者的生命安全受到威胁、身体健康受到侵害为前提条件。劳动者有特别要求,经与用人单位协商同意的,亦应在合同中写明。

劳动条件,是指劳动者完成劳动任务的必要条件。用人单位在保证提供必要的劳动条件下,才能要求劳动者完成所给付的劳动任务,因此,劳动条件也是劳动合同中不可缺少的内容。特别是劳动过程需要对劳动条件有特别要求的,双方当事人应在合同中明确具体地加以规定,以避免劳动纠纷的发生,同时也有利于用人单位生产、经营及管理计划的实现。

根据我国《职业病防治法》的要求,《劳动合同法》还增加了"职业危害防护"条款。事实上职业危害防护与劳动保护具有相同的性质,可以纳入到劳动保护条款之中。

(四) 劳动报酬

按时足额地向劳动者支付报酬,是用人单位的一项基本义务。这里的劳动报酬是指劳动者参加社会劳动,按约定标准,从用人方取得的劳动收入。劳动者的劳动报酬主要以货币的形式实现,其中工资是劳动报酬的基本形式,奖金与津贴也是劳动报酬的组成部分。在劳动合同中要求明确规定工资标准或工资的计算办法,工资的支付方式,奖金、津贴的获得条件及标准。在确定工资条款时要特别注意,工资的约定标准不得低于当地最低工资标准,也不得低于本单位集体合同中规定的最低工资标准。

二、约定条款

约定条款,是指双方当事人在劳动合同中协商议定的条款。劳动合同除前款规定的必备条款外,用人单位与劳动者可以约定试用期、培训、保守秘密、补充保险和福利待遇等其他事项。约定条款的内容只要不违反法律、法规的规定,同法定条款一样,对当事人具有法律约束力。一般常见的约定条款有以下几种:

(一) 试用期

试用期多规定于初次就业、新上岗劳动者的劳动合同。约定试用期的目的,在于考察劳动者是否符合录用条件,用人单位所介绍的劳动条件是否符合实际情况,从而使职工和用人单位在试用期限内对彼此的情况作进一步的了解,并根据实际情况和法律规定作出是否履行或解除劳动合同的决定。试用期限既关系到当事人解除劳动合同的条件,又关系到劳动者的劳动待遇标准,因此必须规定得明确具体。

我国《劳动合同法》将试用期期限与劳动合同期限直接挂钩,劳动合同期限3个月以上不满1年的,试用期不得超过1个月;劳动合同期限1年以上不满3年的,试用期不得超过2个月;3年以上固定期限和无固定期限的劳动合同,试用期不得超过6个月。同一用人单位与同一劳动者只能约定一次试用期。以完成一定工作任务为期限的劳动合同或者劳动合同期限不满3个月的,不得约定试用期。试用期包含在劳动合同期限内。劳动合同仅约定试用期的,试用期不成立,该期限为劳动合同期限。

试用期内,劳动者的工资标准通常低于转正之后的合同工资,甚至有些用人单位滥用权力,过分压低劳动者的试用期工资。对此我国《劳动合同法》第20条对劳动者在试用期的工资标准作出限制,规定劳动者在试用期的工资不得低于本单位相同岗位最低档工资的80%,或者劳动合同约定工资的80%,并不得低于用人单位所在地的最低工资标准。另外,用人单位也不得随意解除劳动合同。根据我国《劳动合同法》第21条规定,在试用期中,除劳动者有《劳动合同法》第39条和第40条第1项、第2项规定的情形外,用人单位不得解除劳动合同。用人单位在试用期解除劳动合同的,应当向劳动者说明理由。

(二) 服务期

用人单位为劳动者提供专项培训费用,对其进行专业技术培训的,可以与该劳动者订立协议,约定服务期。劳动者违反服务期约定的,应当按照约定向用人单位支付违约金。违约金的数额不得超过用人单位提供的培训费用。用人单位要求劳动者支付的违约金不得超过服务期尚未履行部分所应分摊的培训费用。这里的培训费用,包括用人单位为了对劳动者进行专业技术培训而支付的有凭证的培训费用、培训期间的差旅费用以及因培训产生的用于该劳动者的其他直接费用。

在劳动合同期限与服务期期限不一致的情况下,如果劳动合同期满,但是用人单位与劳动者约定的服务期尚未到期的,劳动合同应当续延至服务期满;双方另有约定的,从其约定。另外,用人单位与劳动者约定服务期的,服务期约定不影响劳动者按照正常的工资调整机制而应该享受的工资升级待遇。

(三) 竞业限制

竞业限制是用人单位为了保护其商业秘密,而在劳动合同中约定劳动者在解除或者终止劳动合同后,上述人员不得到与本单位生产或者经营同类产品、从事同类业务的有竞争关系的其他用人单位,或者自己开业生产或者经营同类产品、从事同类业务。因为竞业限制条款对于劳动者的就业自由权作出了限制,因而我国《劳动合同法》以及其他地方法规都对其作了一些限制性规定。

首先,用人单位不得与没有机会接触其商业秘密的普通劳动者约定竞业限制条款。竞业限制的人员限于用人单位的高级管理人员、高级技术人员和其他负有保密义务的人员。对上述负有保密义务的劳动者,用人单位可以在劳动合同或者保密协议中与劳动者约定竞业限制条款。

其次,用人单位在竞业限制条款中还应当与劳动者约定,在解除或者终止劳动合同后,在竞业限制期限内按月给予劳动者经济补偿。经济补偿的标准在我国《劳动合同法》中没有规定,但是依照《江苏省劳动合同条例》的规定,年经济补偿额不得低于该劳动者离开用人单位前12个月从该用人单位获得的报酬总额的1/3。经济补偿是劳动者承担竞业限制义务的对价,如果用人单位没有依法支付经济补偿,则竞业限制条款对该劳动者没有约束力,该劳动者有权解除该约定。

再次,劳动者违反竞业限制约定的,应当按照约定向用人单位支付违约金。我国《劳动合同法》对于违约金的标准没有作任何规定,但是并不意味着当事人可以任意约定,违约金的数额还要受到地方法规的限制。例如,《江苏省劳动合同条例》第18条第2款规定:"约定违约金应当遵循公平原则,根据劳动者的劳动报酬等因素合理确定。"这样在违约金过高的情况下,法院有权进行适当地调整。又如,上海市劳动保障部门参照我国《合同法》第114条的规定①,在《关于实施〈上海市劳动合同条例〉若干问题的通知》第7条规定:"劳动者违反约定的,应当承担违约责任。双方当事人约定的违约金数额高于因劳动者违约给用人单位造成实际损失的,劳动者应当按双方约定承担违约金;约定的违约金数额低于实际损失,用人单位请求赔偿的,劳动者应按实际损失赔偿。约定的违约金数额畸高的,当事人可以要求适当减少。双方当事人因违约金发生争议的,可以按劳动争议处理程序解决。"②

最后,竞业限制期限不得超过2年。原来《上海市劳动合同条例》等地方法规规定的最长期限为3年,因为与我国《劳动合同法》冲突而不应再适用。竞业限制的范围、地域、期限由用人单位与劳动者约定,竞业限制的约定不得违反法律、法规的规定。

(四)当事人协商约定的其他事项

劳动过程是非常复杂的,劳动合同当事人的具体要求也是千差万别的,如补充社会保险和福利待遇、职业培训条件等均可能成为劳动合同的内容。这些内容只要不违反国家法律和行政法规的规定,一经双方商定,均为合法有效而对当事人产生法律约束力的合同内容。

---

① 我国《合同法》第114条规定:"当事人可以约定一方违约时应当根据违约情况向对方支付一定数额的违约金,也可以约定因违约产生的损失赔偿额的计算方法。约定的违约金低于造成的损失的,当事人可以请求人民法院或者仲裁机构予以增加;约定的违约金过分高于造成的损失的,当事人可以请求人民法院或者仲裁机构予以适当减少。……"

② 参见沪劳保关发(2002)第13号文。

第五节 劳动合同的履行、变更与终止

一、劳动合同的履行

（一）劳动合同履行的概念

劳动合同的履行，是指劳动合同的双方当事人按照合同约定完成各自义务的行为。只有双方当事人按照合同约定全面地、实际地履行了自己的义务，劳动过程才能顺利实现。

（二）劳动合同履行的原则

当事人在履行劳动合同过程中必须坚持以下三项原则。

1. 实际履行原则

劳动合同实际履行原则包括两层含义：一是双方当事人都必须亲自履行合同义务，而不能由第三人代替履行，这是由劳动合同主体的劳动权利能力和劳动行为能力的不可分割性决定的，劳动合同是在双方当事人相互考察并取得信任的基础上签订的。二是要求劳动者按合同规定的工作岗位和工作任务完成劳动过程，从而使劳动力与生产资料的结合成为最佳状态。

2. 全面履行原则

劳动合同全面履行原则，是指劳动合同的当事人按照合同规定和要求全面履行合同义务。这一原则要求劳动者一方按照法律与合同规定的时间、地点和方式，保质保量地完成劳动任务；要求用人单位全面按照法律和合同规定，向劳动者提供劳动保护条件、劳动条件及劳动报酬和福利待遇等。只有遵循全面履行原则，才能使劳动过程得以顺利实现，因为劳动合同是一个整体，包括了劳动过程的各个环节，合同规定的条款相互之间有其内在的联系，不能割裂。

3. 合作履行原则

劳动合同合作履行原则，要求双方当事人在履行劳动合同过程中相互配合、友好合作，并在遇到困难时相互理解和帮助。集体劳动客观上要求劳动者遵守劳动纪律、服从管理和指挥；同时，用人单位的领导者、管理者也必须关心职工，考虑职工切身利益方面的要求。在用人单位或职工遇到特殊困难时，对方应予体谅并在法律允许的范围内尽力给予帮助；当双方当事人之间产生纠纷，发生争议时，应当通过协商、调解或按法律规定的其他程序予以解决，避免矛盾激化或采取任何过激的行为。只有这样，才能维护和发展稳定和谐的劳动关系，以促进经济发展和社会进步。

（三）用人单位登记事项变化与劳动合同的履行

在劳动合同履行期间，如果发生用人单位变更名称、法定代表人、主要负责

人或者投资人等事项,不影响劳动合同的履行。用人单位的主体资格并没有发生变化,任何一方都不得以上述事项而拒绝履行合同。但是,如果用人单位发生合并或者分立等情况,则会发生用人单位主体资格改变的问题。这种情况下,原劳动合同继续有效,劳动合同由承继其权利和义务的用人单位继续履行。举例而言,如果 A 与 B 两个公司合并,A 公司继续存续,而 B 公司则注销法人资格,B 公司作为用人单位与其职工所签订的劳动合同由 A 公司承继,也就是 A 公司承担 B 公司在劳动合同中的全部权利义务,并继续履行合同。任何一方不得以用人单位合并或者分立等事由,拒绝履行合同。

二、劳动合同的变更

劳动合同的变更,是指劳动合同双方当事人就已经订立的合同条款进行修改或补充协议的法律行为。一般来讲,劳动合同签订以后,当事人均应信守合同,不得轻易更改,但由于一定的主客观情况的变化,使原合同继续履行有一定困难时,则允许依法变更劳动合同。

国外劳动法对劳动合同变更的规定,一般以双方当事人协商一致为前提和条件,同时对合同当事人(尤其是雇主)的变更作出特殊规定。如法国《劳动法典》规定,凡在雇主法律地位发生变化(特别是由于继承、变卖、转让而发生的变化,以及商业和合股企业类型的变化)时仍然有效的劳动合同,将继续适用于新的雇主和该企业的其他人员。我国《北京市劳动合同规定》和《上海市劳动合同条例》也都有类似规定。

引起劳动合同变更的主客观情况是多方面的:有用人单位方面的原因,如生产转产,生产、工作任务变动,劳动组合变动,劳动定额变动,生产设备及生产工艺更新,市场急剧变化引起严重亏损,或发生重大事故等,均可能引起劳动合同的变更。也有劳动者方面的原因,如因学习掌握了新技术、新技能或因病部分丧失劳动能力要求调整工作岗位或职务,因家庭困难要求变换工作地点等,也能引起劳动合同的变更。还有国家法律、法规修改方面的原因,如工时休假规定、劳动保护规定、最低工资标准规定、社会保险待遇标准规定等发生变化,也会引起劳动合同的变更。

劳动合同的变更同劳动合同的订立一样,是双方当事人的法律行为,提出变更要求的一方,应当提前通知对方,并须取得对方当事人的同意。如《北京市劳动合同规定》第 28 条规定:"订立劳动合同时所依据的客观情况发生重大变化,致使劳动合同无法履行,当事人一方要求变更其相关内容的,应当将变更要求以书面形式送交另一方,另一方应当在 15 日内答复,逾期不答复的,视为不同意变更劳动合同。"根据我国《劳动合同法》第 35 条规定,用人单位与劳动者协商一致,可以变更劳动合同约定的内容。变更劳动合同,应当采用书面形式。变更后的劳动合同文本由用人单位和劳动者各执一份。

三、劳动合同的终止

劳动合同的终止,是指终止劳动合同的法律效力。劳动合同订立后,双方当事人不得随意终止劳动合同,只有法律规定的情况出现,当事人才可以终止劳动合同。根据我国《劳动合同法》第 44 条规定,有下列情形之一的,劳动合同终止:(1) 劳动合同期满的;(2) 劳动者开始依法享受基本养老保险待遇的;(3) 劳动者死亡,或者被人民法院宣告死亡或者宣告失踪的;(4) 用人单位被依法宣告破产的;(5) 用人单位被吊销营业执照、责令关闭、撤销或者用人单位决定提前解散的;(6) 法律、行政法规规定的其他情形。

鉴于很多企业没有依法为劳动者交纳社会保险费,依照上述规定无法与达到退休年龄的劳动者终止合同,另外也考虑到某些地方因为实行"综合险"等制度而造成劳动者不可能享受基本养老保险待遇,完全以"开始享受基本养老保险待遇"为终止条件会给这些地方造成较大的社会压力,为此,根据我国《劳动合同法实施条例》第 21 条规定,劳动者达到法定退休年龄的,劳动合同终止。这样,无论是劳动者开始依法享受基本养老保险待遇,还是达到法定退休年龄,劳动合同都将终止。

劳动合同终止,用人单位应当向劳动者出具终止劳动合同的有效证明,并办理有关手续。劳动者可以凭有效证明,直接办理失业登记手续。一些地方法规还要求用人单位应当在合同终止前 30 天通知劳动者,说明是否续签合同。

第六节 劳动合同的解除

劳动合同的解除,是指劳动合同签订以后,尚未履行完毕之前,由于一定事由的出现,提前终止劳动合同的法律行为。劳动合同的解除直接关系到劳动者的前途与生活来源,也关系到用人单位的生产秩序与工作秩序,是一件极为严肃的事情,用人单位应当将解除合同作为最后的手段来使用。

劳动合同的解除可分为两大类型:双方解除和单方解除。双方解除,即协商解除或协议解除,是指劳动合同双方当事人通过协商达成协议解除劳动合同,法律不加以限制。单方解除,特别是用人单位单方解除劳动合同,对于劳动者的就业安定影响巨大,而且可能违反劳动合同的规定,因此各国一般都加以严格限制。在德国,还专门制定了《解雇保护法》,对雇主解除劳动合同的条件和程序作了全面的规定,保护劳动者不会被用人单位任意解雇。

一、双方协商解除劳动合同

我国《劳动合同法》第36条规定:"用人单位与劳动者协商一致,可以解除劳动合同。"劳动合同是双方当事人在自愿的基础上订立的,当然也允许自愿协商解除。只要一方提出解除的要求,另一方表示同意即可。

一般来讲,经双方协商解除劳动合同的,双方当事人之间便不会发生劳动争议。但用人单位应注意按法律、法规的规定,给劳动者办理劳动合同的解除手续、社会保险的转移手续及给予经济补偿。

二、单方解除劳动合同

根据我国《劳动合同法》规定,劳动合同的单方解除又可分为:用人单位解除劳动合同和劳动者解除劳动合同。

(一)用人单位单方解除劳动合同

用人单位单方解除劳动合同,或称解雇,必须符合法定条件和按照法定程序进行。其解除行为可以分为过失性解雇、非过失性解雇和经济性裁员三类。

1. 过失性解雇

过失性解雇是指劳动者一方当事人存在一定的过失的条件下,用人单位解除劳动合同。根据我国《劳动合同法》第39条规定,劳动者有下列情形之一的,用人单位可以解除劳动合同:

(1)在试用期间被证明不符合录用条件的;
(2)严重违反用人单位的规章制度的;
(3)严重失职,营私舞弊,给用人单位造成重大损害的;
(4)劳动者同时与其他用人单位建立劳动关系,对完成本单位的工作任务造成严重影响,或者经用人单位提出,拒不改正的;
(5)因劳动者通过欺诈、胁迫或者乘人之危方式订立或变更劳动合同而致使劳动合同无效的;
(6)被依法追究刑事责任的。

上述六种情况,除试用期内不符合录用条件者外,均属于劳动者实施了严重的违纪、违法行为。但是在适用法律的时候要注意以下几点:

第一,对于因劳动者严重违规而解雇的情形,用人单位作为依据的规章制度本身必须合法,已经履行了《劳动合同法》第4条所规定的民主程序,并且已经向全体职工公示或者告知劳动者,否则该规章制度就不能作为解雇的依据,解雇行为本身因此也就不合法。"严重违规"的具体情形通常是由用人单位在规章制度中加以规定,但是法院有权对规章制度是否合法以及相应的处罚是否合理进行司法审查。① 如果法院认为用人单位规章制度的规定并不合理,也可以不允许用人单位依据该规章制度解除合同。

第二,对于因劳动者严重失职而解雇的情形,必须是既存在劳动者失职的事实,同时该行为又给用人单位造成了重大损害后果,二者缺一不可。如果劳动者虽然严重失职,但是并未给用人单位造成重大的损害后果,用人单位只能给予该职工一定的纪律处分,而不宜解除劳动合同。

第三,"被依法追究刑事责任"是指被人民法院依法判处刑罚或宣告免予刑事处分。劳动者被人民法院判处拘役或3年以下有期徒刑并宣告缓刑的,亦属被追究刑事责任的情形,用人单位可以解除劳动合同。如果劳动者涉嫌违法犯罪,被侦查机关拘留或逮捕的,不属于被追究刑事责任,用人单位在劳动者被限制人身自由期间,可暂时中止劳动合同的履行,但不应解除合同。中止履行期间,用人单位不承担合同规定的各项义务。如果劳动者被宣告无罪释放,则用人单位必须恢复履行劳动合同。后来证明劳动者属于被错误限制人身自由的,对于其在劳动合同中止履行期间的损失,可以自行依据我国《国家赔偿法》向有关机关要求赔偿。

第四,对于劳动合同无效的情况,民法通说认为不需要再解除合同。但我国《劳动合同法》把劳动合同无效仍然作为解除的事由之一,主要是出于维护无过错一方利益的考虑,与我国《合同法》将因欺诈、胁迫、乘人之危等原因订立的合同作为可变更可撤销合同是一样的道理。② 但是,我国《劳动合同法》基于种种考虑并未采用合同的可变更可撤销制度,而是将此类情形并入到可解除的情形之中,虽然不完全符合法理,但是实践效果是一样的。

2. 非过失性解雇

非过失性解雇是指在劳动者没有主观过错的情况下,用人单位依法解除劳动合同的情形。根据我国《劳动合同法》第40条规定,有下列情形之一的,用人单位提前30日以书面形式通知劳动者本人或者额外支付劳动者1个月工资后,可以解除劳动合同:

(1)劳动者患病或者非因工负伤,在规定的医疗期满后不能从事原工作,也不能从事由用人单位另行安排的工作的;

---

① 在企业管理实务中,规章制度往往存在着"合法但不合理"的问题,例如,有单位规定职工迟到超过半小时一律视为迟到半天,并相应扣发工资,此类内部规定被劳动争议仲裁委员会认为不合理,拒绝将其作为裁判的依据。江苏省高级人民法院与江苏省劳动争议仲裁委员会2009年联合下发的《关于审理劳动争议案件的指导意见》(苏高法审委[2009]47号)第18条亦规定,用人单位制定的规章制度除了要符合我国《劳动合同法》第4条的要求以外,在内容上不能"存在明显不合理的情形",否则法院不能将其作为处理劳动争议的依据。

② 参见王全兴、黄昆:《劳动合同效力制度的突破与疑点解析》,载《法学论坛》2008年第2期,第29页。

（2）劳动者不能胜任工作，经过培训或者调整工作岗位，仍不能胜任工作的；

（3）劳动合同订立时所依据的客观情况发生重大变化，致使劳动合同无法履行，经用人单位与劳动者协商，未能就变更劳动合同内容达成协议的。

上述三种情况并非劳动者的过错原因所致，如果用人单位依法解雇劳动者，除了要按照法律、法规规定提前30天书面通知劳动者以外，还应当支付经济补偿。对于无过失性解雇的理解与适用要注意以下几个问题：

首先，在劳动者因患病或非因工负伤而不能从事原工作的情形下，用人单位首先要依法给劳动者一定的医疗期，根据劳动者的工龄情况，时间通常从3个月至24个月不等，在此期间用人单位既不能解雇，也不能终止合同。在劳动者因为伤病原因而不能从事原工作的情况下，用人单位还有义务为劳动者调换工作岗位，不能遽然解雇。按照立法的精神，新工作岗位应当与劳动者伤病后的身体状况相适应，比如腰背有伤，就不能再安排搬运工作。同时，用人单位虽然可以根据新的工作岗位调整劳动者的工资，但是幅度不应过大。只有劳动者仍然不能从事调换后的工作岗位时，用人单位才可以解雇该劳动者。虽然调岗后原则上劳动报酬标准也会相应调整，但是变化不应当过大，否则人民法院有权撤销用人单位的调岗决定。①

其次，在劳动者不能胜任工作的情形下，必须要注意考核标准与考核程序本身的合理性。要认定劳动者不能胜任工作，用人单位应当以正常的劳动定额作为标准，对该劳动者的工作完成情况进行考核。用人单位制定的劳动定额必须要合理，不得故意提高定额标准，使劳动者无法完成任务。依照《江苏省工资支付条例》的规定，用人单位制定的劳动定额应当使本单位同岗位90%以上劳动者在法定工作时间内能够完成。② 对劳动者的考核必须要有一个透明公正的程序，不能仅凭用人单位负责人的主观印象就认定某个劳动者"不能胜任工作"。即使劳动者确实不能胜任工作，用人单位也不能就直接解除劳动合同，而是应当首先对劳动者进行必要的培训或者调整其工作岗位，究竟是培训还是调岗，用人单位可以进行选择。如果用人单位选择调岗，如上所述，调岗决定必须具备一定的合理性。上海市高级人民法院在2006年规定，用人单位在劳动者不胜任工作、医疗期满后不能从事原工作等情况下，对调整劳动者工作内容的合理依据承担举证责任。如果用人单位不能证明调岗是合理的，就会面临着败诉的风险。

---

① 上海法院审理的一个案件中，用人单位在医疗期快要结束的时候，通知正在养伤的雇员调整岗位，从人事管理岗位改为从事仓库保管岗位，工资从每月2000元降到800元。法官认为用人单位未能证明调整工作岗位"确系生产经营需要"，且劳动报酬下降超出一般人能够接受的程度，因此判决用人单位败诉。参见吕国强主编：《劳动争议案例精选》，上海人民出版社2002年版，第49—50页。

② 《江苏省工资支付条例》第11条，2004年10月颁布。

第三，我国《劳动合同法》第 40 条关于客观情况发生重大变化的情形是情势变更规则在劳动合同法中的具体运用，但是应注意对"客观情况"不能任意作扩大解释，主要是指发生不可抗力事件，比如地震、水灾、战争、严重的疫情等，或者出现了致使劳动合同全部或者部分无法履行的其他情况，如企业迁移、被兼并、企业资产转移等①，但是不包括市场形势发生重大变化、企业出现严重经营困难等情况，这样的情形应当适用我国《劳动合同法》第 41 条规定的经济性裁员的程序。如果客观情况发生重大变化造成劳动合同无法履行，或者如果勉强履行则将会显失公平，则应当允许双方变更劳动合同。这里的"变更"通常是对劳动合同确定的工作岗位、劳动报酬、工作地点与时间等事项进行变更。只有经过协商，双方不能达成变更协议的，用人单位才可以解雇劳动者。

3. 经济性裁员

根据我国《劳动合同法》第 41 条规定，有下列情形之一，需要裁减人员 20 人以上或者裁减不足 20 人但占企业职工总数 10% 以上的，用人单位提前 30 日向工会或者全体职工说明情况，听取工会或者职工的意见后，裁减人员方案经向劳动行政部门报告，可以裁减人员：

（1）依照企业破产法规定进行重整的；

（2）生产经营发生严重困难的；

（3）企业转产、重大技术革新或者经营方式调整，经变更劳动合同后，仍需裁减人员的；

（4）其他因劳动合同订立时所依据的客观经济情况发生重大变化，致使劳动合同无法履行的。

裁减人员时，应当优先留用那些与本单位订立较长期限的固定期限劳动合同的职工、与本单位订立无固定期限劳动合同的职工以及家庭无其他就业人员，有需要扶养的老人或者未成年人的职工。并且用人单位在 6 个月内重新招用人员的，应当通知被裁减的人员，并在同等条件下优先招用被裁减的人员。

用人单位裁减人员往往涉及较多人数的劳动者，事关重大，所以必须严明法定条件和严格法定程序。劳动部 1994 年 11 月 14 日《关于企业经济性裁减人员规定》第 4 条规定了裁减人员的程序：（1）提前 30 日向工会或者全体职工说明情况，并提供有关生产经营状况的资料；（2）提出裁减人员方案，内容包括被裁减人员名单、裁减时间及实施步骤以及对符合法律、法规规定和集体合同约定的被裁减人员的经济补偿办法；（3）将裁减人员方案征求工会或者全体职工的意见，并对方案进行修改和完善；（4）向当地劳动行政部门报告裁减人员方案以及

---

① 参见原劳动部办公厅《关于〈中华人民共和国劳动法〉若干条文的说明》（劳办发[1994]289 号）第 26 条第 3 款。

工会或者全体职工的意见,并听取劳动行政部门的意见;(5)由用人单位正式公布裁减人员方案,与被裁减人员办理解除劳动合同手续,按照有关规定向被裁减人员支付经济补偿金,出具裁减人员证明书。

4. 用人单位不得解除劳动合同的情况

为了保证劳动者在特殊情况下的权益不受侵害,我国《劳动合同法》第42条规定,劳动者有下列情形之一的,用人单位不得以无过失性解雇或者经济性裁员的方式与其解除劳动合同:

(1)从事接触职业病危害作业的劳动者未进行离岗前职业健康检查,或者疑似职业病病人在诊断或者医学观察期间的;

(2)在本单位患职业病或者因工负伤并被确认丧失或者部分丧失劳动能力的;

(3)患病或者非因工负伤,在规定的医疗期内的;

(4)女职工在孕期、产期、哺乳期的;

(5)在本单位连续工作满15年,且距法定退休年龄不足5年的;

(6)法律、行政法规规定的其他情形。

劳动者在上述情形期限内,劳动合同届满的,用人单位不得终止合同,应当将合同期限延续至上述情形消失为止。对于第二种情形下的患职业病或者负工伤的职工,劳动合同终止的条件和待遇还应遵守我国《工伤保险条例》的规定,相关内容请参见本书第十章第四节。

(二)劳动者单方解除劳动合同

劳动者单方解除劳动合同,即通常所称的"辞职"。依照我国劳动法的规定,劳动者可以单方实施解除劳动合同的行为有自愿辞职和被迫辞职两种情况。

1. 自愿辞职

根据我国《劳动合同法》第37条规定,劳动者提前30日以书面形式通知用人单位,可以解除劳动合同。但是在试用期内,劳动者应当提前3日通知用人单位,才可以解除劳动合同。第37条没有限定劳动者解除劳动合同的法定事由,也就是说劳动者可以以任何理由向单位提出要求解除劳动合同。赋予劳动者如此宽泛的解除劳动合同的权利,并不会使用人单位的利益受到损害。这是因为:第一,依照劳动自由原则的要求,只要劳动者不愿意继续为某个劳动试用者工作,他应该有权自由地离开,而不应当被迫继续履行合同。第二,一般情况下劳动力总是供过于求的,只要劳动者提前30日通知用人单位,用人单位完全可以做好接替工作安排。第三,劳动合同并非对劳动者毫无约束力,如果劳动者擅自解除劳动合同给用人单位造成损失的,也应当承担赔偿责任。但是,用人单位对其损失负有举证义务,并且要积极采取措施,防止损失的扩大,否则对于扩大的损失无权要求劳动者赔偿。劳动者的赔偿范围仅限于用人单位的直接损失,比如招聘费用,但不包括用人单位的经营损失,此类损失应当作为经营风险由用人单位自己承担。

2. 被迫辞职

根据我国《劳动合同法》第 38 条规定,用人单位有下列情形之一的,劳动者可以解除劳动合同:

(1) 未按照劳动合同约定提供劳动保护或者劳动条件的;
(2) 未及时足额支付劳动报酬的;
(3) 未依法为劳动者缴纳社会保险费的;
(4) 用人单位的规章制度违反法律、法规的规定,损害劳动者权益的;
(5) 因使用欺诈、胁迫、乘人之危等手段致使劳动合同无效的;
(6) 法律、行政法规规定劳动者可以解除劳动合同的其他情形。

用人单位以暴力、威胁或者非法限制人身自由[①]的手段强迫劳动者劳动的,或者用人单位违章指挥、强令冒险作业危及劳动者人身安全的,劳动者可以立即解除劳动合同,不需事先告知用人单位。被迫辞职在法律上视同为解雇,用人单位应当支付相应的经济补偿。

三、解除劳动合同的经济补偿和赔偿金

1. 经济补偿的法律性质与支付条件

经济补偿是用人单位解除劳动合同,应当向劳动者支付的法定补偿。除过失性解雇外,用人单位解除劳动合同的,都应当按照国家有关规定给予劳动者经济补偿。经济补偿在我国台湾地区被称为"资遣费"。经济补偿具有双重性质,在不可归责于当事人双方的情况下解除劳动合同时,比如双方协商解除合同,经济补偿是用人单位对于劳动者过去的服务所给予的补偿和奖励。因为劳动者过去的努力工作,对用人单位将来的发展也将产生积极的效果,但是劳动者已经不能再分享这种成果,因此用人单位应当给予一定的补偿。另外,在用人单位对于解除劳动合同负有一定责任的情况下,经济补偿还具有民事违约制裁的意义,同时并不排除劳动者的损害赔偿请求权。[②]

依照我国《劳动合同法》第 46 条的规定,有下列情形之一的,用人单位应当向劳动者支付经济补偿:

---

① 此处所称的"非法限制人身自由",是指采用拘留、禁闭或者其他强制方法非法剥夺或限制他人按照自己的意志支配自己的身体活动自由的行为。

② 参见黄越钦著:《劳动法新论》,台湾翰芦图书出版有限公司 2000 年初版,第 225 页。但是该书认为经济补偿金具有雇主对雇员的"离职补贴"性质,具有劳动契约的伦理功能。笔者并不同意这种观点,并且认为经济补偿金在任何情况下都不是劳动使用者对劳动者的施舍或者恩赐,而是对劳动者过去的服务所作的补偿。

（1）劳动者依照《劳动合同法》第 38 条规定解除劳动合同的；

（2）用人单位依照《劳动合同法》第 36 条规定向劳动者提出解除劳动合同并与劳动者协商一致解除劳动合同的；

（3）用人单位依照《劳动合同法》第 40 条规定解除劳动合同的；

（4）用人单位依照《劳动合同法》第 41 条第 1 款规定解除劳动合同的；

（5）除用人单位维持或者提高劳动合同约定条件续订劳动合同，劳动者不同意续订的情形外，依照《劳动合同法》第 44 条第 1 项规定终止固定期限劳动合同的；

（6）依照《劳动合同法》第 44 条第 4 项、第 5 项规定终止劳动合同的；

（7）法律、行政法规规定的其他情形。

经济补偿按劳动者在本单位工作的年限，每满 1 年支付 1 个月工资的标准向劳动者支付。6 个月以上不满 1 年的，按 1 年计算；不满 6 个月的，向劳动者支付半个月工资的经济补偿。这里的"月工资"是指劳动者在劳动合同解除或者终止前 12 个月的平均工资，按照劳动者应得工资计算，包括计时工资或者计件工资以及奖金、津贴和补贴等货币性收入。劳动者在劳动合同解除或者终止前 12 个月的平均工资低于当地最低工资标准的，按照当地最低工资标准计算。劳动者工作不满 12 个月的，按照实际工作的月数计算平均工资。

我国《劳动合同法》对于高薪劳动者的经济补偿采取了适度限制的政策。如果劳动者月工资高于用人单位所在直辖市、设区的市级人民政府公布的本地区上年度职工月平均工资 3 倍的，向其支付经济补偿的标准按职工月平均工资 3 倍的数额支付，向其支付经济补偿的年限最高不超过 12 年。

对于因为劳动者患病或非因工负伤而解除劳动合同的情形，上海、江苏等地还规定，除了给予经济补偿以外，用人单位还应当给予劳动者不低于本人 6 个月工资的医疗补助费。而且江苏省还规定，劳动者患重病或者绝症的，用人单位应当增加医疗补助费。

2008 年下半年开始的国际金融危机，给中国经济造成了很大的冲击，很多企业纷纷开始裁员。而按照我国《劳动合同法》的规定，这些企业需要支付的经济补偿金数额就很高。为了减轻此类企业的负担，2009 年 1 月 23 日，国家人力资源和社会保障部、中华全国总工会、中国企业家协会联合发布了《关于应对当前形势，稳定劳动关系的指导意见》，要求劳动关系三方机构要指导企业妥善处理被裁减员工的劳动关系，依法支付经济补偿金、清偿拖欠职工工资等债务，避免引发劳动纠纷。对于确实无力一次性支付经济补偿的困难企业，可引导企业与工会或职工协商，分期或以其他形式支付经济补偿。最高人民法院在 2009 年 7 月发布的《关于当前形势下做好劳动争议纠纷案件审判工作的指导意见》（法发[2009]41 号），要求各级法院尽可能促使用人单位与工会或职工就分期支付或以其他形式支付经济补偿问题达成调解协议或和解协议。

2. 违法解雇的赔偿金

如果用人单位违法解除劳动合同的,劳动者有权要求继续履行合同,用人单位应当继续履行。如果劳动者不要求继续履行劳动合同,或者劳动合同已经不能继续履行的,用人单位应当按照经济补偿标准的两倍向劳动者支付赔偿金。[①] 我国《劳动合同法实施条例》第25条规定用人单位支付了赔偿金的,不再支付经济补偿。赔偿金自用工之日起开始计算。

对于因参加或组织工会活动而被违法解雇的劳动者,我国《工会法》规定了更高标准的赔偿金。依照我国《工会法》第52条,因为参加或者组织工会而解雇职工的,劳动行政部门可以责令用人单位恢复被解雇职工的工作,补发因不当解除合同而损失的工资,或者责令用人单位按年收入的两倍给付赔偿。

---

① 参见《中华人民共和国劳动合同法》第48条、第87条。

第六章 集体协商与集体合同法

第一节 集体协商

一、集体协商的概念和意义

(一) 集体协商的概念

集体协商,亦称集体谈判,是指用人单位工会或职工代表与相应的用人单位代表,就劳动标准和劳动条件进行商谈,并签订集体合同的行为。根据国际劳工组织的定义,"集体谈判是一雇主、一些雇主或一个或数个雇主组织为一方同一个或数个工人组织为另一方之间就以下目的所进行的所有谈判:(a)确定劳动和就业条件,和(或)(b)解决雇主和工人间的关系,和(或)(c)解决雇主或其组织同一个或数个工人组织之间的关系。"[①]可见,集体协商与集体谈判在本质上基本一致,只是在谈判主体和内容范围上存在差异。在我国,由于行业或地区用人单位组织形式正处于改革时期,因此,目前只有用人单位工会或职工代表与企业代表作为谈判主体的集体协商形式,而且集体协商只适用于企业和实行企业化管理的事业单位与其工会或职工代表为签订集体合同而举行的集体协商。

集体谈判,作为现代工业社会和经济结构的社会现象,在第二次世界大战以后的20世纪60—80年代期间得到普及和发展。在多数西方市场经济国家,集体谈判是为大众所接受的、确认劳动条件的机制,是稳定社会关系的手段。[②] 国际劳工组织通过了一系列文件推动集体谈判,包括1948年《结社自由与保护组织公约》(第87号)、1949年《组织权利与集体谈判公约》(第98号)、1971年《对企业工人代表提供保护和便利公约》(第135号)、1981年《促进集体谈判公约》(第154号)等。这些文件规定了集体谈判的概念、原则、地位和实施方法。

(二) 集体协商的意义

集体协商或集体谈判是一项法律制度,是具有法律后果的行为。实行集体协商的意义在于:

---

① 国际劳工组织第154号公约《促进集体谈判公约》(1981年6月19日通过)第2条。中国尚未批准该公约。

② 参见杨燕绥著:《劳动与社会保障立法国际比较研究》,中国劳动社会保障出版社2001年版,第119页。

(1) 集体协商是维护劳动者合法权益不可缺少的重要手段。

维护劳动者合法权益,协调稳定劳动关系,是劳动法的宗旨。在社会经济发展过程中,劳动关系双方的地位总是处于不平衡的状态,劳动者在用人单位中处于弱者地位,劳动者合法权益常常会受到侵害。劳动法赋予劳动者通过各种途径维护自己的合法权益的权利,其中,劳动者联合起来,通过工会或以全体职工的名义与用人单位交涉,即以集体协商的方式维护劳动者合法权益,特别是带有普遍性的共同利益,是逐步被接受的有效方法,成为维护劳动者合法权益不可缺少的重要手段。

(2) 集体协商是实现劳动关系协调的必要手段。

协调稳定劳动关系,促进社会经济的健康发展,是劳动法制追求的目标。实现劳动关系协调有多种手段,其中通过集体协商签订集体合同以进一步明确劳动标准和劳动条件,为个体劳动合同的订立提供依据,是市场经济国家协调劳资关系的共同做法。集体协商协调劳动关系的作用表现为:集体协商与集体合同关系密切,集体协商是集体合同的商谈过程,而集体合同是集体协商的结果。集体合同的签订明确了劳动标准和劳动条件,同时为劳动者和用人单位确立了相对稳定的和平期间,使劳动关系得到协调稳定。因为,在集体合同的有效期内,双方都应当履行该合同,任何一方都不得随意改变劳动条件或提出新的要求;任何一方也不得有过激行为,不得发动罢工或采取闭厂行动;即使是履行集体合同发生纠纷,也必须通过法律程序解决。

(3) 集体协商可以弥补劳动立法和劳动合同之不足。

一般情况下,劳动法规定的劳动标准是最基本的劳动标准。通过集体协商订立的集体合同的劳动标准和劳动条件可以高于劳动立法所规定的保障标准,这就可以起到弥补劳动立法不足的作用。同时,集体合同还可以弥补劳动合同订立过程中,劳动者个体谈判力量不足的缺憾,起到帮助和救济个体劳动合同的实际效果。

二、集体协商的代表

(一) 集体协商代表的确定

集体协商的代表,即集体谈判的主体,是指集体协商的直接参与者。在西方国家,集体谈判的主体是工会和雇主或雇主组织,由于实行多层次的集体谈判,以及工会多元化等,一般都通过立法明确集体谈判的主体资格。各国对参与集体谈判主体资格的确认是非常严格的。法律规定工会有权代表职工同资方进行谈判并签订集体合同,但不是所有的工会都当然地享有集体谈判权。当一个企业并存有多个工会时,一般是会员人数最多、最具有代表性的工会才有资格享有集体谈判权。谈判成员的条件要求也很高,只有那些在会员中威望高,为人正直,不谋私利,并且熟悉企业生产经营情况和职工劳动生活状况的训练有素的人员方可当选。

在我国,集体协商代表(以下统称协商代表),是指按照法定程序产生,并有权代表企业或职工一方利益进行集体协商的人员。集体协商双方的代表人数应当对等,每方至少3人,并各确定1名首席代表。职工一方的协商代表由本单位工会选派。未建立工会的,由本单位职工民主推荐,并经本单位半数以上职工同意。职工一方的首席代表由本单位工会主席担任。工会主席可以书面委托其他协商代表代理首席代表。工会主席空缺的,首席代表由工会主要负责人担任。未建立工会的,职工一方的首席代表从协商代表中民主推举产生。用人单位一方的协商代表,由用人单位法定代表人指派,首席代表由单位法定代表人担任或由其书面委托的其他管理人员担任。

(二)集体协商代表的职责与义务

关于集体协商代表的义务,我国《集体合同规定》规定,协商代表应履行下列职责:

(1)参加集体协商;

(2)接受本方人员质询,及时向本方人员公布协商情况并征求意见;

(3)提供与集体协商有关的情况和资料;

(4)代表本方参加集体协商争议的处理;

(5)监督集体合同或专项集体合同的履行;

(6)法律、法规和规章规定的其他职责。

对于协商代表的义务,我国《集体合同规定》规定,协商代表应当维护本单位正常的生产、工作秩序,不得采取威胁、收买、欺骗等行为。协商代表应当保守在集体协商过程中知悉的用人单位的商业秘密。

我国《工资集体协商试行办法》进一步从外部关系和内部关系两个角度全面规定了协商代表的外部义务和内部义务。

外部义务,是指集体协商代表一方当事人在参加协商谈判过程中对另一方当事人应承担的义务。我国《工资集体协商试行办法》第15条规定的外部义务包括以下三项:

(1)遵守双方确定的协商规则。该项义务的目的是为了保障协商谈判有序、合理、和平地进行,防止协商陷入混乱之中。

(2)保守企业商业秘密。该项义务主要由工会方代表承担。要求工会方协商代表保守企业商业秘密,是为了维护企业的正当利益,防止企业的利益因谈判需要向工会方披露有关商业秘密而受到损害。

(3)不得采取过激、威胁、收买、欺骗等行为。禁止协商代表采取过激、威胁行为,是为了促使双方努力通过理性的、平和的方式表达自己所代表方的意见,积极寻求双方均能够接受的协商方案,防止各种极端行为可能带来的不良影响;禁止协商代表的收买、欺骗行为,则是为了贯彻公平和诚实信用原则,防止集体协商一方采取不正当手段损害另一方的利益,维护双方的权利义务。

内部义务,是指集体协商代表对自己所代表的工会或企业所应当承担的义务或应当履行的职责。我国《工资集体协商试行办法》第16条规定的内部义务也是三项:

(1) 应当了解和掌握与集体协商有关的情况;

(2) 应当广泛征求各方面的意见;

(3) 应当接受本方人员对集体协商有关问题的质询。

集体协商代表分别代表的是工会(即劳动者)和企业的利益,是为了实现和维护工会或企业的利益而参加协商、谈判,他们必须履行并忠实于自己的职责。集体协商代表要想在协商谈判中据理力争,为本方谋取最大利益,就必须做好协商谈判的充分准备,即应当了解和掌握与集体协商有关的情况,并广泛征求各方面的意见,做到心中有数。另一方面,协商代表必须接受"被代表者"(即本方人员)的监督,应当把集体协商的进展情况及时通报给本方人员并随时接受他们对集体协商有关问题的质询。

(三) 集体协商代表的保护

集体协商要解决的是明确劳动标准和劳动条件的问题,属于利益之争。集体协商双方代表在谈判过程中,难免会发生意见冲突,由此,常常会引起企业方对工会方代表或职工代表的不满或歧视,甚至发生工会方代表或职工代表被无理解雇的情况。为防止集体协商代表的合法权益受到侵害,根据我国《集体合同规定》第28条规定,职工一方协商代表在其履行协商代表职责期间劳动合同期满的,劳动合同期限自动延长至完成履行协商代表职责之时。职工一方协商代表履行协商代表职责期间,用人单位无正当理由不得调整其工作岗位。除出现下列情形之一的,用人单位不得与其解除劳动合同:(1) 严重违反劳动纪律或用人单位依法制定的规章制度的;(2) 严重失职、营私舞弊,对用人单位利益造成重大损害的;(3) 被依法追究刑事责任的。

我国《工资集体协商试行办法》第14条进一步规定:"由企业内部产生的协商代表参加工资集体协商的活动应视为提供正常劳动,享受的工资、奖金、津贴、补贴、保险、福利待遇不变。其中,职工协商代表的合法权益受法律保护。企业不得对职工协商代表采取歧视性行为,不得违法解除或变更其劳动合同。"这些规定有助于防止企业方滥用权力,解除协商双方代表特别是职工代表的后顾之忧,使他们敢于在集体协商过程中积极、大胆地行使权力、履行职责。

三、集体协商的内容

集体谈判的内容,在各个国家是随着其政治和经济条件的变化而变化的。在西方市场经济国家,20世纪六七十年代经济发展时期,集体谈判以工资保障为主;八九十年代经济滑坡,出现了高失业率,集体谈判以缩短工时和就业保障为主。在美国,集体谈判的内容划分为三类:一为强制谈判议题,如工资和劳动时间等;二为允许谈判议题,即双方自愿协商的内容;三为不合法谈判议题,即法律规定不在集体谈判范围的事项和一方拒绝谈判的内容。在欧洲国家,则由谈判主体决定谈判内容,主要有劳动条件的基本标准和劳动权益两个方面的内容。①

根据我国《劳动法》的有关规定,集体协商的内容主要是劳动者的集体劳动标准和劳动条件。我国《集体合同规定》规定集体协商的具体内容由协商双方共同商定。我国《工资集体协商试行办法》第7条规定:"工资集体协商一般包括以下内容:(一)工资协议的期限;(二)工资分配制度、工资标准和工资分配形式;(三)职工年度平均工资水平及其调整幅度;(四)奖金、津贴、补贴等分配办法;(五)工资支付办法;(六)变更、解除工资协议的程序;(七)工资协议的终止条件;(八)工资协议的违约责任;(九)双方认为应当协商约定的其他事项。"

另外,我国《劳动合同法》第52条对集体协调的内容也作了规定。

四、集体协商的程序

集体协商一般要经过以下五个阶段:

(1)集体协商的提出和协商代表资格的确定。

(2)进入谈判准备阶段。主要包括双方共同议定谈判议题,共同商定集体谈判的具体内容、时间和地点;双方各自确定谈判方针,拟定谈判要点,向对方提供有关情况和资料等事项的准备工作等。

(3)正式进行谈判阶段。协商双方都要依照共同商定的规则和日程,在谈判桌上进行谈判。谈判过程中双方都要根据自己的实际情况不断调整谈判策略和方法,并根据法律规定采取相应的手段,最终达到谈判目的。

在我国,集体协商中双方未能达成一致意见,或出现了事先未预料到的问题时,经双方同意,可以暂时中止协商。但中止协商的期限最长不超过60天。具体中止期限及下次协商的具体时间、地点、内容由双方共同商定。我国《劳动法》第84条第1款规定:"因签订集体合同发生争议,当事人协商解决不成的,

---

① 参见杨燕绥著:《劳动与社会保障立法国际比较研究》,中国劳动社会保障出版社2001年版,第125页。

当地人民政府劳动行政部门可以组织有关各方协调处理。"据此规定,签订集体合同过程中发生争议,双方当事人不能自行协商解决的,当事人一方或双方可向当地劳动行政部门的劳动争议协调处理机构书面提出协商处理申请。由劳动争议协调处理机构组织同级工会代表、企业方面的代表以及其他有关方面的代表共同进行协商处理,并制作《协调处理协议书》。《协调处理协议书》由双方首席代表和协调处理负责人共同签字盖章,下达后对双方均有约束力。

(4) 签订集体合同。集体合同是协商谈判双方讨价还价、互相让步、协调的结果,一般要求采取书面协议的方式,经过协商谈判双方达成一致意见后,签订正式的协议。

(5) 报送劳动行政部门。集体合同订立后,应当报送劳动行政部门;劳动行政部门自收到集体合同文本之日起15日内未提出异议的,集体合同即行生效。

第二节 集体合同概述

一、集体合同的概念与特征

(一) 集体合同的概念

集体合同,又称团体协约或集体协议。在我国,集体合同可以分为一般集体合同和专项集体合同。一般集体合同,是指用人单位与本单位职工根据法律、法规、规章的规定,就劳动报酬、工作时间、休息休假、劳动安全卫生、职业培训、保险福利等事项,通过集体协商签订的书面协议。而专项集体合同,是指用人单位与本单位职工根据法律、法规、规章的规定,就集体协商的某项内容签订的专项书面协议。如果没有特别说明,集体合同就是指一般集体合同。按照国际劳工组织1951年《集体协议建议书(第91号建议书)》第2条第1款的规定:"集体协议"系指有关劳动与就业条件的书面协定,其缔约双方:一方为一名雇主、一个雇主团体或一个或几个雇主组织;另一方为一个或几个劳动者代表组织,或在没有此类组织的情况下,由有关劳动者根据本国法律或条例正式选出并委任的代表。

我国现有立法的定义与国际劳工组织定义的最大区别在于集体合同主体的确定上。我国集体合同的主体为企业和企业工会(或职工代表),有些学者认为事业单位也是集体合同的主体;而国际劳工组织的定义则充分显示了集体合同主体双方的多样性,除企业之外,行业的、区域性的,甚至国家的企业组织和相对应的工会组织均能签订行业性的、区域性的甚至国家性的集体合同。此种定义更为科学,也比较符合世界各国集体合同制度的现实。

集体合同制度是一项重要的法律制度,它作为调整劳动关系的一种有效手段,目前已被世界各国广泛采用。随着我国社会主义市场经济体制的确立,劳动关系主体行为的意思自治成分不断扩大,为了确保职工集体劳动条件与生活条件,集体合同制度的推行已成为劳动关系发展变化的客观要求。

(二) 集体合同的特征

集体合同具有以下法律特征:

(1) 集体合同的主体具有特定性,即一方为工会,另一方为用人单位(雇主)。工会作为集体合同的一方当事人,必须代表职工群体的意志和利益,依法为职工劳动者争取合法权益。用人单位可以是法人,可以是个体经济组织,也可以是他们的团体。我国《劳动法》规定,没有建立工会的企业可以由职工推举代表与企业签订集体合同。职工代表作为集体合同的一方当事人,其职责与工会相同。

(2) 集体合同的内容侧重于维护职工权益的规定。集体合同是以职工劳动条件、生活条件为主要内容的协议,其内容非常广泛,涉及劳动关系的各个方面。劳动条件、生活条件以法律规定为基础,更侧重于强调用人单位的义务和责任,从而达到维护职工合法权益的目的。

(3) 集体合同的订立有严格的程序和形式要求。按照我国法律、法规的规定,集体合同的签订,首先由双方依法产生的代表进行协商,草拟集体合同草案;其次由工会主持召开职工大会或职工代表大会讨论通过;再次由双方首席代表签字盖章;最后报送劳动行政部门审查、备案。这里既体现了合同关系成立必须遵循的平等协商原则,又有严格的程序和形式要求。

(4) 集体合同是特殊的双务合同。集体合同依法签订后就具有法律效力,双方当事人应当互相承担一定的义务和责任。但是由于工会或职工代表地位的特殊性,在集体合同履行过程中,一般不承担法律责任和经济责任,只承担道义责任和政治责任;而用人单位一方则需要承担更多的责任,特别是法律责任和经济责任。

(5) 集体合同具有规范的效力。集体合同的内容多涉及国家劳动基准法的规定,它规定用人单位在不低于国家劳动标准的基础上,向职工提供劳动条件与生活条件。根据我国劳动法律、法规的规定,依法订立的集体合同对用人单位和全体职工具有法律约束力。职工个人与用人单位订立的劳动合同中劳动条件和劳动报酬等标准不得低于集体合同的规定。这就使得集体合同在本单位内部具有规范的效力。

二、集体合同与劳动合同的联系与区别

集体合同与劳动合同有着密切的联系,它们同属于劳动法律体系的重要组成部分,都是协调劳动关系的方法和手段,在协调稳定劳动关系过程中发挥着重

要作用。但是二者之间也存在着如下主要区别:

(1) 主体不同。集体合同主体比劳动合同主体广泛。集体合同主体一方是工会或职工代表,另一方主体为雇主或雇主团体;而劳动合同主体是特定的,仅限于劳动者和用人单位(即雇主)。

(2) 内容不同。集体合同所约定的条件是涉及所有劳动者的一般劳动条件、生活待遇、集体谈判的程序及民主管理的方式等;而劳动合同则仅涉及个别劳动者的特殊劳动条件。

(3) 目的不同。集体合同的目的是通过工会或者劳动者代表与用人单位谈判,平衡个体劳动者与用人单位的力量,保护劳动者的合法权益,协调、稳定劳动关系;而劳动合同的目的是建立劳动关系,明确双方的权利义务。

(4) 适用范围不同。集体合同适用于签订集体合同的工会或劳动者代表所代表的全体劳动者和用人单位;而劳动合同则适用于签订劳动合同的劳动者个人和用人单位。

(5) 效力不同。集体合同的效力高于劳动合同。我国《劳动法》第35条规定:"依法签订的集体合同对企业和企业全体职工具有约束力。职工个人与企业订立的劳动合同中劳动条件和劳动报酬等标准不得低于集体合同的规定。"

(6) 形式要件不同。签订集体合同需要提交职工代表大会或者全体职工讨论通过,由双方首席代表签字,必须采用书面形式,并报劳动行政部门批准;而劳动合同只需劳动者个人与用人单位协商签订,应当采用书面形式,但法律不排除口头形式的劳动合同,同时对事实劳动关系进行保护。

(7) 纠纷的处理方式不同。集体合同纠纷多为利益争议,且涉及范围较广,各国一般采取政府协同劳资各方协调处理的方式。在我国,根据《劳动法》第84条的规定,因签订集体合同和履行集体合同发生的争议,采取两种不同的处理方式[①];而劳动合同争议则采用普通劳动争议处理方式。

三、集体合同的产生与发展

集体合同起源于资本主义国家,是工人阶级为争取自由和维护自己的利益而坚持斗争的产物。英国是世界上最早出现集体协议的国家,18世纪末英国出现了雇佣劳动团体与雇主签订的集体协议。19世纪初,在英国某些行业,由雇主协会和工会双方成立的避免发生劳资争议的机构是世界上集体谈判的雏形。到19世纪末,资本主义各国已普遍实行集体合同制度,但均不具有法律效力。

---

① 我国《劳动法》第84条规定:"因签订集体合同发生争议,当事人协商解决不成的,当地人民政府劳动行政部门可以组织有关各方协调处理。因履行集体合同发生争议,当事人协商解决不成的,可以向劳动争议仲裁委员会申请仲裁;对仲裁裁决不服的,可以自收到仲裁裁决书之日起15日内向人民法院提起诉讼。"

20世纪初,一些国家政府才开始承认集体合同,并以立法的形式加以确认。最早进行集体合同立法的国家是新西兰,于1904年就制定了有关集体合同的各种法律。1906年英国议会颁布了《行业争执法》,使劳资双方在自愿的基础上进行的谈判受到法律的保护。1907年,奥地利、荷兰制定了关于集体谈判的法律。1918年、1919年,德国、法国先后颁布了集体协商法。随后,澳大利亚、芬兰、瑞士等国家也相继颁布了集体协议法。1935年美国颁布的劳资关系法中也承认了工会有代表工人同雇主订立集体合同的权利。第二次世界大战以后,集体谈判与集体合同制度在西方各国得到了进一步的发展。20世纪60年代以来,集体合同制度已普及于各市场经济国家,成为调节劳资关系的一项基本制度。

集体合同在中国的发展历程与世界上其他国家基本相同,但是有其特殊性。早在1924年,孙中山就以大元帅令的方式公布了《工会条例》,确认工人有组织工会的权利,工会有权与雇主或雇主团体缔结协约(即集体协议)。1930年10月28日国民党政府颁布了《团体协约法》,承认工人团体有与雇主或雇主团体缔结团体协约的权利,这是中国历史上第一部专门的集体合同法,共31条,从1932年11月1日起开始施行。

中国共产党也十分重视利用集体合同制度来维护工人阶级的利益,在革命根据地全面推行集体合同制度。1931年11月,中华苏维埃共和国政府颁布的《中华苏维埃共和国劳动法》对集体合同的内容、法律效力等作出了明确规定。在抗日战争时期,各边区政府颁布的法规中,对集体合同也曾作出了相应的规定,如陕甘宁边区总工会于1940年曾制定《陕甘宁边区工厂集体合同暂行条例》。这些法规在保证完成战时生产与维护职工的合法权益等方面发挥了一定的作用。

新中国成立初期非常重视推行集体合同制度,在1949年《中国人民政治协商会议共同纲领》和1950年《工会法》中都有关于集体合同的规定,目的在于维护私营企业、公私合营企业中雇佣劳动者的合法权益。但到1956年社会主义改造基本完成以后,在认识上出现了偏差,认为在社会主义公有制基础上建立的劳动关系,其双方当事人根本利益是一致的,不会发生劳动争议;再加上后来法律虚无主义的影响,集体合同逐渐销声匿迹。

1979年党的十一届三中全会以后,随着全国工作重心的转移和社会主义法制的加强,集体合同制度在立法上得到了重新肯定。如1983年中国工会通过的《中国工会章程》,1986年国务院制定的《全民所有制工业企业职工代表大会条例》,1988年国务院发布的《私营企业暂行条例》和1992年颁布的《工会法》,均有工会代表职工与企业签订集体合同的规定。这些规定虽然没有得到充分的实施,但为集体合同制度的推行奠定了基础。

我国1994年颁布的《劳动法》将集体合同作为一项重要内容加以明确规

定,满足了社会主义市场经济条件下劳动关系法律调整的需要。为配合我国《劳动法》的实施,劳动部于1994年12月5日发布了《集体合同规定》,使集体合同立法得到了进一步的完善。2000年11月8日,劳动和社会保障部发布了《工资集体协商试行办法》,这是我国集体合同制度的又一个重要行政立法。2001年10月27日修订的《工会法》进一步明确"工会通过平等协商和集体合同制度,协调劳动关系,维护企业职工劳动权益"的职责。2004年,劳动和社会保障部修改并重新颁布了《集体合同规定》,自2004年5月1日起实施。2007年6月29日第十届全国人大常委会第二十八次会议通过的《劳动合同法》,在第五章第一节中专门规定了"集体合同",规定了一般集体合同、专项集体合同、行业性集体合同和区域性集体合同等四种类型的集体合同,从而充实和完善了集体合同法律。

四、集体合同的作用

集体合同的推行,对于保护劳动者的合法权益,维护与发展稳定和谐的劳动关系,建立现代企业管理制度等方面均发挥着重要的作用。

(一) 集体合同是确保职工劳动条件与劳动待遇的必要手段

随着社会主义市场经济体制的建立,我国同样具有市场经济国家共同的特征。企业成为自主经营、自负盈亏、独立面向市场的主体,在市场竞争机制约束下,理所当然地具有追求利润最大化及成本最低化的特点,这就不可避免地要和劳动者产生利益上的冲突。如近几年来随着企业利益意识的强化,特别是一些非国有企业,对职工合法权益的侵犯事件时有发生:有的随意延长劳动时间,强迫加班、加点;有的拖欠、压低、克扣工人工资;有的忽视安全生产,劳动条件恶劣,对职工的身体健康、生命安全造成严重损害;更有甚者,采取非法野蛮手段对待工人,进行强迫劳动等。集体合同制度,为职工劳动者依靠自身力量,通过协商谈判机制,争取比较优越的劳动条件和比较优厚的劳动待遇提供了法律保障。我国劳动法规定,集体合同依法成立,即对双方当事人具有法律约束力,违反集体合同的行为人必然要承担相应的法律责任。同时,企业与劳动者个人签订的劳动合同中劳动条件与劳动待遇标准,不得低于集体合同的规定。这样就能抑制用人单位在竞争中损害劳动者的行为,切实保障劳动者合法权益的实现。

(二) 集体合同是协调劳动关系,促进公平与社会稳定的有效措施

集体合同是工会代表职工与企业通过协商谈判形式签订的,在协商谈判过程中,多数职工劳动者的意志和要求可以得到充分反映,企业方面的意见及企业的实际情况与困难也可以在谈判中得到讨论和理解,从而使双方的利益在集体合同中得到公平的体现。正是由于集体合同是在双方当事人协商的基础上签订的,它有利于执行,并且能够避免或减少劳动争议的发生,特别是能够避免职工

采取怠工或罢工的情况发生,以维护稳定和谐的劳动关系,促进社会安定团结。

(三)集体合同是职工参与企业民主管理的重要途径

职工参与企业民主管理是我国宪法赋予劳动者的一项基本劳动权利,职工劳动者可以通过集体合同的签订和履行来实现对企业的民主管理权。因为集体合同的签订是工会组织或职工代表在认真征求大多数职工意见的基础上,代表职工与企业签订的,集体合同的内容反映了广大职工的意见和要求,集体合同的履行也要靠广大职工的努力来实现。

(四)集体合同是现代化企业管理制度的重要组成部分

转换企业经营机制,建立现代企业制度,包括建立企业的用人、工资、保险等劳动制度在内,是我国企业改革的重要内容。集体合同虽然侧重于职工权益的维护,但反过来也能保证企业自主权的充分实施,企业可以以集体合同为载体,明确有关劳动管理制度,强化规范管理,协调劳动关系。集体合同是在遵循国家劳动基准法的普遍原则下,允许企业自主并与工会组织协商达成书面协议,而协议本身是企业管理自主权的实现形式。正因为集体合同既能保护劳动者的利益,又能促使企业生产经营计划的实现,所以才为世界各国所普遍采用。

第三节 集体合同的签订

一、签订集体合同的当事人

一般而言,签订集体合同的当事人应当是劳动者和用人单位双方的代表。在这里,劳动者的代表可以是企业工会、行业工会、区域性工会,甚至是全国性的工会组织;在没有工会组织的情况下,可以是由有关劳动者根据本国法律或条例正式选出并委任的代表。用人单位的代表则是指企业或行业性、区域性甚至是全国性的企业组织。

我国《劳动法》第33条第2款规定:"集体合同由工会代表职工与企业签订;没有建立工会的企业,由职工推举的代表与企业签订。"根据此规定,我国签订集体合同的当事人,在已建立工会组织的企业中,一方是代表全体职工的工会,另一方则是企业;在尚未建立工会组织的企业,一方是职工推举的代表,另一方是企业。

二、签订集体合同的原则

签订集体合同必须遵循以下原则:

(一)合法原则

所谓合法,是指签订集体合同的主体、内容和程序必须符合法律、法规的规定。合法原则要求双方协商要求和协议内容不得违反国家法律、法规的规定,尤其是国家劳动基准法的规定。集体合同只有遵循合法的原则订立,才能为国家承认,并得到国家法律的保护。

(二) 平等、合作原则

平等、合作原则是指双方当事人在协商过程中的法律地位平等,权利义务对等,相互尊重,以诚相待,从维护职工的合法权益出发,兼顾双方利益,公正地解决分歧问题,促使协议的达成,而不允许采取任何过激的行为。协商中,在不违反法律、法规的有关保密规定和不涉及企业商业秘密的前提下,双方有义务向对方提供与集体协商有关的情况和资料。

(三) 实事求是原则

实事求是原则是指双方当事人在协商过程中应当切实考虑企业的实际生产能力、生产水平和职工劳动、生活的实际需要,规定的各项内容必须具体可行。这样,签订出来的集体合同才便于执行,以真正达到协调劳动关系的目的。

三、签订集体合同的程序

集体合同的签订,既关系到企业全体职工的切身利益,又关系到企业的生存与发展,为了保证集体合同的切实履行与合法有效,法律、法规对集体合同的签订程序作了严格规定。依照我国《劳动法》和《集体合同规定》,集体合同的签订须经以下几个步骤:

(一) 集体协商,拟定集体合同草案

集体协商,是指企业工会或职工代表与相应的企业代表,为签订集体合同进行商谈的行为。集体协商的过程,即为集体合同草案形成的过程。集体协商双方代表应当在进行充分酝酿、交换意见的基础上共同草拟集体合同的草案。

(二) 讨论并通过集体合同草案

我国《劳动合同法》第 51 条第 1 款中规定:"集体合同草案应当提交职工代表大会或者全体职工讨论通过。"集体合同草案形成以后,应印发给企业和全体职工征求意见,并由工会主持召开职工大会或职工代表大会,组织广大职工就草案中的有关问题充分讨论、酝酿,提出修改意见。最后再就修改后的草案进行正式通过。按照我国《集体合同规定》第 36 条第 2 款的规定,职工代表大会或者全体职工讨论集体合同草案或专项集体合同草案,应当有三分之二以上职工代表或者职工出席,且须经全体职工代表半数以上或者全体职工半数以上同意,集体合同草案或专项集体合同草案方获通过。

(三) 签署集体合同与审查备案

集体合同草案在征求各方面意见后,再次进行协商,双方当事人取得一致意见,并经职工代表大会通过后,由双方首席代表在合同文书上签字,然后报送当地劳动行政主管部门审查备案。

集体合同,关系到职工集体劳动权益的实现,关系到企业的稳定与发展,也关系到国家劳动制度的贯彻与落实,因此须经政府审查认可后才能执行。依照我国《集体合同规定》,集体合同审查的内容包括:

(1) 集体协商双方的主体资格是否符合法律、法规和规章规定;

(2) 集体协商程序是否违反法律、法规、规章规定;

(3) 集体合同或专项集体合同内容是否与国家规定相抵触。

经审查发现问题,劳动行政部门应制作《审查意见书》,在15日内送达集体合同双方代表。双方代表在收到劳动行政部门的审查意见书后,对其中无效或部分无效的条款应进行修改,并于15日内报送劳动行政部门重新审查。劳动行政部门自收到集体合同文本之日起15日内未提出异议的,集体合同即行生效。

第四节 集体合同的内容

一、集体合同的分类

集体合同涉及的内容复杂而广泛,根据不同的标准,可以将集体合同进行不同的分类:

(1) 按照集体合同主体和适用范围的不同,可以划分为企业集体合同、行业(产业)集体合同、区域集体合同和国家集体合同。企业工会和用人单位签订企业集体合同;行业工会组织与行业雇主团体签订行业集体合同;区域性工会组织与区域性雇主团体签订区域集体合同;全国性工会组织与全国性雇主团体签订全国性集体合同。

(2) 按照集体合同内容的不同,可划分为一般集体合同和专项集体合同。一般集体合同,是指用人单位与本单位职工根据法律、法规、规章的规定,就劳动报酬、工作时间、休息休假、劳动安全卫生、职业培训、保险福利等事项,通过集体协商签订的书面协议。而专项集体合同,是指用人单位与本单位职工根据法律、法规、规章的规定,就集体协商的某项内容签订的专项书面协议。

(3) 按照集体合同签订的程序不同,可划分为自愿性集体合同和强制性集体合同。自愿性集体合同是指当事人双方经过法定程序在自愿的基础上达成协议而签订的集体合同;强制性集体合同是指集体劳动争议经过仲裁作出裁决,裁决书要求对于双方当事人来说是关于某一问题必须强制执行的合同。

在集体合同法律制度健全的国家,上述种类的集体合同都存在,如德国的集体合同有工资集体合同、工资级别划分标准合同、一般集体合同、各种专项集体合同等四类。从级别上看,西欧国家的集体合同,主要发生在产业或行业领域,是全国或地区一级工会组织与雇主联合会之间签订的协议。而在美国和日本,则通过劳资谈判签订集体合同,主要是在企业内部进行。一般而言,大部分西方国家的立法都允许在任何级别上举行集体谈判并签订集体合同。

我国现阶段集体合同主要是企业集体合同和一般集体合同。根据我国《劳动合同法》第52条的规定,也包括以劳动安全卫生、女职工权益保护、工资调整机制等方面的专项集体合同。

二、集体合同的内容

集体合同的内容,是指集体合同中对双方当事人具体权利义务的规定,它集中反映在集体合同条款上。西方国家集体合同的内容,最初主要规定工作时间、工资标准、劳动保护方面的事项,后来扩大到职工录用、调动及辞退的程序、技术培训、休息休假、辞退补助金、养老金及抚恤金的支付、保险、福利以及职工组织的权利和职工参加企业管理办法等内容。根据国际劳工组织关于集体谈判第154号国际公约的规定,集体协议的内容主要包括确定工作条件和就业条件、调整工人与雇主之间的关系,调整雇主或其组织同工人之间的关系。此外,还包括同上述内容有关的问题和适于谈判的经济问题,如劳动争议调解与仲裁程序,禁止罢工与怠工的范围,对违反劳动纪律的处理,解雇冗员的规定程序,以及双方认为有必要的和感兴趣的问题。

我国集体合同的内容,根据《劳动法》第33条和《集体合同规定》第6条的规定,应当包括以下条款:(1)劳动报酬;(2)工作时间;(3)休息休假;(4)保险福利;(5)劳动安全与卫生;(6)合同期限;(7)变更、解除、终止集体合同的协商程序;(8)双方履行集体合同的权利和义务;(9)履行集体合同发生争议时协商处理的约定;(10)违反集体合同的责任;(11)双方认为应当协商约定的其他内容。这些条款可以归纳为以下三个部分:

第一,劳动标准部分,是集体合同的核心内容,对个人劳动合同起制约作用。主要有以下内容:劳动报酬、工作时间、休息与休假、保险待遇、生活福利、职业培训、劳动纪律、劳动安全与卫生等。

第二,过渡性规定,主要包括因签订或履行集体合同发生争议的解决措施,以及集体合同的监督检查办法等。

第三,集体合同文本本身的规定,包括集体合同的有效期限、变更解除条件等。

三、集体合同的变更、解除和终止

(一)集体合同的变更与解除的条件

集体合同的变更,是指集体合同生效以后,未履行完毕之前,由于主观或客观情况发生变化,当事人依照法律规定的条件和程序,对原合同中的某些条款进行增减或修改。集体合同的解除,是指集体合同生效以后,未履行完毕之前,由于主观或客观情况发生变化,当事人依照法律规定的条件和程序,提前终止合同的行为。

根据我国有关法律、法规的规定,集体合同变更与解除的条件为:

第一,双方协商一致。即一方提出变更或解除合同的建议,经与对方当事人协商,并取得一致意见,即可变更或解除集体合同。但变更后的合同内容不得违背国家法律、法规的规定。

第二,签订集体合同的环境和条件发生变化,致使合同难以履行。根据我国《集体合同规定》第40条规定,有下列情形之一的,集体合同双方当事人可以变更或解除集体合同或专项集体合同:

(1) 用人单位因被兼并、解散、破产等原因,致使集体合同或专项集体合同无法履行的;

(2) 因不可抗力等原因致使集体合同或专项集体合同无法履行或部分无法履行的;

(3) 集体合同或专项集体合同约定的变更或解除条件出现的;

(4) 法律、法规、规章规定的其他情形。

集体合同变更协议达成后,应在7日内报送劳动行政部门审查;集体合同解除协议达成后,应在7日内向审查该集体合同的劳动行政部门提交书面说明。

(二) 集体合同的终止的条件

集体合同的终止,是指由于某种法律事实的发生而导致集体合同所确立的法律关系的消灭。我国《集体合同规定》第38条第1款规定:"集体合同或专项集体合同期限一般为1至3年,期满或双方约定的终止条件出现,即行终止。"可见,集体合同终止的原因主要为:

(1) 合同期限届满。集体合同的期限为1至3年,具体期限从合同约定。如果合同中没有明确规定期限,一般应认为有效期为1年,有效期满,集体合同即行终止。

(2) 约定的终止条件出现。双方当事人在签订集体合同时,可以根据实际情况在合同中规定终止条件。如"当事人一方违约使集体合同的履行成为不必要"、"国家对劳动制度进行重大改革"等,均可以作为集体合同终止的条件。

第五节 集体合同的效力

集体合同的效力是指集体合同的法律约束力。集体合同的效力来源于国家法律的确认和保护,依法产生的集体合同即具有法律约束力。集体合同的效力包括人的效力、时间效力和空间效力。

一、人的效力

人的效力,即集体合同对人的适用范围。合法有效的集体合同,一经签订即对当事人双方具有法律约束力,双方当事人应当全面按照合同约定履行合同的义务。不同类型的集体合同,涉及不同的当事人。一般发生法律效力的集体合同对雇主、对工会及其所代表的工会会员都具有约束力。有些国家通过立法将集体合同的适用范围扩大到非工会会员,如德国1918年《集体合同法》第5条规定:"在宣布集体合同具有普遍效力后,其法律规范适用于原来不受集体合同约束的雇主和雇员。"[①]法国《劳动法典》也有类似的规定。我国《劳动法》第35条规定,集体合同对企业全体职工具有约束力,这里的全体职工应该包括没有参加工会的职工。

集体合同对人的效力还体现在它对个体劳动合同的约束力上。很多国家的法律均规定,劳动合同的内容与集体协议的规定发生冲突时,视为无效,必须执行集体协议的规定。如日本《工会法》和德国1918年《集体合同法》均有类似的规定。[②] 我国《劳动合同法》第54条第2款规定:"依法订立的集体合同对用人单位和劳动者具有约束力。行业性、区域性集体合同对当地本行业、本区域的用人单位和劳动者具有约束力。"这就要求企业与工会组织及全体职工,认真执行、严格遵守合同规定的条款,全面落实合同中规定的各项措施和指标,特别是对于其中的标准性条款,要求在合同有效期限内始终按照集体合同规定的各项标准签订和履行劳动合同,确保职工劳动权利的实现不低于集体合同中所规定的标准。

二、时间效力

集体合同的时间效力,即集体合同生效和终止的时间范围。关于集体合同生效的时间有两种做法:一是由当事人约定。如保加利亚《劳动法》规定,集体合同自双方当事人签字或合同约定的日期开始生效。二是在当事人约定的基础上,经报送政府主管部门登记备案后生效。如德国《集体合同法》规定,缔结集体合同的劳资双方当事人,应于签订协议后1个月之内,将协议正本1份、副本3份,挂号寄交联邦劳动和社会秩序部登记备案(协议修正或失效时亦同)。我国《劳动法》第34条规定:"集体合同签订后应当报送劳动行政部门;劳动行政部门自收到集体合同文本之日起15日内未提出异议的,集体合同即行生效。"我国《集体合同规定》第42条规定:"集体合同或专项集体合同签订或变更后,

---

[①] 王益英主编:《外国劳动法和社会保障法》,中国人民大学出版社2001年版,第111页。
[②] 参见杨燕绥著:《劳动与社会保障立法国际比较研究》,中国劳动社会保障出版社2001年版,第131页。

应当自双方首席代表签字之日起 10 日内,由用人单位一方将文本一式三份报送劳动保障行政部门审查。劳动保障行政部门对报送的集体合同或专项集体合同应当办理登记手续。"第 45 条规定:"劳动保障行政部门对集体合同或专项集体合同有异议的,应当自收到文本之日起 15 日内将《审查意见书》送达双方协商代表。……"

集体合同终止有两种情况:一为集体合同期限届满而终止;二为当事人双方约定的终止条件出现而终止。关于集体合同的期限,一般各国规定可以是定期,也可以是不定期的;而在期限长短方面,各国规定不同,如德国为 2 年;而法国则规定不超过 5 年,同时规定要对其中有关工资报酬、劳动条件等条款进行定期调整。我国《集体合同规定》第 38 条第 1 款规定:"集体合同或专项集体合同期限一般为 1 至 3 年,期满或双方约定的终止条件出现,即行终止。"

三、空间效力

集体合同的空间效力,即集体合同适用的地域范围。集体合同的空间效力因集体合同的类型、层级不同而有所差别。全国性的集体合同适用于全国范围内;地区性或行业性的集体合同适用于该地区或行业范围内;企业集体合同适用于该企业范围内。根据我国有关法律规定,集体合同的适用范围主要是订立集体合同的企业内部。随着区域性集体合同的出现,我国《劳动合同法》第 54 条第 2 款规定,区域性集体合同对本区域的用人单位和劳动者具有约束力。

第七章 工 资 法

第一节 工资法概述

一、工资的概念和特征

工资,是指用人单位按照法律法规的规定和集体合同与劳动合同的约定,依据劳动者提供的劳动数量和质量直接支付给本单位劳动者的货币报酬。

工资具有以下特征:第一,工资是劳动者基于与用人单位的劳动关系取得的劳动报酬;第二,工资是按照国家法律法规的规定和集体合同与劳动合同的约定由用人单位向本单位的劳动者支付的;第三,工资是用人单位支付给本单位劳动者的货币报酬,不包括实物报酬;第四,支付工资是用人单位的法定义务,劳动者取得工资则必须履行劳动合同约定的劳动义务。

我国一直十分重视工资方面的立法,保护劳动者的工资收入。我国《劳动法》第五章对工资进行了专门的规定,在《劳动法》颁布前和颁布后,还有大量的关于工资的法律规定。

劳动者的工资与收入是既有联系又有区别的概念。工资指的是用人单位支付给本单位劳动者的货币报酬。收入是指用人单位在法律允许的范围内支付给本单位劳动者的各种形式的报酬,包括货币报酬和实物报酬;货币报酬不仅包括工资,还包括各种社会保险待遇、职工持股的股息和分红,等等;实物报酬包括用人单位以实物形式向劳动者提供的各种企业福利等。根据1995年8月劳动部发布的《关于贯彻执行〈中华人民共和国劳动法〉若干问题的意见》第53条规定,劳动者的以下收入不属于工资范围:(1)单位支付劳动者个人的社会保险福利费用,如丧葬抚恤救济费、生活困难补助费、计划生育补贴等;(2)劳动保护方面的费用,如用人单位支付给劳动者的工作服、解毒剂、清凉饮料费用等;(3)按规定未列入工资总额的各种劳动报酬及其他劳动收入,如根据国家规定发放的创造发明奖、国家星火奖、自然科学奖、科学技术进步奖、合理化建议和技术改进奖、中华技能大奖等,以及稿费、讲课费、翻译费等。

二、工资分配原则

工资分配原则,是由法律确认的贯穿于工资法律制度的基本准则。根据《劳动法》的规定,我国工资分配原则有:

（一）按劳分配原则

按劳分配，是指按照劳动者提供劳动的数量和质量来确定劳动者应当获得的工资额。根据该原则的要求，劳动者工资收入的高低只取决于劳动者提供的劳动数量和质量，劳动者提供了相同的劳动数量和质量就应当获得同样的工资收入，同工同酬，多劳多得，少劳少得，不劳不得；除了劳动数量和质量之外，工资不能因为劳动者的性别、年龄、种族、民族、宗教信仰等的不同存在差别。我国《劳动法》第46条第1款规定："工资分配应当遵循按劳分配原则，实行同工同酬。"

（二）工资水平在经济发展的基础上逐步提高原则

工资水平是指在某一个时期内，一定地域范围内劳动者平均工资的高低。工资水平是与经济发展水平相联系的，一般而言，经济发展水平高的时期和地域内，其工资水平也较高，反之，经济发展水平较低的时期和地域内，工资水平也较低。经济的发展会促使工资水平的提高，但工资水平的提高不能超越经济发展的水平。根据我国《劳动法》规定，"工资水平在经济发展的基础上逐步提高。"中共中央《关于建立社会主义市场经济体制若干问题的决定》中指出："建立适应企业、事业单位和行政机关各自特点的工资制度与正常的工资增长机制。国有企业在职工工资总额增长率低于企业经济效益增长率，职工平均工资增长率低于本企业劳动生产率增长的前提下，根据劳动就业供求变化和国家有关政策规定，自主决定工资水平和内部分配方式。"

（三）宏观调控原则

宏观调控原则，是指国家在宏观上对工资分配进行干预，以消除工资分配中的不合理因素的原则。根据我国《劳动法》规定，"国家对工资总量实行宏观调控。"实行工资总量的宏观调控，是要使消费基金的增长与生产基金的增长相协调，消费与生产比例关系趋于合理。即建立最低工资保障制度，确定劳动者的最低工资水平，保护劳动者的基本生活需要；建立工资税收制度，对过高的工资收入进行控制，避免过度的贫富悬殊和两极分化。

（四）用人单位自主决定工资分配方式和工资水平原则

决定工资分配方式和工资水平的主体是用人单位。在国家对工资总量进行宏观调控的基础上，用人单位有权根据本单位的实际情况，依法自主确定本单位的工资分配方式和工资水平。我国《劳动法》第47条规定："用人单位根据本单位的生产经营特点和经济效益，依法自主确定本单位的工资分配方式和工资水平。"

第二节 工资宏观调控

一、工资总额同经济效益挂钩制度

工资总额,也称工资总量,是指用人单位在一定时间内直接支付给本单位全体劳动者的工资。工资总额的宏观调控,是指国家对全国工资总额从宏观上进行调节和控制,确保工资总额的增长与国民经济的发展相协调。

(一)工资总额的构成

根据1989年9月30日经国务院批准,1990年1月1日国家统计局发布的《关于工资总额组成的规定》,工资总额由下列6个部分组成:(1)计时工资;(2)计件工资;(3)奖金;(4)津贴和补贴;(5)加班加点工资;(6)特殊情况下支付的工资。下列各项不列入工资总额的范围:(1)根据国务院发布的有关规定颁发的发明创造奖、自然科学奖、科学技术进步奖和支付的合理化建议和技术改进奖以及支付给运动员、教练员的奖金;(2)有关劳动保险和职工福利方面的各项费用;(3)有关离休、退休、退职人员待遇的各项支出;(4)劳动保护的各项支出;(5)稿费、讲课费及其他专门工作报酬;(6)出差伙食补助费、误餐补助、调动工作的旅费和安家费;(7)对自带工具、牲畜来企业工作职工所支付的工具、牲畜等的补偿费用;(8)实行租赁经营单位的承租人的风险性补偿收入;(9)对购买本企业股票和债券的职工所支付的股息(包括股金分红)和利息;(10)劳动合同制职工解除劳动合同时由企业支付的医疗补助费、生活补助费等;(11)因录用临时工而在工资以外向提供劳动力单位支付的手续费或管理费;(12)支付给家庭工人的加工费和按加工订货办法支付给承包单位的发包费用;(13)支付给参加企业劳动的在校学生的补贴;(14)计划生育独生子女补贴。

(二)工资总额同经济效益挂钩的有关规定

根据有关规定[①],企业工资总额要同经济效益挂钩。工资总额同经济效益挂钩,必须坚持工资总额增长幅度低于本企业经济效益(依据实现利税计算)增长幅度、职工实际平均工资增长幅度低于本企业劳动生产率(依据净产值计算)增长幅度的原则。实行企业工效挂钩,要贯彻效益与公平的原则,根据企业的生产经营特点,从实际情况出发,确定具体的挂钩形式。企业的工资总额基数,应

---

① 1993年7月劳动部、财政部、国家计委、国家体改委、国家经贸委联合发布《国有企业工资总额同经济效益挂钩规定》,确立了国有企业工资总额同经济效益挂钩的基本内容;1993年10月国务院办公厅转发了劳动部《关于加强企业工资总额宏观调控意见的通知》,1994年5月劳动部、经贸委发布《关于加强国有企业经营者工资收入和企业工资总额管理的通知》,1996年12月劳动部、财政部发布《关于改进完善企业工资总额同经济效益挂钩办法的通知》,先后对工资总额同经济效益挂钩作出了规定。

在地区工资总额弹性计划范围内核定。企业的挂钩工资总额基数,原则上以企业上年劳动工资统计年报中的工资总额为基础核定,实行增人不增工资总额、减人不减工资总额的办法。凡是具备条件的国有企业,都要实行工资总额同经济效益挂钩办法。挂钩的经济效益指标,根据国民经济发展对企业经济效益的要求确定。一般以实现利润、实现利税、上缴利税等指标为主。少数行业、企业可结合本行业、企业特点,继续实行复合指标挂钩办法。工资总额同经济效益挂钩,要坚决贯彻既挂上,也挂下的原则。对经济效益下滑的挂钩企业,其工资原则上按挂钩办法同比例下调,但生产正常的企业,应保证其当年应提工资总额加结存的工资储备金足以支付给职工不低于当地规定的最低工资标准的工资。

二、工资指导线制度

1997年劳动部印发《试点地区工资指导线制度试行办法》,在试点地区开始实行工资指导线制度。工资指导线制度,是企业工资宏观调控办法改革的一项重要举措。政府运用工资指导线,对国有企业及其他各类企业的工资分配进行指导与调控,使企业工资增长符合经济和社会发展的要求,进一步促进生产力的发展。工资指导线制度是社会主义市场经济体制下,国家对企业工资分配进行宏观调控的一种制度。其目的是在国家宏观指导下,促使企业的工资微观分配与国家的宏观政策相协调,引导企业在生产发展、经济效益提高的基础上,合理确定工资分配。

工资指导线的制定应遵循以下原则:(1)符合国家宏观经济政策和对工资增长的总体要求,坚持"两低于"原则。(2)结合地区、行业、企业特点,实行分级管理、分类调控的原则。(3)实行协商原则,以劳动行政部门为主,会商政府有关部门、工会、企业协会等组织共同制定。

工资指导线水平的制定应以本地区年度经济增长率、社会劳动生产率、城镇居民消费价格指数为主要依据,并综合考虑城镇就业状况、劳动力市场价格、人工成本水平和对外贸易状况等相关因素。

工资指导线的基本内容包括:(1)经济形势分析:国家宏观经济形势和宏观政策简析;本地区上一年度经济增长、企业工资增长分析;本年度经济增长预测以及与周边地区的比较分析。(2)工资指导线意见:工资指导线水平包括本年度企业货币工资水平增长基准线、上线、下线。工资指导线对不同类别的企业实行不同的调控办法:国有企业和国有控股企业,应严格执行政府颁布的工资指导线,企业在工资指导线所规定的下线和上线区间内,围绕基准线,根据企业经济效益合理安排工资分配,各企业工资增长均不得突破指导线规定的上线。在工资指导线规定的区间内,对工资水平偏高、工资增长过快的国有垄断性行业和企业,按照国家宏观调控阶段性从紧的要求,根据有关政策,从严控制其工资增长。

非国有企业(城镇集体企业、外商投资企业、私营企业等)应依据工资指导线进行集体协商确定工资,尚未建立集体协商制度的企业,依据工资指导线确定工资分配,并积极建立集体协商制度。企业在生产经营正常的情况下,工资增长不应低于工资指导线所规定的基准线水平,效益好的企业可相应提高工资增长幅度。各企业支付给职工的工资不得低于当地政府颁布的最低工资标准。

开始实行工资指导线制度试点地区的企业,应根据本地区工资指导线的要求,在生产发展、效益提高的基础上合理安排职工工资分配。各企业应在政府颁布工资指导线后30日以内,依据工资指导线编制或调整年度工资总额使用计划。国有企业工资总额使用计划报企业主管部门和当地劳动行政部门审核,非国有企业报劳动行政部门备案。所有企业都要依据工资总额使用计划填写《工资总额使用手册》,并报当地劳动行政部门审核签章。中央驻地方企业《工资总额使用手册》由其主管部门审核签章或主管部门委托当地劳动行政部门审核签章。各企业应建立和完善内部工资分配自我约束机制,加强人工成本管理和人工成本约束,使本企业工资增长和经济效益增长相适应。

三、劳动力市场工资指导价位制度

1999年劳动和社会保障部发布《关于建立劳动力市场工资指导价位制度的通知》,建立劳动力市场工资指导价位制度。劳动力市场工资指导价位制度是企业工资宏观调控制度的重要组成部分。

劳动力市场工资指导价位制度的主要内容是:劳动保障行政部门按照国家统一规范和制度要求,定期对各类企业中的不同职业(工种)的工资水平进行调查、分析、汇总、加工,形成各类职业(工种)的工资价位,向社会发布,用以指导企业合理确定职工工资水平和工资关系,调节劳动力市场价格。

建立劳动力市场工资指导价位制度,有利于政府劳动工资管理部门转变职能,由直接的行政管理,转为充分利用劳动力市场价格信号指导企业合理进行工资分配,将市场机制引入企业内部分配,为企业合理确定工资水平和各类人员工资关系,开展工资集体协商提供重要依据;有利于促进劳动力市场形成合理的价格水平,为劳动力供求双方协商确定工资水平提供客观的市场参考标准,减少供求双方的盲目性,提高劳动者求职的成功率和劳动力市场运作的整体效率;有利于引导劳动力的合理、有序流动,调节地区、行业之间的就业结构,使劳动力价格机制与劳动力供求机制紧密结合,构建完整的劳动力市场体系。

劳动力市场工资指导价位制度的工作总目标是:建立以中心城市为依托,广泛覆盖各类职业(工种),国家、省(自治区)、市多层次汇总发布的劳动力市场工资指导价位制度,使之成为科学化、规范化、现代化的劳动力市场的有机组成部分。具体目标是:(1)建立规范化的信息采集制度,保证统计调查资料的及时性、准确性;(2)建立科学化的工资指导价位制订方法,保证工资指导价位能真实反映劳动力价格,并体现政府宏观指导意图;(3)建立现代化的信息发布手段,使工资指导价位直接、及时、便捷地服务于企业和劳动者。

劳动力市场工资指导价位要在对有关数据、资料进行科学的整理和分析的基础上制订,高位数、中位数和低位数必须按照《工资价位调查方法》规定的办法确定,以保证工资指导价位在不同地区之间具有可比性。工资指导价位应在每年6月底以前发布,每年发布一次。发布采用文件、资料等形式。工资指导价位要在公共职业介绍机构专项公布,有条件的城市,要输入计算机,通过劳动力市场信息网络发布,供企业、劳动者和其他需要者查询。工资指导价位发布后,要利用多种渠道收集市场、企业和劳动者等方面的反映,以对工资指导价位的作用、科学性和代表性等方面进行正确评价,不断修改、完善工资指导价位的调查和分析方法。

第三节 最低工资

一、最低工资的概念

最低工资,是指劳动者在法定工作时间内提供了正常劳动,用人单位依法应支付的最低工资报酬。这一概念包括以下三层含义:

(1)最低工资是劳动者在法定工作时间内提供了劳动后得到的工资。所谓法定工作时间是指按照法律规定劳动者正常的工作时间。按照法律规定,我国目前实行的是劳动者每日工作时间不超过8小时、平均每周工作时间不超过40小时的工作时间制度,最低工资就是在这一工作时间内劳动者提供了劳动而应该获得的最低的工资报酬。

(2)最低工资是劳动者在法定工作时间内提供了正常劳动得到的最低劳动报酬。所谓正常劳动是指劳动者按劳动合同的约定,在法定工作时间内从事的劳动。按照我国现行的法律规定,劳动者依法律、法规的规定休假、探亲以及参加社会活动等,应视同提供了正常劳动。

(3)最低工资是用人单位在劳动者法定工作时间内提供了正常劳动下支付的最低工资报酬。该报酬是最低的,用人单位支付的劳动报酬低于该标准要承担相应的法律责任。

二、最低工资立法的发展

最低工资的立法最早出现在19世纪末。新西兰1894年制定的《产业仲裁法》中,规定仲裁法庭有决定最低工资率的权力。最低工资的专门立法出现在澳大利亚的维多利亚州于 1896 年颁布的具有试行性的最低工资法令中,它规定在 6 种行业中委托产业委员会决定最低工资率。① 1909 年,英国国会通过《行业委员会法》(Trades board Act, 1909),规定纸盒制造业等 4 个苦工行业的工人实行最低工资标准,以维持这些行业工人的最低生活水平,并由劳工部派出专员监督最低工资标准的实施,对不执行标准的雇主给予处罚。② 1938 年美国颁布了《公平劳动标准法》,规定了联邦一级的最低工资标准。1959 年日本颁布了最低工资法。

国际劳动组织于 1928 年 6 月 16 日通过的《制订最低工资确定办法公约》(Minimum Wage-Fixing Machinery Convention, 1928)(第 26 号公约,我国已经批准),要求批准公约的国际劳工组织会员国,承允制订或维持一种办法,以便能为那些在无从用集体协议或其他方法有效规定工资且工资特别低廉的若干种行业或其部分中工作的工人,确定最低工资率。并要求采取必要的措施,实行一种监督与制裁办法,以保证有关的雇主与工人明了现行最低工资率,并保证在适用最低工资率的场合支付的工资不少于最低工资率。凡适用最低工资率的工人,其工资的支付少于此项工资率者,应经由司法或其他合法手续在国家法律或条例规定的期限内追还其被短付数额的权利。1970 年 6 月 22 日通过的《特别参照发展中国家情况确定最低工资公约》(Convention concerning Minimum Wage Fixing, with Special Reference to Developing Countries, 1970),是专门针对发展中国家最低工资制定的国际公约,该公约要求公约的批准国要建立覆盖全体工资收入者的最低工资体系;主管机关要通过与雇主和雇员的代表进行协商或咨询后决定最低工资标准覆盖的劳动者范围;最低工资具有法定效力,违反者将承担相应的法律责任。

在我国,1922 年 8 月中国劳动组合书记部拟定的《劳动法案大纲》中就规定:为保障劳动者之最低工资计,国家应制定保障法;制定此项法律时,应许可全国劳动总工会代表出席。公私企业或机关之工资均不得低于最低工资。1933 年《中华苏维埃共和国劳动法》规定,所有被雇佣之劳动者,其工资不得少于当地政府在各该时期依照当地生活程度与各项劳动者职业的等级所规定的工资的最低限度。所有各项被雇佣的劳动者所得工资等级的最低限度每 3 个月至 6 个月由当地政府劳动部规定一次。《陕甘宁边区劳动保护条例(草案)》中也规定:工人工资不得低于最低工资率,最低工资率以所在地之生活状况为标准,由工会雇主工人共同言定之。分别于 1925 年、1926 年、1927 年、1929 年和 1948 年召开

---

① 参见王全兴著:《劳动法》,法律出版社 1997 年版,第 298 页。
② 参见王益英主编:《外国劳动法和社会保障法》,中国人民大学出版社 2001 年版,第 48 页。

的第二、三、四、五、六次全国劳动大会的决议案中都对最低工资进行了规定。[①]1949年《中国人民政治协商会议共同纲领》第32条规定,人民政府应按照各地各行业情况规定最低工资,以保障职工的基本生活水平。1949年制定的《私营企业劳动管理暂行规定》中规定,私营企业职工的最低工资不得低于当地同行业集体企业同等条件工人的最低工资水平。由于新中国成立后,我国经过工资改革,在全国建立了统一的等级工资制度,最低工资基本上没有存在的空间,最低工资的法律规定也就没有了用武之地。但是,随着社会主义市场经济体制的建立和发展,我国进行了适应社会主义市场经济发展的工资制度改革,最低工资立法重新得到了重视和发展。例如,1993年11月劳动部发布了《企业最低工资规定》,1994年10月劳动部又发布了《关于实施最低工资保障制度的通知》。我国《劳动法》第48条规定:"国家实行最低工资保障制度。最低工资的具体标准由省、自治区、直辖市人民政府规定,报国务院备案。用人单位支付劳动者的工资不得低于当地最低工资标准。"

三、最低工资标准的确定和发布

(一)最低工资标准确定的原则

最低工资标准(最低工资率)是指单位劳动时间的最低工资数额。最低工资标准的确定要遵循三方原则,所谓三方原则是指政府、工会和企业三方代表共同协商确定最低工资标准的原则,是劳动法领域三方原则在最低工资领域的具体体现。

根据《制订最低工资确定办法公约》(第26号公约)的规定,批准该公约的国际劳动组织会员国在决定最低工资办法应实施的行业或部分时,如有关行业或其部分有工人与雇主的组织时,应当先咨询其意见;在决定最低工资确定办法实施前,应征询有关雇主与工人代表的意见,如雇主与工人有组织时,应征询各该组织代表的意见。我国《企业最低工资规定》中明确规定:最低工资标准的确

[①] 1925年第二次全国劳动大会《经济斗争决议案》规定:"要求按照各时生活情形规定最低限度的工资一事,应成为我们目前应进行主要工作之一。"1926年第三次全国劳动大会《经济斗争最近目标与其步骤决议案》规定:"工资——应按照各地各时生活的情形,规定最低限度的工资;凡工人劳动所得,至少要能维持所必需的生活。"《劳动法大纲决议案》规定:工资之给予,以维持工人生活为最低工资;其不及维持工人生活之工资,政府得强制增加之。1927年第四次全国劳动大会的《经济斗争决议案》规定:适应社会经济的变化,规定最低工资标准,并按照物价规定工资增加的比例。1929年第五次全国劳动大会决议案规定:按照生活标准规定最低工资;最低工资必须足够维持工人的家室生活。1948年8月第六次全国劳动大会通过的《关于中国职工运动当前任务的决议》中提出,关于工资的规定,必须保障任何普通职工的最低工资标准,即职工最低工资连本人在内要够维持两个人的生活。1948年9月中华全总工会执行委员会发布的《关于职工运动当前任务决议案中几个问题的说明》中指出:普通工人的最低工资,连本人在内应养活两个人,本人生活,按当时当地维持一个劳动力的必要生活费用(包括衣、食、住及必要消费)计算;被养人生活,一般应低于本人生活,但最低不得少于维持一个人生活的最低水平。

定实行政府、工会、企业三方代表民主协商原则。

(二) 确定最低工资标准的因素

国际上确定最低工资一般考虑城市居民生活费用支出、平均工资、劳动生产率、失业率、经济发展水平等因素。根据我国《劳动法》的规定,确定和调整最低工资标准应当综合参考下列因素:

(1) 劳动者本人及平均赡养人口的最低生活费用;

(2) 社会平均工资水平;

(3) 劳动生产率;

(4) 就业状况;

(5) 地区之间经济发展水平的差异。

最低工资标准应当高于当地的社会救济金和失业保险金标准,低于平均工资。最低工资标准一般按月确定,也可按周、日或小时确定。各种单位时间的最低工资标准可以互相转换。

最低工资标准应考虑同一地区不同区域和行业的特点,对不同经济发展区域和行业可以确定不同的最低工资标准。

(三) 最低工资标准确定和发布的程序

国务院劳动行政主管部门对全国最低工资制度实行统一管理。省、自治区、直辖市人民政府劳动行政主管部门对本行政区域最低工资制度的实施实行统一管理。

各省、自治区、直辖市人民政府劳动行政主管部门会同工会、企业家协会确定最低工资标准时,应向当地工商业联合会、财政、民政、统计等部门咨询。各省、自治区、直辖市人民政府劳动行政主管部门必须将确定的当地最低工资标准及其依据、详细说明和最低工资标准的适用范围(包括区域、行业和人员)报国务院劳动行政主管部门备案。国务院劳动行政主管部门在收到各省、自治区、直辖市人民政府劳动行政主管部门的备案报告后,应召集全国总工会、全国企业家协会共同研究;如其报送的最低工资标准及其适用范围不妥的,有权提出变更意见,并在15天之内以书面形式给予回复。各省、自治区、直辖市人民政府劳动行政主管部门在25天之内未收到国务院劳动行政主管部门提出变更意见的,或接到变更意见对原确定的最低工资标准及其适用范围作出修订后,应当将本地区最低工资标准及其适用范围报各省、自治区、直辖市人民政府批准,并且在批准后7天内发布。省、自治区、直辖市最低工资标准及其适用范围应当在当地政府公报上和至少一种全地区报纸上发布。最低工资标准发布实施后,如确定因素发生变化,或本地区职工生活费用价格指数累计变动较大时,应当适时调整,但每年最多调整一次。

四、最低工资的计算与支付

用人单位支付劳动者的工资不得低于当地最低工资标准。最低工资应以法定货币按时支付。从最低工资的含义出发，根据法律规定，以下各项不作为最低工资的组成部分：(1) 加班加点工资；(2) 中班、夜班、高温、低温、井下、有毒有害等特殊工作环境、条件下的津贴；(3) 国家法律、法规和政策规定的劳动者保险、福利待遇；(4) 用人单位通过贴补伙食、住房等支付给劳动者的非货币性收入。

五、最低工资的保障与监督

企业必须将政府对最低工资的有关规定告知本单位劳动者。企业支付给劳动者的工资不得低于其适用最低工资标准。实行计件工资或提成工资等工资形式的企业，必须进行合理的折算，其相应的折算额不得低于按时、日、周、月确定的相应的最低工资标准。劳动者由于本人原因造成在法定工作时间内未提供正常劳动的，不受最低工资标准的限制。劳动者因探亲、结婚、直系亲属死亡按照规定休假期间，以及依法参加国家和社会活动，视为提供了正常劳动。各级人民政府的劳动行政主管部门负责对最低工资执行情况进行检查监督。工会有权对最低工资执行情况进行监督，发现企业支付劳动者工资低于有关最低工资标准的，有权要求有关部门处理。

六、法律责任

其一，我国《劳动法》第 91 条规定："用人单位有下列侵害劳动者合法权益情形之一的，由劳动行政部门责令支付劳动者的工资报酬、经济补偿，并可以责令支付赔偿金：……低于当地最低工资标准支付劳动者工资的；……"

其二，有下列情况之一的，由国务院劳动行政主管部门责令限期改正：

(1) 最低工资标准未按法律规定确定的；

(2) 各省、自治区、直辖市劳动行政主管部门会同工会、企业家协会确定最低工资标准时没有向当地工商业联合会、财政、民政、统计部门咨询的；

(3) 各省、自治区、直辖市劳动行政主管部门没有将确定的当地最低工资标准及其依据、详细说明和最低工资标准的适用范围(包括区域、行业和人员)报国务院劳动行政主管部门备案的；

(4) 各省、自治区、直辖市劳动行政主管部门未按规定将本地区最低工资标准及其适用范围报各省、自治区、直辖市人民政府批准，或在批准后没按规定时间发布的；

(5) 各省、自治区、直辖市最低工资标准及其适用范围未按规定在当地政府公报上和至少一种全地区报纸上发布的。

其三,有下列情形之一的,由当地政府劳动行政主管部门责令限期改正,逾期未改正的,对用人单位和责任人给予经济处罚:

(1) 最低工资未以法定货币按时支付的;

(2) 将不作为最低工资组成部分的工资或其他待遇计入最低工资的;

(3) 企业未将政府对最低工资的有关规定告知本单位劳动者的;

(4) 劳动者因探亲、结婚、直系亲属死亡按照规定休假期间,以及依法参加国家和社会活动期间,工资水平低于最低工资标准的。

其四,企业支付给劳动者的工资低于其适用最低工资标准的、实行计件工资或提成工资等工资形式的企业,其相应的工资折算额低于按时、日、周、月确定的相应的最低工资标准的,由当地政府劳动行政主管部门责令其限期补发所欠劳动者工资,并视其欠付工资时间的长短向劳动者支付赔偿金。欠付1个月以内的向劳动者支付所欠工资的20%的赔偿金,欠付3个月以内的向劳动者支付所欠工资的50%的赔偿金,欠付3个月以上的向劳动者支付所欠工资的100%的赔偿金。拒发所欠工资和赔偿金的,对企业和责任人给予经济处罚。

其五,对处罚决定不服的,当事人可以依照我国《行政复议法》的规定申请复议。对复议决定不服的,当事人可以依照我国《行政诉讼法》的规定向人民法院提起诉讼。复议申请人逾期不起诉,又不履行复议决定的,依照我国《行政复议法》的规定执行。

第四节 工资集体协商

一、工资集体协商的概念

工资集体协商,是指职工代表与企业代表依法就企业内部工资分配制度、工资分配形式、工资收入水平等事项进行平等协商,在协商一致的基础上签订工资协议的行为。工资集体协商双方协商一致达成的协议,称为工资集体协议,该协议是专门就工资事项签订的专项集体合同。已订立集体合同的,工资协议作为集体合同的附件,并与集体合同具有同等效力。依法订立的工资协议对企业和职工双方具有同等约束力。双方必须全面履行工资协议规定的义务,任何一方不得擅自变更或解除工资协议。职工个人与企业订立的劳动合同中关于工资报酬的标准,不得低于工资集体协议规定的最低标准。2000年11月劳动和社会保障部发布的《工资集体协商试行办法》对工资集体协商制度作出了专门规定。

二、工资集体协商的内容

（一）工资集体协商一般应包括的内容

工资集体协商一般应包括的内容主要有：
(1) 工资协议的期限；
(2) 工资分配制度、工资标准和工资分配形式；
(3) 职工年度平均工资水平及其调整幅度；
(4) 奖金、津贴、补贴等分配办法；
(5) 工资支付办法；
(6) 变更、解除工资协议的程序；
(7) 工资协议的终止条件；
(8) 工资协议的违约责任；
(9) 双方认为应当协商约定的其他事项。

（二）协商确定职工年度工资水平应参考的因素

协商确定职工年度工资水平应符合国家有关工资分配的宏观调控政策，并综合参考下列因素：
(1) 地区、行业、企业的人工成本水平；
(2) 地区、行业的职工平均工资水平；
(3) 当地政府发布的工资指导线、劳动力市场工资指导价位；
(4) 本地区城镇居民消费价格指数；
(5) 企业劳动生产率和经济效益；
(6) 国有资产保值增值；
(7) 上年度企业职工工资总额和职工平均工资水平；
(8) 其他与工资集体协商有关的情况。

三、工资集体协商的代表

（一）工资集体协商代表的产生和组成

工资集体协商代表应依照法定程序产生。职工一方由工会代表。未建工会的企业由职工民主推举代表，并得到半数以上职工的同意。企业代表由法定代表人或法定代表人指定的其他人员担任。

协商双方各确定一名首席代表。职工首席代表应当由工会主席担任，工会主席可以书面委托其他人员作为自己的代理人；未成立工会的，由职工集体协商代表推举。企业首席代表应当由法定代表人担任，法定代表人可以书面委托其他管理人员作为自己的代理人。协商双方的首席代表在工资集体协商期间轮流担任协商会议执行主席。协商会议执行主席的主要职责是负责工资集体协商有关组织协调工作,并对协商过程中发生的问题提出处理建议。协商双方可书面委托本企业以外的专业人士作为本方协商代表。委托人数不得超过本方代表的1/3。

(二) 工资集体协商代表的权利和义务

(1) 协商双方代表享有平等的建议权、否决权和陈述权。

(2) 由企业内部产生的协商代表参加工资集体协商的活动应视为提供正常劳动,享受的工资、奖金、津贴、补贴、保险福利待遇不变。其中,职工协商代表的合法权益受法律保护。企业不得对职工协商代表采取歧视性行为,不得违法解除或变更其劳动合同。

(3) 协商代表应遵守双方确定的协商规则,履行代表职责,并负有保守企业商业秘密的责任。协商代表任何一方不得采取过激、威胁、收买、欺骗等行为。

(4) 协商代表应了解和掌握工资分配的有关情况,广泛征求各方面的意见,接受本方人员对工资集体协商有关问题的质询。

四、工资集体协商的程序

(1) 协商的提出。职工和企业任何一方均可提出进行工资集体协商的要求。工资集体协商的提出方应向另一方提出书面的协商意向书,明确协商的时间、地点、内容等。另一方接到协商意向书后,应于20日内予以书面答复,并与提出方共同进行工资集体协商。

(2) 真实情况和资料的提供。在不违反有关法律、法规的前提下,协商双方有义务按照对方要求,在协商开始前5日内,提供与工资集体协商有关的真实情况和资料。

(3) 工资集体协商双方代表进行协商,达成协议草案。

(4) 草案的审议。工资协议草案应提交职工代表大会或职工大会讨论审议。

(5) 工资集体协议的成立。工资集体协商双方达成一致意见后,由企业一方制作工资集体协议文本。工资集体协议经双方首席代表签字盖章后成立。

五、工资集体协议的审查

县级以上劳动保障行政部门依法对工资集体协议进行审查,对协议的履行情况进行监督检查。

工资集体协议签订后,应于7日内由企业将工资集体协议一式三份及说明,报送劳动保障行政部门审查。劳动保障行政部门应在收到工资集体协议15日内,对工资集体协商双方代表资格、工资集体协议的条款内容和签订程序等进行审查。

劳动保障行政部门经审查对工资集体协议无异议,应及时向协商双方送达《工资集体协议审查意见书》,工资集体协议即行生效。劳动保障行政部门对工资集体协议有修改意见,应将修改意见在《工资集体协议审查意见书》中通知协商双方。双方应就修改意见及时协商,修改工资集体协议,并重新报送劳动保障行政部门。工资集体协议向劳动保障行政部门报送经过15日后,协议双方未收到劳动保障行政部门的《工资集体协议审查意见书》,视为已经劳动保障行政部门同意,该工资集体协议即行生效。

协商双方应于5日内将已经生效的工资集体协议以适当形式向本方全体人员公布。

工资集体协商一般情况下一年进行一次。职工和企业双方均可在原工资协议期满前60日内,向对方书面提出协商意向书,进行下一轮的工资集体协商,做好新旧工资集体协议的相互衔接。

第五节 工资形式

一、工资形式的概念

工资形式是指计量劳动和支付工资的形式。我国现行的工资形式主要有计时工资、计件工资两种基本形式和奖金、津贴两种辅助形式。具体采用什么工资形式,一般由企业确定。

二、计时工资

计时工资是指按计时工资标准和工作时间支付给个人的工资报酬。计时工资标准是根据劳动者的技术熟练程度、劳动繁重程度等标准确定的,在相同的工作时间内,从事同种工作,并具有基本相同的劳动技能的劳动者的工资是相同的。计时工资可以分为月工资制、日工资制和小时工资制三种。

三、计件工资

计件工资是根据劳动者提供的合格产品的数量和规定的计件单价支付工资的一种形式。与计时工资不同,计件工资不是按劳动者劳动时间的长短,而是按照劳动者在单位时间内完成的合格产品的数量来计算工资报酬的。包括:(1)实行超额累进计件、直接无限计件、限额计件、超定额计件等工资制,按劳动部门或主管部门批准的定额和计件单价支付给个人的工资;(2)按工作任务包干方法支付给个人的工资;(3)按营业额提成或利润提成办法支付给个人的工资。

计件工资形式在我国有很长的历史,在新中国成立前的企业中就存在。1951年东北地区在原来实行超额奖励的基础上,推行计件工资制。1956年国务院《关于工资改革的决定》中规定:推广和改进计件工资制。1960年3月劳动部提出实行计件工资的几点意见,指出要有条件地实行计件工资制,并且只实行简单的计件工资,不实行累进的计件工资等等。1964年劳动部发布《计件工资暂行条例(草案)》。"文革"期间,计件工资遭到批判,在大多数企业中被取消。1978年5月国务院发布《关于实行奖励和计件工资制度的通知》,计件工资重新得以实行。1980年4月国家计划委员会、国家经济委员会、国家劳动总局《关于试行国营企业计件工资暂行办法(草案)的通知》,在草案中对计件工资作出了详细的规定。

四、奖金

奖金是工资的补充形式。奖金有很多种,这里只介绍作为工资形式的奖金。奖金是用人单位对劳动者进行物质奖励形式的一种,是对劳动者的超额劳动报酬和增收节支的报酬,主要包括超产奖、质量奖、节约奖、劳动竞赛奖、创造发明奖、年终奖等等。奖金是构成劳动者工资的一个重要部分,我国一直十分重视奖金制度。

五、津贴

津贴是辅助工资形式的一种,是指补偿职工在特殊条件下的劳动消耗及生活费额外支出的工资。任何一种作为工资形式存在的津贴,都是在法律规定下发放的。

津贴的种类很多,主要有以下几类:

(1) 按工作特点和劳动条件设置的津贴,主要有矿山下井津贴、高温津贴、野外工作津贴等。

(2) 为特殊劳动和额外生活支出的双重性设置的津贴,主要有林区津贴、艰苦气象台站津贴、基建工程流动施工津贴、流动施工津贴等。

(3) 为特种保健要求设立的津贴,主要有保健津贴、医疗卫生津贴等。

(4) 为补偿物价变动设置的津贴,主要有生活费补贴、价格补贴等。

(5) 岗位津贴,主要包括从事废旧物资回收加工利用工作的劳动者的津贴等。

六、年薪

年薪是以一年为时间单位来支付劳动者工资的特殊工资形式。从广义上来说,年薪也可以说是计时工资的一种,但是与通常的计时工资形式不同,年薪主要适用于企业高级管理人员等特定人员。2000年11月,劳动和社会保障部发布《进一步深化企业内部分配制度改革指导意见》中指出,要在具备条件的企业积极试行董事长、总经理年薪制。

第六节 特殊情况下的工资支付

特殊情况下的工资支付,是指根据法律规定或根据集体合同与劳动合同的约定,在非正常情况下用人单位对本单位劳动者的工资支付。我国《劳动法》和1994年12月劳动部发布的《工资支付暂行规定》对特殊情况下的工资支付作出了规定。

一、加班加点工资

根据我国《劳动法》第44条的规定,有下列情形之一的,用人单位应当按照下列标准支付高于劳动者正常工作时间工资的工资报酬:(1)安排劳动者延长工作时间的,支付不低于工资的150%的工资报酬;(2)休息日安排劳动者工作又不能安排补休的,支付不低于工资的200%的工资报酬;(3)法定休假日安排劳动者工作的,支付不低于工资的300%的工资报酬。

《工资支付暂行规定》对此作出了更为具体的规定。根据规定,用人单位在劳动者完成劳动定额或规定的工作任务后,根据实际需要安排劳动者在法定标准工作时间以外工作的,应按以下标准支付工资:(1)用人单位依法安排劳动者在日法定标准工作时间以外延长工作时间的,按照不低于劳动合同规定的劳动者本人小时工资标准的150%支付劳动者工资;(2)用人单位依法安排劳动者在休息日工作,而又不能安排补休的,按照不低于劳动合同规定的劳动者本人日或小时工资标准的200%支付劳动者工资;(3)用人单位依法安排劳动者在法定休假节日工作的,按照不低于劳动合同规定的劳动者本人日或小时工资标准的300%支付劳动者工资。实行计件工资的劳动者,在完成计件定额任务后,由用人单位安排延长工作时间的,应根据上述规定的原则,分别按照不低于其本人法定工作时间计件单价的150%、200%、300%支付其工资。加班加点工资,是根据加班加点的多少,以劳动合同确定的正常工作时间工资标准的一定倍数所支付的劳动报酬,即凡是安排劳动者在法定工作日延长工作时间或安排在休息日工作而又不能补休的,均应支付给劳动者不低于劳动合同规定的劳动者本人小时或日工资标准150%、200%的工资;安排在法定休假节日工作的,应另外支付给劳动者不低于劳动合同规定的劳动者本人小时或日工资标准300%的工资。经劳动行政部门批准实行综合计算工时工作制的,其综合计算劳动时间超过法定标准工作时间的部分,应视为延长工作时间,并应按规定支付劳动者延长工作时间的工资。实行不定时工时制度的劳动者,不执行上述规定。根据劳动部《关于贯彻执行〈中华人民共和国劳动法〉若干问题的意见》第 62 条规定,实行综合计算工时工作制的企业职工,工作日正好是周休息日的,属于正常工作;工作日正好是法定节假日的,要依照我国《劳动法》第 44 条第 3 款的规定支付职工工资报酬,即支付不低于工资的 300% 的工资报酬。

二、休假期间的工资

劳动者依法享受年休假、探亲假、婚假、丧假期间,用人单位应按劳动合同规定的标准支付劳动者工资。2007 年 12 月 14 日国务院颁布的《职工带薪年休假条例》第 5 条规定:"对职工应休未休的年休假天数,单位应当按照该职工日工资收入的 300% 支付年休假工资报酬。"

三、依法参加社会活动期间的工资

劳动者在法定工作时间内依法参加社会活动期间,用人单位应视同其提供了正常劳动而支付工资。这些社会活动包括:(1) 依法行使选举权或被选举权;(2) 当选代表出席乡(镇)、区以上政府、党派、工会、青年团、妇女联合会等组织召开的会议;(3) 出任人民法院证明人;(4) 出席劳动模范、先进工作者大会;(5)《工会法》规定的不脱产工会基层委员会委员因工会活动占用的生产或工作时间;(6) 其他依法参加的社会活动。

四、停工、停产期间的工资

非因劳动者原因造成单位停工、停产在一个工资支付周期内的,用人单位应按劳动合同规定的标准支付劳动者工资。超过一个工资支付周期的,若劳动者提供了正常劳动,则支付给劳动者的劳动报酬不得低于当地的最低工资标准;若劳动者没有提供正常劳动,应按国家有关规定办理。

五、用人单位破产时的工资

用人单位依法破产时,劳动者有权获得其工资。在破产清偿中,用人单位应按我国《企业破产法》规定的清偿顺序,首先支付其欠付本单位劳动者的工资。

六、特殊人员的工资支付

(1) 劳动者受处分后的工资支付:第一,劳动者受行政处分后仍在原单位工作(如留用察看、降级等)或受刑事处分后重新就业的,应主要由用人单位根据具体情况自主确定其工资报酬;第二,劳动者受刑事处分期间,如收容审查、拘留(羁押)、缓刑、监外执行或劳动教养期间,其待遇按国家有关规定执行。

（2）学徒工、熟练工、大中专毕业生在学徒期、熟练期、见习期、试用期及转正定级后的工资待遇由用人单位自主确定。

（3）新就业复员军人的工资待遇由用人单位自主确定；分配到企业的军队转业干部的工资待遇，按国家有关规定执行。

第七节 工资保障

工资，是以工资为唯一或主要生活来源的劳动者的生活依靠，依法取得工资是劳动者的一项基本权利。保障劳动者依法足额、按时得到工资，是工资立法的一个重要内容。我国《劳动法》、《工资支付暂行规定》及其他相关的法律法规都对劳动者工资的保障作出了规定。

一、工资支付保障

（1）用人单位支付劳动者的工资不得低于当地最低工资标准。

（2）工资应当以法定货币支付。不得以实物及有价证券替代货币支付。

（3）用人单位应将工资支付给劳动者本人。劳动者本人因故不能领取工资时，可由其亲属或委托他人代领。用人单位可委托银行代发工资。用人单位必须书面记录支付劳动者工资的数额、时间、领取者的姓名以及签字，并保存2年以上备查。用人单位在支付工资时应向劳动者提供一份其个人的工资清单。

（4）工资必须在用人单位与劳动者约定的日期支付。如遇节假日或休息日，则应提前在最近的工作日支付。

（5）工资至少每月支付一次，实行周、日、小时工资制的可按周、日、小时支付工资。对完成一次性临时劳动或某项具体工作的劳动者，用人单位应按有关协议或合同规定在其完成劳动任务后即支付工资。

（6）劳动关系双方依法解除或终止劳动合同时，用人单位应在解除或终止劳动合同时一次付清劳动者工资。

二、工资足额的保障

（1）用人单位不得克扣或无故拖欠劳动者的工资。克扣工资是指用人单位无正当理由扣减劳动者应得工资（即在劳动者已提供正常劳动的前提下用人单位按劳动合同规定的标准应当支付给劳动者的全部劳动报酬）。不包括以下减发工资的情况：第一，国家的法律、法规中有明确规定的；第二，依法签订的劳动合同中有明确规定的；第三，用人单位依法制定并经职代会批准的厂规、厂纪中有明确规定的；第四，企业工资总额与经济效益相联系，经济效益下浮时，工资必须下浮的（但支付给劳动者的工资不得低于当地的最低工资标准）；第五，因劳动者请事假等相应减发工资等。无故拖欠工资是指用人单位无正当理由超过规定付薪时间未支付劳动者工资。不包括以下情况：第一，用人单位遇到非人力所能抗拒的自然灾害、战争等原因，无法按时支付工资；第二，用人单位确因生产经营困难、资金周转受到影响，在征得本单位工会同意后，可暂时延期支付劳动者工资，延期时间的最长限制可由各省、自治区、直辖市劳动行政部门根据各地情况确定。其他情况下拖欠工资均属无故拖欠工资。

（2）有下列情况之一的，用人单位可以代扣劳动者工资：

第一，用人单位代扣代缴的个人所得税；

第二，用人单位代扣代缴的应由劳动者个人负担的各项社会保险费用；

第三，法院判决、裁定中要求代扣的抚养费、赡养费；

第四，法律、法规规定可以从劳动者工资中扣除的其他费用。

（3）因劳动者本人原因给用人单位造成经济损失的，用人单位可按照劳动合同的约定要求其赔偿经济损失。经济损失的赔偿，可从劳动者本人的工资中扣除。但每月扣除的部分不得超过劳动者当月工资的20%。若扣除后的剩余工资部分低于当地月最低工资标准，则按最低工资标准支付。

三、工资保障的监察

（1）用人单位应当通过与职工大会、职工代表大会或者其他形式协商制定内部的工资支付制度，并告知本单位全体劳动者，同时抄报当地劳动行政部门备案。

（2）各级劳动行政部门有权监察用人单位工资支付的情况。

（3）用人单位有下列侵害劳动者合法权益行为的，由劳动行政部门责令其支付劳动者工资和经济补偿，并可责令其支付赔偿金：第一，克扣或者无故拖欠劳动者工资的；第二，拒不支付劳动者延长工作时间工资的；第三，低于当地最低工资标准支付劳动者工资的。

第八章 工作时间和休息休假法

第一节 工作时间和休息休假概述

一、工作时间和休息休假的概念

（一）工作时间的概念

工作时间是指劳动者根据国家的法律规定,在一个昼夜或一周之内从事本职工作的时间。法律规定的一昼夜内从事工作的小时数总和称为工作日;一周内从事工作的工作日的总和称为工作周。

工作时间作为劳动法上的一个概念,不仅是指劳动者实际进行本职工作的时间,即正常的工作时间,也包括进行与正常工作密切联系的其他工作的时间和法律法规规定的视为提供了正常工作的时间。这些时间主要包括:(1)辅助工作时间,如必要的工作准备时间和工作结束整理时间、职业培训时间等;(2)因用人单位原因造成的等待工作任务的时间,如停工待料的时间;(3)根据法律规定视为工作的工作时间,如必要的工间休息时间、女职工哺乳婴儿时间、依据法律法规或用人单位的安排离开正常的工作岗位从事其他活动的时间等。

法律对劳动者工作时间的限制,主要目的在于保护劳动者的身体健康,在规定劳动者的工作时间长度时必须考虑劳动者生理上所能承受的劳动强度,保障劳动者有足够的休息时间恢复体力,同时工作时间的长短也要适应生产活动的客观需要,维护正常的生产秩序。为了满足这种双重的目的需要,法律一般都规定劳动者工作的标准时间的上限,在标准工作时间之外,允许用人单位在符合法律规定的条件下采取其他的非标准工作时间或采取低于标准工作时间上限的符合本单位具体情况的工作时间进行生产和经营。

（二）休息休假时间的概念

广义的休息时间是指劳动者按照国家的法律规定,不从事工作而自己自由支配的时间,是劳动者在工作时间之外的所有休息时间的总和,包括工作日内的休息时间、工作日之间的休息时间、工作周之间的休息时间、法定的节假日休息时间、探亲假休息时间和年休假休息时间等。狭义的休息时间仅指劳动者的工作日内的休息时间、工作日之间的休息时间和工作周之间的休息时间;法定的节假日休息时间、探亲假休息时间和年休假休息时间则称为休假。

二、工作时间和休息休假法律调整的意义

有关劳动者的工作时间和休息休假的立法是劳动立法历史中最早的法律规定内容。被公认为现代劳动立法开端的 1802 年英国颁布的《学徒健康与道德法》就是以限制工作时间为主要内容的劳动立法。国际劳工组织的第一个国际劳工公约也主要是对劳动者工作时间的规定。① 以法律限定劳动者的工作时间和保证劳动者的休息休假有重要意义。

（一）保证劳动者的休息权

休息权是宪法赋予公民的一项基本权利。我国《宪法》第 43 条规定："中华人民共和国劳动者有休息的权利。国家发展劳动者休息和休养的设施，规定职工的工作时间和休假制度。"在一定的时间范围内，工作时间和休息休假时间存在着此消彼长的关系，过长时间的工作会对劳动者的身体健康造成伤害，法律对劳动者工作时间和休息休假的规定首要的作用就在于保证劳动者的休息权利。

（二）提高劳动者的素质和劳动生产率

保证劳动者在工作之外有充足的休息时间，才能使劳动者有更为充沛的精力和体力继续从事劳动，才能使劳动者有时间进行知识学习，提高自己的素质和工作能力，从而提高劳动生产率。

（三）协调劳动报酬分配和促进就业

工作时间是确定劳动者报酬的一个重要的衡量依据。劳动者的报酬是劳动者在工作时间内创造的财富的一部分。通过对劳动者工作时间的调整，可以间接协调劳动报酬的分配。

通过对于劳动者工作时间的调整，国家可以调节劳动力供需之间的矛盾。缩短工作时间，为失业者提供更多的劳动岗位，是解决失业问题的一个途径。

第二节　工作时间和休息休假的种类

一、工作时间的种类

（一）标准工作时间

标准工作时间是指根据法律规定正常情况下的工作时间，分为标准工作日和标准工作周。法定以日为计算单位的工作时间称为工作日，标准工作日是指根据法律规定在正常情况下工作日的工作时间；法定以周为计算单位的工作时间称为工作周，标准工作周是指根据法律规定在正常情况下 1 周内的工作时间，

---

① 即《1919 年工作时间（工业）公约》(Hours of Work (Industry) Convention, 1919)，第 1 号公约。

周是指的日历周。标准工作时间是确定非标准工作时间的基础,非标准工作时间的确定都要以标准工作时间为依据。

法律通常规定标准工作时间的最高限度。我国《劳动法》第36条规定了"国家实行劳动者每日工作时间不超过8小时、平均每周工作时间不超过44小时的工时制度";第38条规定"用人单位应当保证劳动者每周至少休息1日"。1995年3月重新修订的国务院《关于职工工作时间的规定》中对标准工作时间重新进行了限定,该规定适用于在中华人民共和国境内的国家机关、社会团体、企业事业单位以及其他组织的职工,规定"职工每日工作8小时、每周工作40小时";"国家机关、事业单位实行统一的工作时间,星期六和星期日为周休息日。企业和不能实行前款规定的统一工作时间的事业单位,可以根据实际情况灵活安排周休息日"。

(二) 非标准工作时间

非标准工作时间是指在特殊情形下适用的不同于标准工作时间的工作时间。根据我国《劳动法》的规定,企业因生产特点不能实行标准工作时间的,经劳动行政部门批准,可以实行其他工作和休息办法。根据目前我国法律法规的规定,我国的非标准工作时间可以分为以下几种:缩短工作时间、不定时工作时间、综合计算工作时间和计件工作时间。

1. 缩短工作时间

缩短工作时间是指法定特殊条件或特殊情况下少于标准工作时间长度的工作时间。国务院《关于职工工作时间的规定》第4条规定:"在特殊条件下从事劳动和有特殊情况,需要适当缩短工作时间的,按照国家有关规定执行。"1995年3月25日原劳动部发布的《国务院〈关于职工工作时间的规定〉的实施办法》第4条规定:"在特殊条件下从事劳动和有特殊情况,需要在每周工作40小时的基础上再适当缩短工作时间的,应在保证完成生产和工作任务的前提下,根据《劳动法》第36条的规定,由企业根据实际情况决定。"

2. 不定时工作时间

不定时工作时间,又称不定时工作制,是指根据法律规定在特殊条件下实行的,每日无固定工作时间,是适用于因生产特点、工作特殊需要或职责范围的关系,无法按标准工作时间衡量或需要机动作业的劳动者的一种工作时间安排。根据目前的规定,主要适用于以下人员:(1) 企业中的高级管理人员、外勤人员、推销人员、部分值班人员和其他因工作无法按标准工作时间衡量的职工;(2) 企业中的长途运输人员、出租汽车司机和铁路、港口、仓库的部分装卸人员以及因工作性质特殊需机动作业的职工;(3) 其他因生产特点、工作特殊需要或职责范围的关系,适合实行不定时工作制的职工。

对于实行不定时工作时间的劳动者,不受《劳动法》关于日延长工作时间标准和月延长工作时间标准的限制,但是用人单位应根据《劳动法》的规定,在保障职工身体健康并充分听取职工意见的基础上,采用集中工作、集中休息、轮休调休、弹性工作时间等适当方式,确保职工的休息休假权利和生产、工作任务的完成。

3. 综合计算工作时间

综合计算工作时间,也称为综合计算工时工作制,是指分别于周、月、季、年等为周期,综合计算工作时间,但其平均日工作时间和平均周工作时间应与法定标准工作时间基本相同。也就是说,在综合计算周期内,某一具体日(或周)的实际工作时间可以超过 8 小时(或 40 小时),但综合计算周期内的总实际工作时间不应超过总法定标准工作时间,超过部分应视为延长工作时间,并按《劳动法》的规定支付工资报酬,其中法定休假日安排劳动者工作的,按《劳动法》的规定支付工资报酬。而且,延长工作时间的小时数平均每月不得超过 36 小时。如果在整个综合计算周期内的实际工作时间总数不超过该周期的法定标准工作时间总数,只是该综合计算周期内的某一具体日(或周、或月、或季)超过法定标准工作时间,其超过部分不应视为延长工作时间。根据目前的规定,综合计算工作时间主要适用于以下人员:(1) 交通、铁路、邮电、水运、航空、渔业等行业中因工作性质特殊,需连续作业的职工;(2) 地质及资源勘探、建筑、制盐、制糖、旅游等受季节和自然条件限制的行业的部分职工;(3) 其他适合实行综合计算工时工作制的职工。对于那些在市场竞争中,由于外界因素的影响,生产任务不均衡的企业的部分劳动者,经劳动行政部门严格审批后,可以参照综合计算工作时间的方法实施。但是用人单位应采取适当方式确保劳动者的休息休假权利和生产、工作任务的完成。

与实行不定时工作制一样,用人单位同样应根据《劳动法》有关规定,在保障职工身体健康并充分听取职工意见的基础上,采用集中工作、集中休息、轮休调休、弹性工作时间等适当方式,确保职工的休息休假权利和生产、工作任务的完成。

4. 计件工作时间

我国《劳动法》第 37 条规定:"对实行计件工作的劳动者,用人单位应当根据本法第 36 条规定的工时制度合理确定其劳动定额和计件报酬标准。"虽然这一规定表面上是通过确定劳动者的劳动数量(计件)来计算劳动报酬的规定,但是实际上也规定了劳动者劳动时间,即以劳动定额来计算工作时间。实行计件工作时间,劳动者的劳动定额要根据标准工时制度来合理确定。

二、休息休假的种类

根据法律法规的规定,我国目前休息休假分为八种。

（一）1 个工作日内的休息时间

1 个工作日内的休息时间,是指劳动者在 1 个工作日内进行工作过程中的休息时间。根据人生理条件的限制,劳动者经过一定时间的劳动后都会感到疲劳,如果不及时休息,必然会损害劳动者的身体健康,减低劳动生产率,在工作一段时间之后进行休息既是保障劳动者健康的需要,也有利于提高劳动生产率。1 个工作日内的休息时间的长短、次数一般可以由用人单位根据本单位的实际情况自主决定,通常劳动者在连续工作 4 小时后应当安排一次休息,其中用饭的休息时间一般不得少于半小时,这种休息时间不计入劳动者的工作时间之内。

（二）连续 2 个工作日之间的休息时间

连续 2 个工作日之间的休息时间是指劳动者在前 1 个工作日结束后至后 1 个工作日开始之间的休息时间。一般而言,这种休息时间应当是连续不间断的。

（三）公休日

公休日,即周休息日,是劳动者工作 1 个工作周后的休息时间。我国《劳动法》第 38 条规定:"用人单位应当保证劳动者每周至少休息 1 日。"即用人单位必须保证劳动者每周至少有一次 24 小时不间断的休息。根据国务院《关于职工工作时间的规定》的规定,一般情况下星期六和星期日为周休息日;用人单位也可以根据本单位的实际情况,灵活安排确定本单位的周休息日。

（四）法定节假日

法定节假日是国家法律统一规定的用以开展纪念、庆祝活动的休息时间。法定节日一般可以分为三种:(1) 政治性节日,如国庆节、独立日等;(2) 宗教性节日,如圣诞节;(3) 民族传统习惯的节日,如我国的春节。根据我国《劳动法》的规定,用人单位应当依法安排劳动者休假的节日包括:(1) 元旦;(2) 春节;(3) 国际劳动节;(4) 国庆节;(5) 法律、法规规定的其他休假节日。《全国年节及纪念日放假办法》[①]规定,全体公民放假的节日包括:(1) 新年,放假 1 天(1 月 1 日);(2) 春节,放假 3 天(农历除夕、正月初一、初二);(3) 清明节,放假 1 天(农历清明当日);(4) 劳动节,放假 1 天(5 月 1 日);(5) 端午节,放假 1 天(农历端午当日);(6) 中秋节,放假 1 天(农历中秋当日);(7) 国庆节,放假 3 天(10 月 1 日、2 日、3 日)。部分公民放假的节日及纪念日包括:(1) 妇女节(3 月 8 日),妇女放假半天;(2) 青年节(5 月 4 日),14 周岁以上的青年放假半天;(3) 儿童节(6 月 1 日),不满 14 周岁的少年儿童放假 1 天;(4) 中国人民解放军建军纪念日(8 月 1 日),现役军人放假半天。少数民族习惯的节日,由各少数

[①] 1949 年 12 月 23 日政务院发布,根据 1999 年 9 月 18 日国务院《关于修改〈全国年节及纪念日放假办法〉的决定》第一次修订,根据 2007 年 12 月 14 日国务院《关于修改〈全国年节及纪念日放假办法〉的决定》第二次修订。

民族聚居地区的地方人民政府,按照各该民族习惯,规定放假日期。全体公民放假的假日,如果适逢星期六、星期日,应当在工作日补假。部分公民放假的假日,如果适逢星期六、星期日,则不补假。

(五) 探亲假

探亲假,是指劳动者的工作地点与父母或配偶的居住地不在一地,不住在一起,在公休假日不能团聚时享受的与父母或配偶团聚的带薪假期。

1981年3月国务院公布施行的《关于职工探亲待遇的规定》,对劳动者享受探亲假待遇作出了规定。

(六) 年休假

年休假是指劳动者每年享受的一定期限的带薪休假。我国《劳动法》第45条对年休假作出了原则性的规定:"国家实行带薪年休假制度。劳动者连续工作1年以上的,享受带薪年休假。具体办法由国务院规定"。2007年12月国务院通过了《职工带薪年休假条例》,该条例于2008年1月1日起施行。2008年7月人力资源和社会保障部通过了《企业职工带薪年休假实施办法》,该办法于2008年9月起施行。《职工带薪年休假条例》和《企业职工带薪年休假办法》对职工带薪年休假的规定主要有:

(1) 享受带薪年休假的职工范围。根据规定,机关、团体、企业、事业单位、民办非企业单位、有雇工的个体工商户等单位的职工连续工作1年以上的,享受带薪年休假(以下简称"年休假")。劳务派遣单位的职工连续工作满12个月以上的,享受年休假。被派遣职工在劳动合同期限内无工作期间由劳务派遣单位依法支付劳动报酬的天数多于其全年应当享受的年休假天数的,不享受当年的年休假;少于其全年应当享受的年休假天数的,劳务派遣单位、用工单位应当协商安排补足被派遣职工年休假天数。

(2) 带薪年休假的假期安排。职工累计工作已满1年不满10年的,年休假5天;已满10年不满20年的,年休假10天;已满20年的,年休假15天。国家法定休假日、休息日不计入年休假的假期。年休假天数根据职工累计工作时间确定。职工在同一或者不同用人单位工作期间,以及依照法律、行政法规或者国务院规定视同工作期间,应当计为累计工作时间。职工新进用人单位且连续工作满12个月以上的,当年度年休假天数,按照在本单位剩余日历天数折算确定,折算后不足1整天的部分不享受年休假。折算方法为:(当年度在本单位剩余日历天数÷365天)×职工本人全年应当享受的年休假天数。职工依法享受的探亲假、婚丧假、产假等国家规定的假期以及因工伤停工留薪期间不计入年休假假期。

(3) 职工不享受带薪年休假的情形。职工有下列情形之一的,不享受当年的年休假:第一,职工依法享受寒暑假,其休假天数多于年休假天数的;第二,职工请事假累计20天以上且单位按照规定不扣工资的;第三,累计工作满1年不满10年的职工,请病假累计2个月以上的;第四,累计工作满10年不满20年的职工,请病假累计3个月以上的;第五,累计工作满20年以上的职工,请病假累计4个月以上的。确因工作需要,职工享受的寒暑假天数少于其年休假天数的,用人单位应当安排补足年休假天数。

(4)职工带薪年休假的休假安排。单位根据生产、工作的具体情况,并考虑职工本人意愿,统筹安排职工年休假。年休假在1个年度内可以集中安排,也可以分段安排,一般不跨年度安排。单位因生产、工作特点确有必要跨年度安排职工年休假的,可以跨1个年度安排。单位确因工作需要不能安排职工休年休假的,经职工本人同意,可以不安排职工休年休假。

(5)职工带薪年休假的工资报酬。职工在年休假期间享受与正常工作期间相同的工资收入。对职工应休未休的年休假天数,单位应当按照该职工日工资收入的300%支付年休假工资报酬。用人单位安排职工休年休假,但是职工因本人原因且书面提出不休年休假的,用人单位可以只支付其正常工作期间的工资收入。计算未休年休假工资报酬的日工资收入按照职工本人的月工资除以月计薪天数进行折算。月工资是指职工在用人单位支付其未休年休假工资报酬前12个月剔除加班工资后的月平均工资。在本用人单位工作时间不满12个月的,按实际月份计算月平均工资。职工在年休假期间享受与正常工作期间相同的工资收入。用人单位与职工解除或者终止劳动合同时,当年度未安排职工休满应休年休假的,应当按照职工当年已工作时间折算应休未休年休假天数并支付未休年休假工资报酬,但折算后不足1整天的部分不支付未休年休假工资报酬。用人单位当年已安排职工年休假的,多于折算应休年休假的天数不再扣回。劳动合同、集体合同约定的或者用人单位规章制度规定的年休假天数、未休年休假工资报酬高于法定标准的,用人单位应当按照有关约定或者规定执行。

(6)监督检查。县级以上地方人民政府人事部门、劳动保障部门应当依据职权对单位执行本条例的情况主动进行监督检查。工会组织依法维护职工的年休假权利。

(7)法律责任。用人单位不安排职工休年休假又不依照《职工带薪年休假条例》及《企业职工带薪年休假办法》规定支付未休年休假工资报酬的,由县级以上地方人民政府劳动行政部门依据职权责令限期改正;对逾期不改正的,除责令该用人单位支付未休年休假工资报酬外,用人单位还应当按照未休年休假工资报酬的数额向职工加付赔偿金;对拒不执行支付未休年休假工资报酬、赔偿金行政处理决定的,由劳动行政部门申请人民法院强制执行。

(8)争议处理。职工与用人单位因年休假发生劳动争议的,依照劳动争议处理的规定处理。

（七）婚丧假

根据劳动部 1959 年 6 月 1 日发布的《对企业单位工人职员在加班加点、事假、病假和停工期间工资待遇的意见》中对于工人职员请婚丧假的有关规定和 1980 年 2 月国家劳动总局、财政部发布的《关于国营企业职工请婚丧假和路程假问题的通知》的规定，企业单位的职工请婚丧假在 3 个工作日以内的，工资照发；职工本人结婚或职工的直系亲属（父母、配偶和子女）死亡时，可以根据具体情况，由本单位行政领导批准，酌情给予 1 至 3 天的婚丧假；职工结婚时双方不在一地工作的；职工在外地的直系亲属死亡时需要职工本人去外地料理丧事的，都可以根据路程远近，另给予路程假；在批准的婚丧假和路程假期间，职工的工资照发。途中的车船费等，全部由职工自理。

（八）女职工的产假

我国《劳动法》第 62 条规定："女职工生育享受不少于 90 天的产假。"有关女职工产假待遇的规定在女职工特殊保护和生育保险等章节中有详细论述。

第三节 延长工作时间

一、延长工作时间的概念

延长工作时间是指根据法律的规定，在标准工作时间之外延长劳动者的工作时间。延长工作时间一般可以分为两种情形：加班和加点。加班是指劳动者根据用人单位的要求在休息日和节假日进行工作；加点是指劳动者根据用人单位的要求在一个标准工作日之外延长工作时间。用人单位不得违反法律规定延长劳动者的工作时间。

二、延长工作时间的主要规定

（一）限制延长工作时间的规定

1. 劳动者范围的限制

根据我国《劳动法》及相关法律法规的规定，怀孕 7 个月以上和哺乳期内的女职工，不得安排延长工作时间。

2. 延长工作时间的长度限制

根据我国《劳动法》规定，用人单位由于生产经营需要，经与工会和劳动者协商后可以延长劳动时间，一般每日不得超过 1 小时；因特殊原因需要延长工作时间的，在保障劳动者身体健康的条件下延长工作时间每日不得超过 3 小时，但是每月不得超过 36 小时。延长工作时间的长度限制包括正常工作日的加点、休息日和法定休假日的加班。即每月工作日的加点、休息日和法定休假日的加班的总时数不得超过 36 小时。

3. 延长工作时间的条件

延长工作时间需要符合以下条件:(1)生产经营需要。生产经营需要是指来料加工、商业企业在旺季完成收购、运输、加工农副产品紧急任务等情况。(2)用人单位要与工会和劳动者进行协商。协商是用人单位决定延长工作时间的必经程序(特殊情况延长工作时间的除外)。

(二)特殊情况下延长工作时间的规定

根据法律规定,出现以下情况时,延长工作时间可以不受法律规定的延长工作时间的长度限制:

(1)发生自然灾害、事故或者因其他原因,威胁劳动者生命健康和财产安全,需要紧急处理的。

(2)生产设备、交通运输线路、公共设施发生故障,影响生产和公众利益,必须及时抢修的。

(3)法律、行政法规规定的其他情形,主要包括:在法定节日和公休假日内工作不能间断,必须连续生产、运输或者营业的;必须利用法定节日或公休假日的停产期间进行设备检修、保养的;为完成国防紧急任务的;为完成国家下达的其他紧急生产任务的。

(三)延长工作时间的劳动报酬

根据我国《劳动法》的有关规定,安排劳动者延长工作时间的,支付不低于工资的 150% 的工资报酬;休息日安排劳动者工作又不能安排补休的,支付不低于工资的 200% 的工资报酬;法定休假日安排劳动者工作的,支付不低于工资的 300% 的工资报酬。

休息日安排劳动者加班工作的,应先按同等时间安排其补休,不能安排补休的应按法律规定支付劳动者延长工作时间的工资报酬;法定节假日安排劳动者加班工作的,应按规定支付劳动者延长工作时间的报酬,一般不安排补休。

第九章 劳动安全卫生法

第一节 劳动安全卫生概述

一、劳动安全卫生的概念和特征

劳动安全卫生,又称职业安全卫生,我国过去称为"劳动保护",它是指直接保护劳动者在劳动或工作中的生命安全和身体健康的法律制度。保护劳动者的各项合法权利,是任何一个国家劳动法的根本任务和重要立法目的。在劳动者的各项权利中,生命安全和身体健康权是最基本的权利,基于对这项基本权利的保护而建立的劳动安全卫生法律制度具有以下特征:

(1)劳动安全卫生制度的实施具有强制性。由于劳动安全卫生制度以劳动者的人身为保护对象,这一制度建立的基础是劳动者的生命权和健康权,因此,这项制度的实施具有强制性。这种强制性表现为:它排除了用人单位通过任何形式免除劳动安全卫生保护责任的可能性,同时也不允许劳动者本人基于任何动机放弃劳动安全卫生保护的权利。在用人单位与劳动者签订的劳动合同中,有关免除用人单位保护责任的条款和劳动者放弃保护权利的条款均一律无效。

(2)劳动安全卫生制度以劳动过程为其保护范围。劳动安全卫生关系是基于劳动关系而产生的保护关系,因此,所有劳动安全卫生制度的基本法律规范的保护范围都只限于劳动过程之中。这一特点,决定了劳动安全卫生制度必须针对劳动过程的特点和劳动过程所涉及的物理因素、化学因素以及自然因素等,制定相应的规范和措施。同时,也只有在劳动过程中采取的各种改善劳动条件、保护劳动者生命安全和身体健康的措施,才属于劳动安全卫生制度的范围。

(3)劳动安全卫生制度以改善劳动条件和劳动环境为主要途径,通过消除劳动过程中不安全和不卫生的因素,实现对劳动者生命安全和身体健康的保护。这一特征决定了劳动安全卫生制度必须以"安全第一、预防为主"为基本方针。

二、劳动安全卫生立法的作用

通过立法对劳动者生命安全和身体健康给予保护,既有自然环境的客观基础,也有人类社会的思想基础。就前者而言,由于人力不可预测的自然灾害,自然环境的恶劣,人类科学进步导致的机械的、化学的、物理的等因素的危害,在客观上极大地威胁和损害着劳动者的生命安全和身体健康;就后者而言,当人类的思想运动将劳动者的生命、健康权上升为最基本人权的范畴时,二者的融合,必然导致国家通过立法建立保护劳动者生命安全和身体健康的制度。[①] 我国一贯重视对劳动者生命安全和身体健康权的保护,通过立法建立了劳动安全卫生制度,保护劳动者在生产劳动过程中安全与健康。劳动安全卫生立法的作用主要体现为以下两个方面:

(1) 有利于保障劳动者的生命权和健康权。

生命权和健康权是人不可剥夺的首要人权。既然劳动过程客观上存在着危害劳动者生命安全和身体健康的因素,那么,就必须对劳动者实施保护措施。保障劳动者的生命安全和身体健康,防止伤亡事故和职业病的危害是我国劳动立法的重要任务,也是我国社会主义法律的正义体现。我国《劳动法》第52条明确规定:"用人单位必须建立、健全劳动安全卫生制度,严格执行国家劳动安全卫生规程和标准,对劳动者进行劳动安全卫生教育,防止劳动过程中的事故,减少职业危害。"第54条规定:"用人单位必须为劳动者提供符合国家规定的劳动安全卫生条件和必要的劳动防护用品,对从事有职业危害作业的劳动者应当定期进行健康检查。"同时,国家有关部门依法制定了各项劳动安全卫生规程和标准,这些立法和规定,有利于保证劳动者得到正常的、符合劳动安全卫生要求的劳动条件,使劳动者免受伤亡事故和职业病的威胁。

(2) 有利于促进生产力的发展和劳动生产率的不断提高。

社会发展需要正常的生产秩序,而正常的生产秩序以人、物、环境三要素的协调为基本前提。由于劳动者是生产力要素中最具决定性作用的因素,也是提高劳动生产率的重要因素,因此,发展生产力、提高劳动生产率,需要充分发挥劳动者的聪明才智,充分发挥劳动者的劳动积极性、主动性和创造性。而发挥劳动者这些作用的前提是要求劳动者必须有充沛的精力和健康的体魄。通过立法建立劳动安全卫生制度,要求用人单位严格执行国家劳动安全卫生标准,不断改善劳动条件,为劳动者创造安全、卫生、舒适的劳动条件和劳动环境;而改善劳动条件往往伴随着生产技术和生产工具的改进,有利于减轻劳动者的劳动负担、推动生产技术的进步。可见,加强劳动安全卫生立法能够有效地协调人、物和环境三要素之间的相互关系,从而为促进生产力的发展和劳动生产率的提高创造有利条件,推动社会发展和进步。

三、劳动安全卫生法律制度的基本方针

劳动安全卫生制度的基本方针,是指贯穿于整个劳动安全卫生法律制度始终的指导思想。

[①] 郭婕、刘俊、杨森编著:《劳动法学》(修订本),中国政法大学出版社1999年版,第192页。

在总结长期的劳动安全卫生工作经验的基础上,我国一直以"安全第一、预防为主"作为建立劳动安全卫生制度的基本方针。这一方针,充分反映了我国劳动安全卫生工作的目标和重点。"安全第一",是因为安全问题既是保证正常生产秩序的首要问题,又是关系到劳动者的生命、健康权和社会稳定的问题。因此,安全生产是劳动安全卫生制度目标的主要措施和根本途径。由于劳动安全卫生制度设立的主要目标是保护劳动者的生命安全和身体健康,这就决定了必须同时采取"预防为主"措施,以防患于未然,消除劳动过程中的不安全、不卫生因素。

只有将"安全第一、预防为主"的指导思想同时贯穿于整个劳动安全卫生制度之中,才能使这项制度形成一个科学、有效的有机统一体。我国《劳动法》在劳动安全卫生一章和法律责任一章的法律规范中,均充分反映了这一指导思想。

四、劳动安全卫生制度的立法概况

(一)外国及国际劳工组织立法概况

劳动安全卫生立法最早产生于资本主义工业革命以后。1802年英国的《学徒健康与道德法》是最早的劳动保护立法。该法规定了纺织工厂童工的劳动保护条件。随后,英国多次颁布工厂法来规定工人的劳动安全卫生问题,如1833年颁布了使用与棉毛麻丝等行业的《工厂法》,1842年颁布了《矿业法》,1845年颁布了《印染工厂法》,1869年颁布了《工厂法扩充条例》和《工厂管理条例》等。在法、德等国的工厂法里,规定了工厂应有安全和卫生设备,防止发生伤亡事故和职业病。1888年美国马萨诸塞州首先规定了伤亡事故报告制度。进入20世纪以来,随着经济的发展和社会的进步,各国迅速加强了劳动安全卫生方面的专门立法,如1937年,英国在《工厂法》中设"工厂安全与卫生"专章;法国、德国、意大利、比利时等国都先后颁布了矿山安全法或煤矿安全法。在美国,第二次世界大战以前,劳动安全卫生方面的立法权都属于各州。第二次世界大战期间,联邦设立了一个国家安全委员会,并于1970年公布了《职业安全和卫生法》,1927年公布了《联邦矿山安全与卫生法》。在日本,1947年公布了《工人赔偿法》,1972年颁布了《劳动安全卫生法》。

在各国不断加强劳动安全与卫生的劳动立法的同时,有关的国际劳工立法也日益加强并在深度和广度上极大地影响着各国的劳动安全卫生立法。这方面的国际劳工立法主要有:1921年《油漆中使用白铅公约》和《受雇用于海上工作的儿童及未成年人的强制体格检查公约》;1925年《工人事故赔偿公约》、《工人职业病赔偿公约》(1934年修改)、《本国与外国工人关于事故赔偿的同等待遇公约》和《面包房夜间工作公约》;1930年《防止码头工人事故公约》(1932年修改);1937年《建筑业的安全规定公约》;1960年《保护工人免受离子辐射公约》;

1967年《准许工人搬运的最大重量的公约》;1971年《防止苯中毒引起危害公约》;1974年《预防和控制由致癌物质和致癌剂造成职业危害公约》;1977年《保护工人免遭因工作场所中的空气污染、噪声和振动而造成的职业危害公约》;1979年《港口装卸的劳动安全和劳动卫生公约》;1981年《职业安全卫生与工作环境公约》等。这些国际性公约,从一个侧面反映了劳动安全卫生制度在劳动法律体系中的重要性及地位。

(二)我国劳动安全卫生立法概况

新中国成立以后,国家一直非常重视劳动安全与卫生的立法。中华人民共和国成立初期的临时宪法《共同纲领》和以后的历次宪法中都对劳动保护作了原则性规定。1950年国务院颁布的《中华人民共和国工会法》中,也有保护工人健康的专门规定。1956年国务院发布劳动保护三大规程,即《工厂安全卫生规程》、《建筑安装工程安全技术规程》和《工人职员伤亡事故报告规程》;1963年国务院发布《关于加强企业生产中安全工作的几项规定》、《防止矿尘危害工作管理办法》;1982年国务院发布《矿山安全条例》、《矿山安全监察条例》、《锅炉压力容器安全监察暂行条例》等;1984年国务院发布《关于加强防尘防毒工作的决定》;1991年国务院发布《企业职工伤亡事故报告和处理规定》;1992年全国人大常委会颁布《中华人民共和国矿山安全法》。此外,劳动安全卫生行政部门及其他有关部门也发布了大量的劳动安全卫生规章和安全卫生标准。

1994年7月5日颁布的《中华人民共和国劳动法》第6章专章对我国劳动安全卫生制度作了规定,它与《矿山安全法》和国务院发布的劳动安全卫生法规,以及有关部门制定的大量劳动安全卫生的规章、标准,构成了我国的劳动安全卫生法律制度体系。

第九届全国人大常委会第二十四次会议于2001年10月27日通过并颁布《中华人民共和国职业病防治法》(2011年12月31日第十一届全国人大常委会第二十四次会议对该法作了修正)。这是我国对职业病防治所采取的一项重大措施,将对我国的职业病防治事业产生积极的影响。2002年6月29日第九届全国人大常委会第二十八次会议通过《中华人民共和国安全生产法》,并于2002年11月1日起施行,这是为保障安全生产的顺利进行作出的重大举措。

五、劳动安全卫生法律关系主体的权利与义务

(一)劳动安全卫生管理部门的职责

根据有关法律规定,国务院和地方各级人民政府及其有关部门负责安全生产的管理。县级以上人民政府对安全生产监督管理中存在的重大问题应当及时予以协调、解决。国务院负责安全生产监督管理的部门依法对全国安全生产工作实施综合监督管理;县级以上地方各级人民政府负责安全生产监督管理的部门依法对本行政区域内安全生产工作实施综合监督管理。国务院有关部门依照有关法律、行政法规的规定,在各自的职责范围内对有关的安全生产工作实施监督管理;县级以上地方各级人民政府有关部门依照有关法律法规的规定,在各自的职责范围内对有关的安全生产工作实施监督管理。国务院卫生行政部门统一负责全国职业病防治的监督管理工作。国务院有关部门在各自的职责范围内负责职业病防治的有关监督管理工作。县级以上地方人民政府卫生行政部门负责本行政区域内职业病防治的监督管理工作。县级以上地方人民政府有关部门在各自的职责范围内负责职业病防治的有关监督管理工作。

安全生产管理机关的职责主要有:(1)制定有关的安全卫生标准,建立各种劳动安全卫生基础制度;(2)监督用人单位执行国家规定的各项安全卫生标准;(3)对用人单位在职业安全卫生领域内的违法行为进行处罚;(4)进行劳动安全卫生的各项研究工作。

(二)用人单位的义务和权利

1. 用人单位的义务

(1)建立健全各项职业安全卫生制度,严格执行国家劳动安全卫生规程和标准。根据我国《劳动法》的规定,用人单位必须建立、健全职业安全卫生制度,严格执行国家职业安全卫生规程和标准,职业安全卫生制度主要包括安全生产责任制、安全教育制度、安全检查制度、伤亡事故和职业病调查处理制度。国家职业安全卫生规程和标准,是指关于消除、限制或预防劳动过程中的危险和有害因素,保护职工安全与健康,保障设备、生产正常进行而制定的统一规定。职业安全卫生标准分三级,即国家标准、行业标准和地方标准。

(2)对劳动者进行职业安全卫生教育。用人单位应当对劳动者进行职业安全卫生教育和各种培训,防止劳动过程中的事故,减少职业危害,保证从业人员具备必要的安全生产知识,熟悉有关的安全生产规章制度和安全操作规程,掌握本岗位的安全操作技能。未经安全生产教育和培训合格的从业人员,不得上岗作业。用人单位采用新工艺、新技术、新材料或者使用新设备,对从业人员进行专门的安全生产教育和培训。特种作业人员必须按照国家有关规定经专门的安全作业培训,取得特种作业操作资格证书,方可上岗作业。用人单位应当对劳动者进行上岗前的职业卫生培训和在岗期间的定期职业卫生培训,普及职业卫生知识,督促劳动者遵守职业病防治法律、法规、规章和操作规程,指导劳动者正确使用职业病防护设备和个人使用的职业病防护用品。

(3)提供符合国家规定的职业安全卫生条件和必要的劳动防护用品。用人单位必须为劳动者提供符合国家规定的职业安全卫生条件和必要的劳动防护用品。用人单位安全设备的设计、制造、安装、使用、检测、维修、改造和报废,应当符合国家标准或者行业标准,使用的涉及生命安全、危险性较大的特种设备,以及危险物品的容器、运输工具,必须按照国家有关规定,由专业生产单位生产,并经取得专业资质的检测、检验机构检测、检验合格,取得安全使用证或者安全标志,方可投入使用。用人单位应当为劳动者创造符合国家职业卫生标准和卫生要求的工作环境和条件,并采取措施保障劳动者获得职业卫生保护。

(4)对从事有职业危害作业的劳动者进行定期的健康检查。法律规定的健康检查的时间算作工作时间,检查所需的费用由用人单位负担。

(5)依法参加工伤社会保险,为劳动者缴纳保险费。用人单位必须依法参加工伤社会保险,为劳动者缴纳保险费。

2. 用人单位的权利

(1)有权依法制定内部劳动安全卫生规则或纪律,并要求劳动者必须遵守。

(2)有权对企业内部的职业安全卫生规章制度的执行实施监督检查,纠正违章操作行为。

(3)有权对违反职业安全卫生规章制度并造成事故的劳动者给予纪律处罚。

(三)劳动者的权利与义务

1. 劳动者的权利

(1)获得各项保护条件和保护待遇的权利。

(2)知情权。劳动者有权知道作业场所和工作岗位存在的危险因素、防范措施以及事故应急措施。用人单位应当向劳动者如实告知。用人单位与劳动者订立的劳动合同,应当载明有关保障从业人员劳动安全、防止职业危害的事项,以及依法为从业人员办理工伤社会保险的事项。

(3)提出批评、检举、控告的权利。对危害生命安全和身体健康的行为,有权提出批评、检举和控告。有权对本单位安全生产工作中存在的问题提出批评、检举、控告,有权拒绝违章指挥和强令冒险作业。

(4)拒绝执行的权利。劳动者对用人单位管理人员违章指挥、强令冒险作业,有权拒绝执行;发现直接危及人身安全的紧急情况时,有权停止作业或者在采取可能的应急措施后撤离作业场所。

(5)获得工伤保险和民事赔偿的权利。因生产安全事故受到损害的劳动者,有权依法享有工伤社会保险待遇,同时,依照有关民事法律尚有获得赔偿的权利的,有权向本单位提出赔偿要求。

2. 劳动者的义务

(1)在劳动过程中必须严格遵守安全操作规程。劳动者在作业过程中,应当严格遵守本单位的安全生产规章制度和操作规程,服从管理,正确佩戴和使用劳动防护用品。

(2)接受安全生产教育和培训。劳动者应当接受安全生产教育和培训,掌握本职工作所需的安全生产知识,提高安全生产技能,增强事故预防和应急能力。

(3) 报告义务。劳动者发现事故隐患或者其他不安全因素,应当立即向现场安全生产管理人员或者本单位负责人报告。

六、劳动安全卫生技术标准

劳动安全卫生技术标准,是劳动安全技术标准和劳动卫生技术标准的总称。劳动安全技术标准,是指国家为了防止劳动者在生产和工作过程中的伤亡事故,保障劳动者的生命安全和防止生产设备遭到破坏而制定的各种法定技术标准。

劳动卫生技术标准,是指国家为了改善劳动条件,减少和避免有毒有害物质对劳动者身体健康的侵害,减低和防止职业病的发生而制定的各种法定技术标准。

在我国,《宪法》中就明确要"加强劳动保护,改善劳动条件"。国家针对各行各业的不同特点,规定有不同的技术标准,这些技术标准,共同构成了我国职业安全卫生方面的技术要求。主要的法律规定有:《矿山安全法》、《矿山安全条例》、《职业病防治法》等有关法律规定中的技术标准规定,以及国家颁布的各种技术标准。

第二节 劳动安全卫生管理制度

一、安全生产责任制度

生产经营单位应当建立、健全安全生产责任制度,完善安全生产条件,确保安全生产。生产经营单位应当具备的安全生产条件所必需的资金投入,由生产经营单位的决策机构、主要负责人或者个人经营的投资人予以保证,并对由于安全生产所必需的资金投入不足导致的后果承担责任。

生产经营单位的主要负责人对本单位的安全生产工作全面负责。生产经营单位的主要负责人必须具备与本单位所从事的生产经营活动相应的安全生产知识和管理能力。危险物品的生产、经营、储存单位以及矿山、建筑施工单位的主要负责人应当由有关主管部门对其安全生产知识和管理能力考核合格后方可任职。考核不得收费。

生产经营单位主要负责人的职责有:建立、健全本单位安全生产责任制;组织制定本单位安全生产规章制度和操作规程;保证本单位安全生产投入的有效实施;督促、检查本单位的安全生产工作,及时消除生产安全事故隐患;组织制定并实施本单位的生产安全事故应急救援预案;及时、如实报告生产安全事故。

矿山、建筑施工单位和危险物品的生产、经营、储存单位，应当设置安全生产管理机构或者配备专职安全生产管理人员。其他生产经营单位，从业人员超过300人的，应当设置安全生产管理机构或者配备专职安全生产管理人员；从业人员在300人以下的，应当配备专职或者兼职的安全生产管理人员，或者委托具有国家规定的相关专业技术资格的工程技术人员提供安全生产管理服务。生产经营单位委托工程技术人员提供安全生产管理服务的，保证安全生产的责任仍由本单位负责。

生产经营单位安全生产管理人员必须具备与本单位所从事的生产经营活动相应的安全生产知识和管理能力。危险物品的生产、经营、储存单位以及矿山、建筑施工单位的主要负责人和安全生产管理人员，应当由有关主管部门对其安全生产知识和管理能力考核合格后方可任职。考核不得收费。

二、"三同时"制度

"三同时"制度是指新建、改建、扩建的劳动安全卫生设施必须与主体工程同时设计、同时施工、同时投入生产和使用。劳动安全卫生设施，主要包括安全技术方面的设施、劳动卫生方面的设施和生产辅助性设施。

生产经营单位新建、改建、扩建工程项目的安全设施，必须与主体工程同时设计、同时施工、同时投入生产和使用。安全设施投资应当纳入建设项目概算。

三、劳动安全卫生认证制度

劳动安全卫生认证制度，是指在生产经营过程进行之前，依法对参与生产经营活动主体的能力、资格以及其他安全卫生因素进行审查、评价并确认资格或条件的制度。我国现行的劳动安全卫生认证制度，主要包括对企业安全卫生生产资格的认证、对有关岗位或人员资格的认证和对特殊设备或产品的认证。

（一）对企业安全卫生生产资格的认证

为了严格规范安全生产条件，进一步加强安全生产监督管理，防止和减少生产安全事故，《安全生产许可证条例》规定，国家对矿山企业、建筑施工企业和危险化学品、烟花爆竹、民用爆破器材生产企业实行安全生产许可制度。企业未取得安全生产许可证的，不得从事以上的生产活动。

1. 管理主体

国务院安全生产监督管理部门负责中央管理的非煤矿矿山企业和危险化学品、烟花爆竹生产企业安全生产许可证的颁发和管理。省、自治区、直辖市人民政府安全生产监督管理部门负责中央管理以外的非煤矿矿山企业和危险化学品、烟花爆竹生产企业安全生产许可证的颁发和管理，并接受国务院安全生产监督管理部门的指导和监督。

国家煤矿安全监察机构负责中央管理的煤矿企业安全生产许可证的颁发和管理。在省、自治区、直辖市设立的煤矿安全监察机构负责中央管理以外的其他煤矿企业安全生产许可证的颁发和管理,并接受国家煤矿安全监察机构的指导和监督。

国务院建设主管部门负责中央管理的建筑施工企业安全生产许可证的颁发和管理。省、自治区、直辖市人民政府建设主管部门负责中央管理以外的建筑施工企业安全生产许可证的颁发和管理,并接受国务院建设主管部门的指导和监督。

国务院国防科技工业主管部门负责民用爆破器材生产企业安全生产许可证的颁发和管理。

2. 企业取得安全生产许可证的条件

企业取得安全生产许可证,应当具备下列安全生产条件:(1)建立、健全安全生产责任制,制定完备的安全生产规章制度和操作规程;(2)安全投入符合安全生产要求;(3)设置安全生产管理机构,配备专职安全生产管理人员;(4)主要负责人和安全生产管理人员经考核合格;(5)特种作业人员经有关业务主管部门考核合格,取得特种作业操作资格证书;(6)从业人员经安全生产教育和培训合格;(7)依法参加工伤保险,为从业人员缴纳保险费;(8)厂房、作业场所和安全设施、设备、工艺符合有关安全生产法律、法规、标准和规程的要求;(9)有职业危害防治措施,并为从业人员配备符合国家标准或者行业标准的劳动防护用品;(10)依法进行安全评价;(11)有重大危险源检测、评估、监控措施和应急预案;(12)有生产安全事故应急救援预案、应急救援组织或者应急救援人员,配备必要的应急救援器材、设备;(13)法律、法规规定的其他条件。

3. 安全生产许可证的颁发和管理

企业进行生产前,应当依照《安全生产许可证条例》的规定向安全生产许可证颁发管理机关申请领取安全生产许可证,并提供相关文件、资料。安全生产许可证颁发管理机关应当自收到申请之日起45日内审查完毕,经审查符合规定的安全生产条件的,颁发安全生产许可证;不符合规定的安全生产条件的,不予颁发安全生产许可证,书面通知企业并说明理由。安全生产许可证由国务院安全生产监督管理部门规定统一的式样。

安全生产许可证的有效期为3年。安全生产许可证有效期满需要延期的,企业应当于期满前3个月向原安全生产许可证颁发管理机关办理延期手续。企业在安全生产许可证有效期内,严格遵守有关安全生产的法律法规,未发生死亡事故的,安全生产许可证有效期届满时,经原安全生产许可证颁发管理机关同意,不再审查,安全生产许可证有效期延期3年。

安全生产许可证颁发管理机关应当建立、健全安全生产许可证档案管理制度,并定期向社会公布企业取得安全生产许可证的情况。

煤矿企业安全生产许可证颁发管理机关、建筑施工企业安全生产许可证颁发管理机关、民用爆破器材生产企业安全生产许可证颁发管理机关,应当每年向同级安全生产监督管理部门通报其安全生产许可证颁发和管理情况。国务院安全生产监督管理部门和省、自治区、直辖市人民政府安全生产监督管理部门对建筑施工企业、民用爆破器材生产企业、煤矿企业取得安全生产许可证的情况进行监督。

企业不得转让、冒用安全生产许可证或者使用伪造的安全生产许可证。企业取得安全生产许可证后,不得降低安全生产条件,并应当加强日常安全生产管理,接受安全生产许可证颁发管理机关的监督检查。安全生产许可证颁发管理机关应当加强对取得安全生产许可证的企业的监督检查,发现其不再具备规定的安全生产条件的,应当暂扣或者吊销安全生产许可证。

(二)对特殊岗位或特种作业人员资格的认证

1. 对特殊岗位人员的资格认证

我国国家安全生产监督管理局依据《安全生产法》的有关规定,于2002年12月18日发布了《关于生产经营单位主要负责人、安全生产管理人员及其他从业人员安全生产培训考核工作的意见》,规定:"生产经营单位主要负责人和安全生产管理人员必须按国家有关规定,经过安全生产培训,具备与本单位所从事的生产经营活动相应的安全生产知识和管理能力。危险物品的生产、经营、储存单位以及矿山、建筑施工单位的主要负责人和安全生产管理人员,必须经过安全生产培训,由安全生产监督管理部门或法律、法规规定的有关主管部门考核合格并取得安全资格证书后,方可任职。"

2. 对特种作业人员的资格认证

特种作业是指对操作者本人及他人和周围设施的安全有重大危害因素的作业。特种作业人员,是指从事这些特种作业的工作人员。为了加强对特种作业人员安全技术管理工作,防止危险岗位事故的发生,国家专门建立了特种作业人员的安全资格认证制度。我国《劳动法》第55条规定:"从事特种作业的劳动者必须经过专门培训并取得特种作业资格。"为规范特种作业人员的安全技术培训、考核与发证工作,防止人员伤亡事故,促进安全生产,依据我国《安全生产法》、《矿山安全法》和国家经贸委《特种作业人员安全技术培训考核管理办法》,国家安全生产监督管理局于2002年12月18日发布了《关于特种作业人员安全技术培训考核工作的意见》,对特种作业人员安全技术培训、考核与发证工作进行了规范。

(三)对具有特殊危害性设备或产品的安全认证

我国《安全生产法》第30条第1款规定:"生产经营单位使用的涉及生命安

全、危险性较大的特种设备,以及危险物品的容器、运输工具,必须按照国家有关规定,由专业生产单位生产,并经取得专业资质的检测、检验机构检测、检验合格,取得安全使用证或者安全标志,方可投入使用。检测、检验机构对检测、检验结果负责。"为了加强对具有特殊性危害的设备或产品的安全质量管理,我国专门建立了对这类设备或产品的安全认证制度。凡规定必须经过安全质量认证的设备或产品,都必须依法进行认证,取得合格证;否则,禁止生产、销售和使用。

四、劳动安全卫生检查与监察制度

县级以上地方各级人民政府应当根据本行政区域内的安全生产状况,组织有关部门按照职责分工,对本行政区域内容易发生重大生产安全事故的生产经营单位进行严格检查;发现事故隐患,应当及时处理。

负有安全生产监督管理职责的部门依照有关法律、法规的规定,对涉及安全生产的事项需要审查批准(包括批准、核准、许可、注册、认证、颁发证照等)或者验收的,必须严格依照有关法律、法规和国家标准或者行业标准规定的安全生产条件和程序进行审查;不符合有关法律、法规和国家标准或者行业标准规定的安全生产条件的,不得批准或者验收通过。对未依法取得批准或者验收合格的单位擅自从事有关活动的,负责行政审批的部门发现或者接到举报后应当立即予以取缔,并依法予以处理。对已经依法取得批准的单位,负责行政审批的部门发现其不再具备安全生产条件的,应当撤销原批准。

负有安全生产监督管理职责的部门依法对生产经营单位执行有关安全生产的法律、法规和国家标准或者行业标准的情况进行监督检查,行使以下职权:(1)进入生产经营单位进行检查,调阅有关资料,向有关单位和人员了解情况。(2)对检查中发现的安全生产违法行为,当场予以纠正或者要求限期改正;对依法应当给予行政处罚的行为,依照本法和其他有关法律、行政法规的规定作出行政处罚决定。(3)对检查中发现的事故隐患,应当责令立即排除;重大事故隐患排除前或者排除过程中无法保证安全的,应当责令从危险区域内撤出作业人员,责令暂时停产停业或者停止使用;重大事故隐患排除后,经审查同意,方可恢复生产经营和使用。(4)对有根据认为不符合保障安全生产的国家标准或者行业标准的设施、设备、器材予以查封或者扣押,并应当在 15 日内依法作出处理决定。

五、生产安全事故报告和调查处理制度

为了规范生产安全事故的报告和调查处理,落实生产安全事故责任追究制度,防止和减少生产安全事故,根据我国《安全生产法》和有关法律,国务院于2007 年制定了《生产安全事故报告和调查处理条例》,对生产安全事故的报告、调查和处理作出了详细规定。

（一）生产安全事故的认定

《生产安全事故报告和调查处理条例》适用于生产经营活动中发生的造成人身伤亡或者直接经济损失的生产安全事故的报告和调查处理；环境污染事故、核设施事故、国防科研生产事故的报告和调查处理则不适用该《条例》。根据该《条例》的规定，根据生产安全事故（以下简称事故）造成的人员伤亡或者直接经济损失，事故一般分为以下等级：(1) 特别重大事故，是指造成30人以上死亡，或者100人以上重伤（包括急性工业中毒，下同），或者1亿元以上直接经济损失的事故；(2) 重大事故，是指造成10人以上30人以下死亡，或者50人以上100人以下重伤，或者5000万元以上1亿元以下直接经济损失的事故；(3) 较大事故，是指造成3人以上10人以下死亡，或者10人以上50人以下重伤，或者1000万元以上5000万元以下直接经济损失的事故；(4) 一般事故，是指造成3人以下死亡，或者10人以下重伤，或者1000万元以下直接经济损失的事故。

（二）生产安全事故的报告

1. 报告的时间和级别

生产安全事故报告应当及时、准确、完整，任何单位和个人对事故不得迟报、漏报、谎报或者瞒报。

事故发生后，事故现场有关人员应当立即向本单位负责人报告；单位负责人接到报告后，应当于1小时内向事故发生地县级以上人民政府安全生产监督管理部门和负有安全生产监督管理职责的有关部门报告。情况紧急时，事故现场有关人员可以直接向事故发生地县级以上人民政府安全生产监督管理部门和负有安全生产监督管理职责的有关部门报告。

安全生产监督管理部门和负有安全生产监督管理职责的有关部门接到事故报告后，应当依照下列规定上报事故情况，并通知公安机关、劳动保障行政部门、工会和人民检察院：(1) 特别重大事故、重大事故逐级上报至国务院安全生产监督管理部门和负有安全生产监督管理职责的有关部门；(2) 较大事故逐级上报至省、自治区、直辖市人民政府安全生产监督管理部门和负有安全生产监督管理职责的有关部门；(3) 一般事故上报至设区的市级人民政府安全生产监督管理部门和负有安全生产监督管理职责的有关部门。

安全生产监督管理部门和负有安全生产监督管理职责的有关部门依照规定上报事故情况，应当同时报告本级人民政府。国务院安全生产监督管理部门和负有安全生产监督管理职责的有关部门以及省级人民政府接到发生特别重大事故、重大事故的报告后，应当立即报告国务院。必要时，安全生产监督管理部门和负有安全生产监督管理职责的有关部门可以越级上报事故情况。

安全生产监督管理部门和负有安全生产监督管理职责的有关部门逐级上报

事故情况,每级上报的时间不得超过2小时。

2. 报告的内容

报告事故应当包括下列内容:(1)事故发生单位概况;(2)事故发生的时间、地点以及事故现场情况;(3)事故的简要经过;(4)事故已经造成或者可能造成的伤亡人数(包括下落不明的人数)和初步估计的直接经济损失;(5)已经采取的措施;(6)其他应当报告的情况。

事故报告后出现新情况的,应当及时补报。自事故发生之日起30日内,事故造成的伤亡人数发生变化的,应当及时补报。道路交通事故、火灾事故自发生之日起7日内,事故造成的伤亡人数发生变化的,应当及时补报。

(三)事故的调查

1. 事故调查的机构、组成人员和职责

特别重大事故由国务院或者国务院授权有关部门组织事故调查组进行调查。重大事故、较大事故、一般事故分别由事故发生地省级人民政府、设区的市级人民政府、县级人民政府负责调查。省级人民政府、设区的市级人民政府、县级人民政府可以直接组织事故调查组进行调查,也可以授权或者委托有关部门组织事故调查组进行调查。未造成人员伤亡的一般事故,县级人民政府也可以委托事故发生单位组织事故调查组进行调查。上级人民政府认为必要时,可以调查由下级人民政府负责调查的事故。自事故发生之日起30日内(道路交通事故、火灾事故自发生之日起7日内),因事故伤亡人数变化导致事故等级发生变化,依照规定应当由上级人民政府负责调查的,上级人民政府可以另行组织事故调查组进行调查。

特别重大事故以下等级事故,事故发生地与事故发生单位不在同一个县级以上行政区域的,由事故发生地人民政府负责调查,事故发生单位所在地人民政府应当派人参加。

根据事故的具体情况,事故调查组由有关人民政府、安全生产监督管理部门、负有安全生产监督管理职责的有关部门、监察机关、公安机关以及工会派人组成,并应当邀请人民检察院派人参加。事故调查组可以聘请有关专家参与调查。事故调查组组长由负责事故调查的人民政府指定。事故调查组组长主持事故调查组的工作。

事故调查组履行下列职责:(1)查明事故发生的经过、原因、人员伤亡情况及直接经济损失;(2)认定事故的性质和事故责任;(3)提出对事故责任者的处理建议;(4)总结事故教训,提出防范和整改措施;(5)提交事故调查报告。

事故调查组有权向有关单位和个人了解与事故有关的情况,并要求其提供相关文件、资料,有关单位和个人不得拒绝。事故发生单位的负责人和有关人员在事故调查期间不得擅离职守,并应当随时接受事故调查组的询问,如实提供有关情况。事故调查中发现涉嫌犯罪的,事故调查组应当及时将有关材料或者其复印件移交司法机关处理。

事故调查中需要进行技术鉴定的,事故调查组应当委托具有国家规定资质的单位进行技术鉴定。必要时,事故调查组可以直接组织专家进行技术鉴定。技术鉴定所需时间不计入事故调查期限。

事故调查组成员在事故调查工作中应当诚信公正、恪尽职守,遵守事故调查组的纪律,保守事故调查的秘密。未经事故调查组组长允许,事故调查组成员不得擅自发布有关事故的信息。

2. 事故调查的期限

事故调查组应当自事故发生之日起60日内提交事故调查报告;特殊情况下,经负责事故调查的人民政府批准,提交事故调查报告的期限可以适当延长,但延长的期限最长不超过60日。

事故调查报告报送负责事故调查的人民政府后,事故调查工作即告结束。事故调查的有关资料应当归档保存。

(四)事故的处理

重大事故、较大事故、一般事故,负责事故调查的人民政府应当自收到事故调查报告之日起15日内作出批复;特别重大事故,30日内作出批复,特殊情况下,批复时间可以适当延长,但延长的时间最长不超过30日。

有关机关应当按照人民政府的批复,依照法律、行政法规规定的权限和程序,对事故发生单位和有关人员进行行政处罚,对负有事故责任的国家工作人员进行处分。事故发生单位应当按照负责事故调查的人民政府的批复,对本单位负有事故责任的人员进行处理。负有事故责任的人员涉嫌犯罪的,依法追究刑事责任。

事故发生单位应当认真吸取事故教训,落实防范和整改措施,防止事故再次发生。防范和整改措施的落实情况应当接受工会和职工的监督。安全生产监督管理部门和负有安全生产监督管理职责的有关部门应当对事故发生单位落实防范和整改措施的情况进行监督检查。

事故处理的情况由负责事故调查的人民政府或者其授权的有关部门、机构向社会公布,依法应当保密的除外。

六、职业病防治处理制度

为了预防、控制和消除职业病危害,防治职业病,保护劳动者健康,我国先后制定了一系列职业病防治与处理的法律、法规。职业病,是指企业、事业单位和个体经济组织等用人单位的劳动者在职业活动中,因接触粉尘、放射性物质和其他有毒、有害因素而引起的疾病。职业病危害,是指对从事职业活动的劳动者可能导致职业病的各种危害。职业病危害因素包括：职业活动中存在的各种有害的化学、物理、生物因素以及在作业过程中产生的其他职业有害因素。职业病的分类和目录由国务院卫生行政部门会同国务院安全生产监督管理部门、劳动保障行政部门制定、调整并公布。我国《职业病防治法》对职业病的前期预防、劳动过程中的防护与管理、职业病诊断与职业病病人保障、职业病的监督检查和法律责任等内容作出了具体规定。

根据规定，职业病防治工作坚持预防为主、防治结合的方针，建立用人单位负责、行政机关监管、行业自律、职工参与和社会监督的机制，实行分类管理、综合治理。国家实行职业卫生监督制度。国务院安全生产监督管理部门、卫生行政部门、劳动保障行政部门依照本法和国务院确定的职责，负责全国职业病防治的监督管理工作。国务院有关部门在各自的职责范围内负责职业病防治的有关监督管理工作。县级以上地方人民政府安全生产监督管理部门、卫生行政部门、劳动保障行政部门依据各自职责，负责本行政区域内职业病防治的监督管理工作。县级以上地方人民政府有关部门在各自的职责范围内负责职业病防治的有关监督管理工作。县级以上人民政府安全生产监督管理部门、卫生行政部门、劳动保障行政部门（统称职业卫生监督管理部门）应当加强沟通，密切配合，按照各自职责分工，依法行使职权，承担责任。县级以上地方人民政府统一负责、领导、组织、协调本行政区域的职业病防治工作，建立健全职业病防治工作体制、机制，统一领导、指挥职业卫生突发事件应对工作；加强职业病防治能力建设和服务体系建设，完善、落实职业病防治工作责任制。乡、民族乡、镇的人民政府应当认真执行本法，支持职业卫生监督管理部门依法履行职责。

发生或者可能发生急性职业病危害事故时，用人单位应当立即采取应急救援和控制措施，并及时报告所在地安全生产监督管理部门和有关部门。安全生产监督管理部门接到报告后，应当及时会同有关部门组织调查处理；必要时，可以采取临时控制措施。卫生行政部门应当组织做好医疗救治工作。医疗卫生机构承担职业病诊断，应当经省、自治区、直辖市人民政府卫生行政部门批准。省、自治区、直辖市人民政府卫生行政部门应当向社会公布本行政区域内承担职业病诊断的医疗卫生机构的名单。劳动者可以在用人单位所在地、本人户籍所在地或者经常居住地依法承担职业病诊断的医疗卫生机构进行职业病诊断。职业病诊断标准和职业病诊断、鉴定办法由国务院卫生行政部门制定。职业病伤残等级的鉴定办法由国务院劳动保障行政部门会同国务院卫生行政部门制定。用人单位和医疗卫生机构发现职业病病人或者疑似职业病病人时，应当及时向所在地卫生行政部门和安全生产监督管理部门报告。确诊为职业病的，用人单位还应当向所在地劳动保障行政部门报告。接到报告的部门应当依法作出处理。

第三节 女职工和未成年工劳动保护的特殊规定

一、女职工劳动保护的特殊规定

(一) 女职工劳动权的保护

女职工劳动权的保护主要是消除性别歧视，集中体现在两个方面，一是享有平等的就业权利；二是同工同酬。我国《劳动法》规定："妇女享有与男子平等的就业权利。在录用职工时，除国家规定的不适合妇女的工种或者岗位外，不得以性别为由拒绝录用妇女或者提高对妇女的录用标准。""工资分配应当遵循按劳分配原则，实行同工同酬。"我国《妇女权益保障法》在第四章专章对妇女的劳动权益作出了规定，特别明确了女性与男性享有平等的劳动权利。根据该法的规定，国家保障妇女享有与男子平等的劳动权利。各单位在录用职工时，除不适合妇女的工种或者岗位外，不得以性别为由拒绝录用妇女或者提高对妇女的录用标准。各单位在录用女职工时，应当依法与其签订劳动(聘用)合同或者服务协议，劳动(聘用)合同或者服务协议中不得规定限制女职工结婚、生育的内容。禁止录用未满16周岁的女性未成年人，国家另有规定的除外。实行男女同工同酬。妇女在享受福利待遇方面享有与男子平等的权利。在晋职、晋级、评定专业技术职务等方面，应当坚持男女平等的原则，不得歧视妇女。任何单位均应根据妇女的特点，依法保护妇女在工作和劳动时的安全和健康，不得安排不适合妇女从事的工作和劳动。妇女在经期、孕期、产期、哺乳期受特殊保护。任何单位不得因结婚、怀孕、产假、哺乳等情形，降低女职工的工资，辞退女职工，单方解除劳动(聘用)合同或者服务协议。但是，女职工要求终止劳动(聘用)合同或者服务协议的除外。各单位在执行国家退休制度时，不得以性别为由歧视妇女。我国《女职工劳动保护特别规定》[①]中规定，用人单位不得因女职工怀孕、生育、哺乳降低其工资、予以辞退、与其解除劳动或者聘用合同。

(二) 禁止女职工从事的劳动范围

由于女性的身体结构和生理机能与男性不同，有些工作会给女性的身体健康带来危害，从保护女职工的生命安全、身体健康的角度出发，法律规定女职工禁止从事的劳动范围，这不属于对女职工的性别歧视，而是对女职工的保护。我国《劳动法》第59条规定："禁止安排女职工从事矿山井下、国家规定的第四级体力劳动强度的劳动和其他禁忌从事的劳动。"《女职工劳动保护特别规定》第4条规定，用人单位应当遵守女职工禁忌从事的劳动范围的规定。女职工禁忌

---

① 2012年4月18日国务院第200次常务会议通过，2012年4月28日施行。

从事的劳动范围由本规定附录列示。根据规定,女职工禁忌从事的劳动范围包括:(1)矿山井下作业;(2)体力劳动强度分级标准中规定的第四级体力劳动强度的作业;(3)每小时负重6次以上、每次负重超过20公斤的作业,或者间断负重、每次负重超过25公斤的作业。

(三)女职工特殊生理期间的保护

对女职工特殊生理期间的保护是指对女职工在经期、孕期、产期、哺乳期的保护,也称为女职工的"四期"保护。我国《劳动法》、《女职工劳动保护特别规定》中都分别作出了规定。

1. 经期保护

经期保护是指对女职工在月经期间的各种保护。我国《劳动法》第60条规定:"不得安排女职工在经期从事高处、低温、冷水作业和国家规定的第三级体力劳动强度的劳动。"《女职工劳动保护特别规定》的附录中规定的女职工在经期禁忌从事的劳动范围包括:(1)冷水作业分级标准中规定的第二级、第三级、第四级冷水作业;(2)低温作业分级标准中规定的第二级、第三级、第四级低温作业;(3)体力劳动强度分级标准中规定的第三级、第四级体力劳动强度的作业;(4)高处作业分级标准中规定的第三级、第四级高处作业。

2. 孕期保护

女职工孕期保护是指对女职工在怀孕期间的各种保护。我国《劳动法》第61条规定:"不得安排女职工在怀孕期间从事国家规定的第三级体力劳动强度的劳动和孕期禁忌从事的劳动。对怀孕7个月以上的女职工,不得安排其延长工作时间和夜班劳动。"《女职工劳动保护特别规定》中规定:女职工在孕期不能适应原劳动的,用人单位应当根据医疗机构的证明,予以减轻劳动量或者安排其他能够适应的劳动。对怀孕7个月以上的女职工,用人单位不得延长劳动时间或者安排夜班劳动,并应当在劳动时间内安排一定的休息时间。怀孕女职工在劳动时间内进行产前检查,所需时间计入劳动时间。女职工在孕期禁忌从事的劳动范围是:(1)作业场所空气中铅及其化合物、汞及其化合物、苯、镉、铍、砷、氰化物、氮氧化物、一氧化碳、二硫化碳、氯、己内酰胺、氯丁二烯、氯乙烯、环氧乙烷、苯胺、甲醛等有毒物质浓度超过国家职业卫生标准的作业;(2)从事抗癌药物、己烯雌酚生产,接触麻醉剂气体等的作业;(3)非密封源放射性物质的操作,核事故与放射事故的应急处置;(4)高处作业分级标准中规定的高处作业;(5)冷水作业分级标准中规定的冷水作业;(6)低温作业分级标准中规定的低温作业;(7)高温作业分级标准中规定的第三级、第四级的作业;(8)噪声作业分级标准中规定的第三级、第四级的作业;(9)体力劳动强度分级标准中规定的第三级、第四级体力劳动强度的作业;(10)在密闭空间、高压室作业或者潜水作业,伴有强烈振动的作业,或者需要频繁弯腰、攀高、下蹲的作业。

3. 产期保护

产期保护是指对女职工生育期间的保护,包括产假和产假期间的待遇。[①]

我国《劳动法》第62条规定:"女职工生育享有不少于90天的产假。"根据我国《女职工劳动保护特别规定》的规定,女职工生育享受98天产假,其中产前可以休假15天;难产的,增加产假15天;生育多胞胎的,每多生育1个婴儿,增加产假15天。女职工怀孕未满4个月流产的,享受15天产假;怀孕满4个月流产的,享受42天产假。女职工产假期间的生育津贴,对已经参加生育保险的,按照用人单位上年度职工月平均工资的标准由生育保险基金支付;对未参加生育保险的,按照女职工产假前工资的标准由用人单位支付。女职工生育或者流产的医疗费用,按照生育保险规定的项目和标准,对已经参加生育保险的,由生育保险基金支付;对未参加生育保险的,由用人单位支付。

4. 哺乳期保护

哺乳期保护是对女职工在哺乳不满1周岁婴儿期间的保护。我国《劳动法》第63条规定:"不得安排女职工在哺乳未满1周岁的婴儿期间从事国家规定的第三级体力劳动强度的劳动和哺乳期禁忌从事的其他劳动,不得安排其延长工作时间和夜班劳动。"我国《女职工劳动保护特别规定》中规定:"对哺乳未满1周岁婴儿的女职工,用人单位不得延长劳动时间或者安排夜班劳动。用人单位应当在每天的劳动时间内为哺乳期女职工安排1小时哺乳时间;女职工生育多胞胎的,每多哺乳1个婴儿每天增加1小时哺乳时间。""女职工比较多的用人单位应当根据女职工的需要,建立女职工卫生室、孕妇休息室、哺乳室等设施,妥善解决女职工在生理卫生、哺乳方面的困难。"

女职工在哺乳期禁忌从事的劳动范围是:(1) 孕期禁忌从事的劳动范围的第一项、第三项、第九项;(2) 作业场所空气中锰、氟、溴、甲醇、有机磷化合物、有机氯化合物等有毒物质浓度超过国家职业卫生标准的作业。

二、未成年工劳动保护的特殊规定

(一) 最低就业年龄

保护未成年工,首先要确定招用未成年工的最低年龄限制,也就是最低就业年龄限制。用人单位招用未成年工是合法的行为,对于招用未成年工的用人单位的特殊要求是要对未成年工进行特殊的保护,未成年工是达到法定最低就业年龄的未成年人,各国劳动法对于最低就业年龄的规定不同,1973年国际劳工组织通过的《最低年龄公约》(第138号)规定的最低就业年龄标准一般为15周

[①] 产假期间的待遇在生育保险章节中有详细介绍,这里主要介绍我国《劳动法》和《女职工劳动保护特别规定》中的有关产假的规定。

岁,我国最低就业年龄一般为16周岁。我国《劳动法》第15条规定:"禁止用人单位招用未满16周岁的未成年人。文艺、体育和特种工艺单位招用未满16周岁的未成年人,必须依照国家有关规定,履行审批手续,并保障其接受义务教育的权利。"第58条第2款规定:"未成年工是指年满16周岁未满18周岁的劳动者。"

(二)未成年工劳动过程中的保护

未成年工是指年满16周岁,未满18周岁的劳动者。未成年工的劳动保护是针对未成年工处于生长发育期的特点,以及接受义务教育的需要,采取的特殊劳动保护措施。我国《未成年人保护法》[①]规定,任何组织或者个人不得招用未满16周岁的未成年人,国家另有规定的除外。任何组织或者个人按照国家有关规定招用已满16周岁未满18周岁的未成年人的,应当执行国家在工种、劳动时间、劳动强度和保护措施等方面的规定,不得安排其从事过重、有毒、有害等危害未成年人身心健康的劳动或者危险作业。我国《劳动法》第64条、第65条规定:"不得安排未成年工从事矿山井下、有毒有害、国家规定的第四级体力劳动强度的劳动和其他禁忌从事的劳动。""用人单位应当对未成年工定期进行健康检查。"1994年12月9日劳动部发布、1995年1月1日起施行的《未成年工特殊保护规定》中,对未成年工的特殊保护作出了具体的规定:

1. 用人单位不得安排未成年工从事的劳动范围

包括:(1)《生产性粉尘作业危害程度分级》国家标准中第一级以上的接尘作业;(2)《有毒作业分级》国家标准中第一级以上的有毒作业;(3)《高处作业分级》国家标准中第二级以上的高处作业;(4)《冷水作业分级》国家标准中第二级以上的冷水作业;(5)《高温作业分级》国家标准中第三级以上的高温作业;(6)《低温作业分级》国家标准中第三级以上的低温作业;(7)《体力劳动强度分级》国家标准中第四级体力劳动强度的作业;(8)矿山井下及矿山地面采石作业;(9)森林业中的伐木、流放及守林作业;(10)工作场所接触放射性物质的作业;(11)有易燃易爆、化学性烧伤和热烧伤等危险性大的作业;(12)地质勘探和资源勘探的野外作业;(13)潜水、涵洞、涵道作业和海拔3000米以上的高原作业(不包括世居高原者);(14)连续负重每小时在6次以上并每次超过20公斤,间断负重每次超过25公斤的作业;(15)使用凿岩机、捣固机、气镐、气铲、铆钉机、电锤的作业;(16)工作中需要长时间保持低头、弯腰、上举、下蹲等强迫体位和动作频率每分钟大于50次的流水线作业;(17)锅炉司炉。

[①] 1991年9月4日第七届全国人大常委会第二十一次会议通过,2006年12月29日第十届全国人大常委会第二十五次会议修订,2012年10月26日第十一届全国人大常委会第二十九次会议第二次修订。

2. 未成年工患有某种疾病或具有某些生理缺陷(非残疾型)①用人单位不得安排其从事的劳动范围

包括:(1)《高处作业分级》国家标准中第一级以上的高处作业;(2)《低温作业分级》国家标准中第二级以上的低温作业;(3)《高温作业分级》国家标准中第二级以上的高温作业;(4)《体力劳动强度分级》国家标准中第三级以上体力劳动强度的作业;(5)接触铅、苯、汞、甲醛、二硫化碳等易引起过敏反应的作业。

3. 用人单位应对未成年工定期进行健康检查

用人单位在未成年工安排工作岗位之前,工作满1年,年满18周岁,距前一次的体检时间已超过半年要进行健康检查。未成年工的健康检查,应按《未成年工健康检查表》列出的项目进行。用人单位应根据未成年工的健康检查结果安排其从事适合的劳动,对不能胜任原劳动岗位的,应根据医务部门的证明,予以减轻劳动量或安排其他劳动。未成年工体检,由用人单位统一办理和承担费用。

4. 用人单位招收使用未成年工登记制度

用人单位招收使用未成年工,除符合一般用工要求外,还须向所在地的县级以上劳动行政部门办理登记。劳动行政部门根据《未成年工健康检查表》、《未成年工登记表》,核发《未成年工登记证》。未成年工须持《未成年工登记证》上岗。《未成年工登记证》由国务院劳动行政部门统一印制。未成年工登记,由用人单位统一办理和承担费用。

5. 未成年工上岗前的安全卫生教育

未成年工上岗前用人单位应对其进行有关的职业安全卫生教育、培训。

三、禁止使用童工

使用童工是指招用不满16周岁的未成年人。文艺、体育单位经未成年人的父母或者其他监护人同意,可以招用不满16周岁的专业文艺工作者、运动员。用人单位应当保障被招用的不满16周岁的未成年人的身心健康,保障其接受义

---

① 根据我国《未成年工特殊保护规定》的规定,患有某种疾病或具有某些生理缺陷(非残疾型)的未成年工,是指有以下一种或一种以上情况者:(1)心血管系统:① 先天性心脏病;② 克山病;③ 收缩期或舒张期二级以上心脏杂音。(2)呼吸系统:① 中度以上气管炎或支气管哮喘;② 呼吸音明显减弱;③ 各类结核病;④ 体弱儿,呼吸道反复感染者。(3)消化系统:① 各类肝炎;② 肝、脾肿大;③ 胃、十二指肠溃疡;④ 各种消化道疝。(4)泌尿系统:① 急、慢性肾炎;② 泌尿系感染。(5)内分泌系统:① 甲状腺机能亢进;② 中度以上糖尿病。(6)精神神经系统:① 智力明显低下;② 精神忧郁或狂暴。(7)肌肉、骨骼运动系统:① 身高和体重低于同龄人标准;② 一个或一个以上肢体存在明显功能障碍;③ 躯干1/4以上部位活动受限,包括强直或不能旋转。(8)其他:① 结核性胸膜炎;② 各类重度关节炎;③ 血吸虫病;④ 严重贫血,其血色素每升低于95克。

务教育的权利。学校、其他教育机构以及职业培训机构按照国家有关规定组织不满16周岁的未成年人进行不影响其人身安全和身心健康的教育实践劳动、职业技能培训劳动，不属于使用童工。我国《禁止使用童工规定》[①]对禁止使用童工作出了详细的规定。

（一）禁止用人单位招用童工

国家机关、社会团体、企业事业单位、民办非企业单位或者个体工商户（用人单位）均不得招用不满16周岁的未成年人。禁止任何单位或者个人为不满16周岁的未成年人介绍就业。禁止不满16周岁的未成年人开业从事个体经营活动。不满16周岁的未成年人的父母或者其他监护人应当保护其身心健康，保障其接受义务教育的权利，不得允许其被用人单位非法招用。

（二）用人单位招用未成年人的特殊要求

用人单位招用人员时，必须核查被招用人员的身份证；对不满16周岁的未成年人，一律不得录用。用人单位录用人员的录用登记、核查材料应当妥善保管。

（三）违法使用童工的法律责任

（1）不满16周岁的未成年人的父母或者其他监护人允许其被用人单位非法招用的，所在地的乡（镇）人民政府、城市街道办事处以及村民委员会、居民委员会应当给予批评教育。

（2）用人单位使用童工的，由劳动保障行政部门处以罚款；在使用有毒物品的作业场所使用童工的，从重处罚，劳动保障行政部门并应当责令用人单位限期将童工送回原居住地交其父母或者其他监护人，所需交通和食宿费用全部由用人单位承担。用人单位经劳动保障行政部门责令限期改正，逾期仍不将童工送交其父母或者其他监护人的，从责令限期改正之日起，由劳动保障行政部门处以罚款，并由工商行政管理部门吊销其营业执照或者由民政部门撤销民办非企业单位登记；用人单位是国家机关、事业单位的，由有关单位依法对直接负责的主管人员和其他直接责任人员给予降级或者撤职的行政处分或者纪律处分。

（3）单位或者个人为不满16周岁的未成年人介绍就业的，由劳动保障行政部门处以罚款；职业中介机构为不满16周岁的未成年人介绍就业的，并由劳动保障行政部门吊销其职业介绍许可证。

（4）用人单位未按照规定保存录用登记材料，或者伪造录用登记材料的，由劳动保障行政部门处以罚款。

（5）无营业执照、被依法吊销营业执照的单位以及未依法登记、备案的单位使用童工或者介绍童工就业的，处以罚款，该非法单位由有关的行政主管部门予

---

① 2002年10月1日颁布，2002年12月1日起施行。

以取缔。

（6）童工患病或者受伤的，用人单位应当负责送到医疗机构治疗，并负担治疗期间的全部医疗和生活费用。童工伤残或者死亡的，用人单位由工商行政管理部门吊销营业执照或者由民政部门撤销民办非企业单位登记；用人单位是国家机关、事业单位的，由有关单位依法对直接负责的主管人员和其他直接责任人员给予降级或者撤职的行政处分或者纪律处分；用人单位还应当一次性地对伤残的童工、死亡童工的直系亲属给予赔偿，赔偿金额按照国家工伤保险的有关规定计算。

（7）拐骗童工，强迫童工劳动，使用童工从事高空、井下、放射性、高毒、易燃易爆以及国家规定的第四级体力劳动强度的劳动，使用不满14周岁的童工，或者造成童工死亡或者严重伤残的，依照刑法关于拐卖儿童罪、强迫劳动罪或者其他罪的规定，依法追究刑事责任。

（8）国家行政机关工作人员有下列行为之一的，依法给予记大过或者降级的行政处分；情节严重的，依法给予撤职或者开除的行政处分；构成犯罪的，依照刑法关于滥用职权罪、玩忽职守罪或者其他罪的规定，依法追究刑事责任：第一，劳动保障等有关部门工作人员在禁止使用童工的监督检查工作中发现使用童工的情况，不予制止、纠正、查处的；第二，公安机关的人民警察违反规定发放身份证或者在身份证上登录虚假出生年月的；第三，工商行政管理部门工作人员发现申请人是不满16周岁的未成年人，仍然为其从事个体经营发放营业执照的。

第十章　社会保险与职工福利法

第一节　社会保险法概述

一、社会保险的概念和作用

（一）社会保险的概念及其历史演进

社会保险，是指国家通过立法实施的，对遭遇年老、疾病、失业、生育、因工伤残或者患职业病等社会风险的社会成员或职业劳动者，提供一定物质补偿和帮助的社会保障法律制度。我国当前的社会保险制度涵盖养老保险、医疗保险、工伤保险、失业保险、生育保险等领域。社会保险制度的目的在于保障社会成员的经济生活的安定和身心健康，它通过采用风险集中管理技术，建立风险分摊机制，筹集保险基金，对遭遇社会风险的社会成员提供经济补偿，保障其基本生活水平，以维护社会公平和社会秩序的安定。

社会保险属于社会保障制度体系，是社会保障制度体系的重要组成部分和核心内容。世界各国由于政治经济制度、经济发展阶段、价值取向、法律文化传统等方面的不同，社会保障的项目内容体系各有差异。在我国，社会保险属于社会保障的范畴，它同社会福利、社会救济和社会优抚共同构成了社会保障的主要内容体系。

社会保险是人类社会应对工业化、城市化所导致人类生存基础发生根本变化后出现的社会问题的产物。社会保险和劳动法律制度密切相连。现代意义上的社会保险制度实际上起源于对劳动者的社会保险。它自19世纪80年代在德国社会立法中开始得到确立以来，迄今已有一百二十多年的演进历史，经历了产生、发展、改革与完善的过程。在这个发展过程中，俾斯麦时代的德国社会保险立法、1935年美国《社会保障法案》，以及1948年英国《贝弗里奇报告》及其后续社会立法是具有里程碑式意义的历史事件，在社会保险法领域也分别代表着三种不同的社会保障模式：传统型保障模式、自由型保障模式、福利型保障模式。进入20世纪70年代以来，由于经济危机的影响，以及一些国家体制的转变，世界各国开始对包括社会保险在内的社会保障制度进行改革。这种改革主要有两种做法：一种是主张对社会保险制度进行根本性改革，将国家及社会（主要是雇主）对于化解个人社会风险的责任完全转移给个人，如智利等拉美国家就将原来现收现付制的养老保险制度改为劳动者个人缴费、实行完全积累并交由私营公司管理的强制性的个人储蓄保障制度,以减轻政府及雇主负担,并试图提高管理效率。另一种更为主流的做法是在现行的社会保险制度框架内进行结构以及技术性调整,基本方向是增加保险费收入、减少社会保险给付支出并引入市场机制以提高制度管理运行效率。目前,世界范围内的社会保险制度改革还在进行中,且呈现出全民化的趋势。我国传统理论一般认为,社会保险制度的建立以劳动关系的建立为基础,以工资收入为主要生活来源的劳动者为保护对象。随着社会经济的发展,我国按照"广覆盖、保基本、多层次、可持续"的方针,采取"社会统筹与个人账户相结合"的方法,不断深入开展社会保险制度改革,社会保险制度的保护范围不断扩大。我国 2010 年 10 月 28 日通过的《中华人民共和国社会保险法》(简称《社会保险法》)把养老保险和医疗保险覆盖到了各类劳动者和全体公民,工伤、失业、生育保险则覆盖全体职业人群。

(二)社会保险制度的作用

社会保险的作用即社会保险的功能。具体体现在:

(1)维护社会秩序的稳定。社会保险能够使社会成员在遭遇年老、疾病、伤残、死亡、失业、生育等风险,生活面临困难时,得到社会或国家的物质帮助,从而渡过难关,重振精神,或者安度晚年。这有利于消除和缓解社会矛盾。为此,社会保险被誉为社会秩序的"安全网"和"减震器"。

(2)促进社会发展和进步。社会保险的实施为社会成员解除了后顾之忧,使劳动者能够专心致力于工作和生产劳动,极大地激发了其的积极性和创造性,从而促进生产技术的进步和劳动生产率的提高。社会保险的实施也减轻了用人单位的压力和负担,为用人单位解除了后顾之忧,使其能够集中精力从事生产经营,提高经济效益,增强市场竞争力。同时,社会保险还保障了社会成员的基本生活需要,使其得以生息和繁衍,对劳动力的生产和再生产发挥着积极的促进作用。

(3)对国民收入进行再分配。社会保险的费用一般由用人单位及社会组织和劳动者及社会成员个人共同负担,政府财政给予补助,当遭受社会风险时,由社会保险基金给予物质帮助,实现了国民收入的再分配。

(4)促进社会的精神文明建设。社会保险制度以法律手段帮助社会成员中的弱者及困难的群体的同时,也在全社会倡导和促进了社会成员的精神文明建设,提高了社会成员的精神文明程度。

二、社会保险法的概念、调整对象和适用范围

(一)社会保险法的概念

社会保险法是调整社会保险关系的法律规范的总称。在我国,社会保险法有广义和狭义之分。狭义的社会保险法仅指 2010 年 10 月 28 日第十一届全国人民代表大会常务委员会第十七次会议通过的《社会保险法》。广义的社会保险法还包括宪法、法律、行政法规中关于社会保险的相关规定。社会保险法是中国特色社会主义法律体系的重要组成部分,对于维护劳动者的社会保险权,保障劳动者共享改革发展成果,促进我国社会保险制度的定型、稳定与可持续发展,推动我国经济的转型,维护社会和谐稳定和国家长治久安具有重要意义。

社会保险法不同于传统的法律,它以社会利益为本位,主要强调对社会公益、社会公平、社会安全等社会发展目标的追求,对弱势群体和公共利益的保护,具有明显的社会法性质。

(二) 社会保险法的调整对象和适用范围

社会保险法的调整对象是社会保险关系。法律意义上的社会保险关系,是指依据社会保险法律法规的规定,社会保险经办机构与社会成员或者用人单位、劳动者之间在社会保险中的权利和义务关系,它包括养老保险关系、医疗保险关系、失业保险关系、工伤保险关系和生育保险关系。

我国《社会保险法》确立了国家建立基本养老保险、基本医疗保险、工伤保险、失业保险、生育保险等社会保险制度的社会保险体系基本框架,并明确了各项社会保险制度的适用范围。具体为:

第一,基本养老保险制度和基本医疗保险制度覆盖了我国城乡全体居民。即用人单位及其职工应当参加职工基本养老保险和职工基本医疗保险;无雇工的个体工商户、未在用人单位参加社会保险的非全日制从业人员以及其他灵活就业人员可以参加职工基本养老保险和职工基本医疗保险;农村居民可以参加新型农村社会养老保险和新型农村合作医疗;城镇未就业的居民可以参加城镇居民社会养老保险和城镇居民基本医疗保险。同时,规定进城务工的农村居民依法参加社会保险;公务员和参照公务员法管理的工作人员养老保险的办法由国务院规定。

第二,工伤保险、失业保险和生育保险制度覆盖了所有用人单位及其职工。

第三,被征地农民按照国务院规定纳入相应的社会保险制度。被征地农民到用人单位就业的,都应当参加全部五项社会保险。对于未就业,转为城镇居民的,可以参加城镇居民社会养老保险和城镇居民基本医疗保险,继续保留农村居民身份的,可以参加新型农村社会养老保险和新型农村合作医疗。

第四,在中国境内就业的外国人,也应当参照法律规定参加我国的社会保险。

三、社会保险法的宗旨和基本原则

(一) 社会保险法的宗旨

社会保险法的宗旨即社会保险法的立法目的。在我国主要体现在《社会保

险法》第1条的规定①中,体现为三个方面:

一是规范社会保险关系,即规范社会保险主体在社会保险活动中所形成的权利与义务关系。社会保险关系比较复杂,包括政府与公民之间、社会保险费征收机构与用人单位和个人之间、用人单位与职工之间、社会保险经办机构与参保人员之间、社会保险经办机构和参保人员与医疗机构及药品经营单位等社会保险服务机构之间等多重关系,也包括社会成员参加社会保险和享受社会保险待遇之间的关系。《社会保险法》的立法目的之一,就是要规范相关法律主体之间的关系,明确相关的权利和义务。

二是维护公民参加社会保险和享受社会保险待遇的合法权益,这是社会保险立法的主要目的,也是落实宪法规定的公民获得物质帮助权利的具体体现。

三是使公民共享发展成果,促进社会和谐稳定,即国家应当充分发挥社会保险收入再分配的调节作用,使人人老有所养、病有所医,减轻劳动者遭遇失业、工伤风险和生育停工期间的后顾之忧,构成稳固的社会"安全网"。

(二)社会保险法的基本原则

社会保险法的基本原则是指贯穿社会保险法始终,对立法、司法、执法具有指导性作用的根本准则。它对于社会保险立法以至于社会保险法体系的建立起着至关重要的作用。它不仅体现社会保险法的立法理念和精神,而且在法律适用中还能发挥弥补法律空白的作用。按照我国《社会保险法》相关规定,社会保险法的基本原则有:

1. 社会保险水平与社会生产力发展水平相适应原则

社会保险需要社会生产力的发展为其提供可能和创造条件,只有当生产力发展到一定水平,社会财富较为丰富时,国家才有能力提供较高水平的社会保险;同时,社会生产力的发展水平还制约着社会保险的水平,社会保险水平过高或过低,都会阻碍社会生产力的发展。因此,我国《劳动法》第71条规定了"社会保险水平应当与社会经济发展水平和社会承受能力相适应"的原则。《社会保险法》第3条规定了"社会保险制度坚持广覆盖、保基本、多层次、可持续的方针,社会保险水平应当与经济社会发展水平相适应"的原则。

2. 社会保险一体化和社会化相统一原则

社会保险一体化即统一社会保险的项目、统一社会保险或基本社会保险的标准、统一社会保险的管理与实施机制等。实行社会保险一体化原则有利于实现劳动者的自由流动和劳动力资源的合理配置。社会保险社会化要求进一步扩大社会保险的覆盖范围,鼓励劳动者积极参与监督社会保险制度的实施;同时实

---

① 我国《社会保险法》第1条规定:"为了规范社会保险关系,维护公民参加社会保险和享受社会保险待遇的合法权益,使公民共享发展成果,促进社会和谐稳定,根据宪法,制定本法。"

行社会保险管理的社会化,即把原来的各部门、各单位分散管理的形式逐步转为统一的社会化管理,将用人单位承担的社会保险方面的事务性工作转为社会化服务,逐步健全全社会统一的社会化服务组织。

3. 保障功能与激励机制相结合原则

社会保险制度是为实现社会公平而设立的,但社会保险在实质上不是超越劳动者自身行为以外的恩赐,它需要每个劳动者的积极参与和投入,与每个劳动者的切身利益挂钩。因此,对社会保险的法律调整要坚持保障功能与激励机制相结合原则,要处理好权利与义务、公平与效率、保障与激励的关系。为此,我国《社会保险法》从基本国情的实际出发,在政府主导的社会保险制度上,优先体现公平原则,做出适当的普惠性安排,通过增加政府公共财政投入,加大社会财富再分配力度,防止和消除两极分化,促进社会和谐;同时体现激励和引导原则,坚持权利与义务相适应,把缴费型的社会保险作为社会保障的核心制度。

四、社会保险法律关系

(一) 社会保险法律关系的概念

一般认为,社会保险法律关系是指社会保险主体之间依法形成的收取和交纳社会保险费、支付和享受社会保险待遇的相互权利义务关系。在社会保险法律关系中,社会保险主体各自既享有一定的权利,又承担一定的义务。

(二) 社会保险法律关系的要素

社会保险法律关系的要素是指构成社会保险法律关系的必备要件,包括社会保险法律关系的主体、社会保险法律关系的客体、社会保险法律关系的内容三个方面。

1. 社会保险法律关系的主体

社会保险法律关系的主体,是指依法参与社会保险法律关系,享受社会保险权利和承担社会保险义务的人。具体来讲,包括保险人、投保人、被保险人、受益人、其他社会保险的服务主体、管理人和监督人等。

2. 社会保险法律关系的客体

社会保险法律关系的客体,是指社会保险法律关系主体的权利义务所指向的对象,可以是资金和给付等服务行为。

3. 社会保险法律关系的内容

社会保险法律关系的内容,是指社会保险法律关系主体在各项社会保险活动中所享有的权利和承担的义务。在不同类型的社会保险法律关系中,具体的权利义务会有相应的差别。

(三) 社会保险法律事实

社会保险法律事实是指由社会保险法所规范的,能够引起社会保险法律关系产生、变更和终止的各种事实。具体来讲包括事件和行为两类。

五、社会保险基金制度

（一）社会保险基金的概念

社会保险基金是指国家为了保障公民基本生活需要，以法律形式强制征缴的社会保险费和以政府财政补贴的形式集中起来的由专门机构管理并用于支付社会保险金的资金。

（二）社会保险基金的来源与征缴

1. 社会保险基金的来源

社会保险基金包括基本养老保险基金、基本医疗保险基金、工伤保险基金、失业保险基金、生育保险基金。国家为了多渠道筹集社会保险资金，我国《社会保险法》规定了各项社会保险制度的筹资渠道，明确了用人单位、个人和政府在社会保险筹资中的责任。每种基金的具体来源有所差别，其来源呈现出多渠道的特征，概括来讲，社会保险基金的来源有个人缴费、用人单位缴费、政府补贴、保险金的收入和罚款等四部分构成。

2. 社会保险费征缴制度

在总结《社会保险费征缴暂行条例》实施经验的基础上，我国《社会保险法》进一步完善了社会保险费征缴制度，增强了征缴的强制性，为加强征缴工作提供了更有力的法律保障。

第一，规定了社会保险信息沟通共享机制。为了保证社会保险相关信息的及时性、准确性，《社会保险法》规定，工商行政管理部门、民政部门和机构编制管理机关应当及时向社会保险经办机构通报用人单位的成立、终止情况，公安机关应当及时向社会保险经办机构通报个人的出生、死亡以及户口登记、迁移、注销等情况。

第二，规定了灵活就业人员社会保险登记、缴费制度。《社会保险法》规定，参加社会保险的无雇工的个体工商户、未在用人单位参加社会保险的非全日制从业人员以及其他灵活就业人员，向社会保险经办机构申请办理社会保险登记，可以直接向社会保险费征收机构缴纳社会保险费。

第三，规定了社会保险费实行统一征收的方向，授权国务院规定实施步骤和具体办法。

第四，建立了社会保险费的强制征缴制度。根据《社会保险法》第63条规定，包括以下措施：

一是从用人单位存款账户直接划拨社会保险费。用人单位未按时足额缴纳社会保险费，经社会保险费征收机构责令其限期缴纳或者补足，逾期仍不缴纳或者补足的，社会保险费征收机构可以申请县级以上有关行政部门作出从用人单位存款账户中划拨社会保险费的决定,并书面通知其开户银行或者其他金融机构划拨社会保险费。

二是用人单位账户余额少于应当缴纳的社会保险费的,社会保险费征收机构可以要求该用人单位提供担保,签订延期缴费协议。

三是用人单位未足额缴纳社会保险费且未提供担保的,社会保险费征收机构可以申请人民法院扣押、查封、拍卖其价值相当于应当缴纳社会保险费的财产,以拍卖所得抵缴社会保险费。

(三)社会保险基金的运营

社会保险基金除了支付当期应支付的社会保险金之外,还有相当部分的社会保险基金要延期支付。而这一部分延期支付的社会保险金却面临贬值的压力。因此,有必要在保障安全性、流动性和效益性的前提下对社会保险基金进行运营。

(四)社会保险基金的监管

社会保险基金的监管是国家授权专门的机构依法对社会保险基金收缴、安全运营、基金保增值等过程进行监督管理,以确保社会保险基金正常稳定运行的制度和规则体系的总称。社会保险基金关系到众多人群的利益,因此,世界各国都十分重视对社会保险基金的监管。我国《社会保险法》从人大监督、行政监督、社会监督等三个方面,建立了比较完善的社会保险基金监督体系。

1. 人大监督

《社会保险法》规定,各级人民代表大会常务委员会听取和审议本级人民政府对社会保险基金的收支、管理、投资运营以及监督检查情况的专项工作报告,组织对法律实施情况的执法检查等,依法行使监督职权。

2. 行政监督

《社会保险法》规定,国家对社会保险基金实行严格监管,并明确了各级人民政府及其社会保险行政部门、财政部门、审计机关在社会保险监督方面的职责。

第一,规定了各级人民政府在社会保险监督方面的职责:国务院和省、自治区、直辖市人民政府建立健全社会保险基金监督管理制度,保障社会保险基金安全、有效运行。

第二,从两个方面规定了社会保险行政部门的监督职责:一是规定县级以上人民政府社会保险行政部门应当加强对用人单位和个人遵守社会保险法律、法规情况的监督检查;二是规定社会保险行政部门对社会保险基金的收支、管理和投资运营情况进行监督检查,并规定了三项措施:(1)查阅、记录、复制与社会保险基金收支、管理和投资运营相关的资料,对可能被转移、隐匿或者灭失的资料予以封存;(2)询问与调查事项有关的单位和个人,要求其对与调查事项有关的问题作出说明、提供有关证明材料;(3)对隐匿、转移、侵占、挪用社会保险基金的行为予以制止并责令改正。

第三,规定财政部门、审计机关按照各自职责,对社会保险基金的收支、管理和投资运营情况实施监督。

3. 社会监督

《社会保险法》要求县级以上人民政府采取措施,鼓励和支持社会各方面参与社会保险基金的监督,并作了以下规定:

第一,规定了社会保险监督委员会的设立、组成和主要职责。规定统筹地区人民政府成立由用人单位代表、参保人员代表,以及工会代表、专家等组成的社会保险监督委员会。其主要职责是:掌握、分析社会保险基金的收支、管理和投资运营情况,对社会保险工作提出咨询意见和建议,实施社会监督;听取社会保险经办机构关于社会保险基金的收支、管理和投资运营情况的汇报;聘请会计师事务所对社会保险基金的收支、管理和投资运营情况进行年度审计和专项审计;对发现存在问题的,有权提出改正建议;对社会保险经办机构及其工作人员的违法行为,有权向有关部门提出依法处理建议。

第二,规定了工会的监督。规定工会依法维护职工的合法权益,有权参与社会保险重大事项的研究,参加社会保险监督委员会,对与职工社会保险权益有关的事项进行监督。

第三,规定有关部门和单位应当向社会公布或者公开社会保险方面的信息,主动接受社会监督。包括:社会保险行政部门应当定期向社会公布社会保险基金检查结果;社会保险经办机构应当定期向社会公布参加社会保险情况以及社会保险基金的收入、支出、结余和收益情况;社会保险监督委员会应当向社会公开审计结果。

六、社会保险的经办服务

社会保险的经办服务是支撑社会保险制度健康运行的一项十分重要的基础性工作。为了改进社会保险经办服务,维护参保人员权益,我国《社会保险法》作了以下规定:

第一,确立了社会保险经办服务体制。包括:

一是规定了社会保险经办机构的设立原则。即统筹地区设立社会保险经办机构。社会保险经办机构根据工作需要,经所在地的社会保险行政部门和机构编制管理机关批准,可以在本统筹地区设立分支机构和服务网点。

二是规定了社会保险经办的经费保障。即社会保险经办机构的人员经费和经办社会保险发生的基本运行费用、管理费用,由同级财政按照国家规定予以保障。

三是规定了社会保险经办机构的基本职责。主要是：负责社会保险登记、社会保险费核定、按照规定征收社会保险费；按时足额支付社会保险待遇；根据管理服务的需要，与医疗机构、药品经营单位签订服务协议，规范医疗服务行为；及时、完整、准确地记录参加社会保险的个人缴费和用人单位为其缴费，以及享受社会保险待遇等个人权益记录，定期将个人权益记录单免费寄送本人；免费向用人单位和个人提供查询服务；提供社会保险咨询等相关服务。

第二，对社会保险信息系统建设作了原则规定。社会保险信息化建设是社会保险管理和经办服务的基础性工作，没有完善的信息系统支撑，对参保人员记录一生、服务一生、保障一生的目标就无法实现。因此，《社会保险法》第75条规定："全国社会保险信息系统按照国家统一规划，由县级以上人民政府按照分级负责的原则共同建设。"

第三，规定了社会保险关系转移接续办法。《社会保险法》规定了基本养老保险、基本医疗保险、失业保险的转移接续制度：一是个人跨统筹地区就业的，其基本养老保险关系随本人转移，缴费年限累计计算。个人达到法定退休年龄时，基本养老金分段计算、统一支付。具体办法由国务院规定。二是个人跨统筹地区就业的，其基本医疗保险关系随本人转移，缴费年限累计计算。三是职工跨统筹地区就业的，其失业保险关系随本人转移，缴费年限累计计算。

第二节　养老保险法律制度

一、养老保险的概念和形式

（一）养老保险的概念和特点

养老保险，又称"年金保险"，是指劳动者因年老或病残丧失劳动能力而退出劳动岗位后，从国家和社会获得物质补偿和帮助的一种社会保险制度。养老保险是社会保险制度的重要组成部分，是一种最传统、最广泛的社会保险类型。它直接关系着劳动者退出劳动领域后的基本生活，是实现劳动者老有所养的保障。

养老保险具有如下特点：

（1）强制性。养老保险由国家立法强制实行，企业单位和个人都必须依法参加，符合养老条件的人，可向社会保险部门领取养老金。

（2）补偿性。劳动者享受养老保险待遇，必须先行缴费，劳动者在任职期间应依法缴纳保险费，在退休、退职后就可以从养老保险经办机构领取退休金。因此，劳动者所领取的退休金和获得的其他待遇中有一部分是自己所缴纳的保险费的返回，还有一部分是对劳动者劳动贡献的回报，具有一定的补偿性质。

(3) 广泛性。养老保险的适用对象是所有退休、退职的劳动者。年老或丧失劳动能力是任何人都不可抗拒的自然规律,退休、退职对所有人都不可避免(在法定劳动年龄内死亡者除外),所以,养老保险所保障的对象是所有的劳动者,并不进行某种选择和区分。尽管不同国家、不同时期,养老保险的范围不尽相同,但从发展来看,都在逐步扩大至所有的劳动者。

(4) 社会性。养老保险影响很大,享受人多且时间较长,费用支出庞大,因此,必须设置专门机构,实行现代化、专业化、社会化的统一规划和管理。

(二) 养老保险的形式

依据我国现行的法律规定,我国劳动者的养老保险主要有三种形式:

(1) 退休,是指劳动者年老力衰而退出劳动岗位养老休息时获得一定的物质帮助。它是养老保险的基本形式。

(2) 离休,是指新中国成立前参加革命工作的老干部达到一定年龄后离职休养,这是基于劳动者本人的特殊贡献而产生的我国独有的一种特殊形式。

(3) 退职,是指劳动者因病残完全丧失劳动能力,但又不符合退休条件而提前退出劳动岗位的休养。它是一种准退休,是退休的一种补充形式。

二、养老保险立法概况

现代意义上的养老保险是与其立法相伴随而产生的,一般以德国1889年颁布的《残疾和老年保险法》为养老保险法诞生的标志。继德国之后,许多欧洲国家也颁布了养老保险法,实施了养老保险制度。美国于1935年颁布了以养老保险为主要内容的《社会保障法》,并于同年实行年金保险制度。20世纪下半叶,新兴的发展中国家和社会主义国家,也相继通过立法建立了养老保险制度。

20世纪50年代以来,养老保险立法得到了国际社会重视和支持,1952年国际劳工组织通过的《社会保障最低标准公约》(第102号)强调,要"使受保护者获得养老补助金而无虞"。1982年在维也纳召开的老龄问题世界大会提出,"必须解决保障、保护及维护老年人收入的问题",会议通过的《行动计划》建议各国政府采取行动保证所有老龄者能有适当的最低收入,根据对所有老年人都提供保险的原则建立或制定社会保险制度。通过国际社会和各国政府与有关组织的努力,养老保险立法得到迅速发展。世界上绝大多数国家和地区实行了养老保险制度。目前,为了应对人口老龄化的挑战,世界上大多数国家都在进行养老保险制度改革。

我国的养老保险立法始于20世纪50年代初。1951年政务院公布了《中华人民共和国劳动保险条例》(1953年和1958年进行了两次修改),该《条例》适用于企业的工人和职员,其中包括养老保险的规定。1955年,开始建立不同于企业职工的国家机关和事业单位工作人员的养老保险制度。这两种保险制度待遇标准不一样,互相影响。1958年2月,国务院公布了《关于工人、职员退休处理的暂行规定》;1958年3月,国务院又公布了《关于工人、职员退职处理的暂行规定》,统一了两种养老制度。"文化大革命"期间,全国范围内的退休基金被取消,养老保险变成了单位保险。

我国从20世纪80年代初开始进行养老保险制度改革。主要内容是实现养老保险的社会化、基金筹集和保险形式的多元化、逐步建立多层次养老保险体系。1991年在总结养老保险制度改革经验的基础上,国务院发布了《关于企业职工养老保险制度改革的决定》,明确规定了养老保险制度改革的原则、基金筹集渠道和方式、待遇标准、基金管理等内容。该《决定》有力地促进了我国养老保险制度改革的步伐。1992年,我国确立了市场经济体制改革目标。市场经济发展对养老保险制度提出了新的改革要求。为了加强对养老保险基金的管理,规范基金的筹集和支付活动,劳动部于1993年发布了《企业职工养老保险基金规定》。1995年《劳动法》的实施,明确了我国养老保险制度改革的基本方向。为了深化养老保险制度改革,1995年,国务院发布《关于深化企业职工养老保险制度改革的通知》,进一步明确了企业职工养老保险改革的方向、原则和主要任务。在此基础上,国务院于1997年又发布了《关于建立统一的企业职工基本养老制度的决定》,明确了统一养老保险制度的建设目标和具体的制度内容。2010年10月28日第十一届全国人民代表大会常务委员会第十七次会议通过的《社会保险法》第二章专门对我国基本养老保险相关内容作出了规范。

三、我国现行养老保险体系

我国是一个发展中国家,经济还不发达,为了使养老保险既能发挥保障生活和安定社会的作用,又能适应不同经济条件的需要,以利于劳动生产率的提高。为此,我国的养老保险由基本养老保险、企业补充养老保险和个人储蓄性养老保险三个部分(或层次)组成。

(一) 基本养老保险

基本养老保险亦称国家基本养老保险,它是按国家统一政策规定强制实施的为保障广大离退休人员基本生活需要的一种养老保险制度。在我国,20世纪90年代之前,企业职工实行的是单一的养老保险制度。1991年,国务院《关于企业职工养老保险制度改革的决定》中明确提出:"随着经济的发展,逐步建立起基本养老保险与企业补充养老保险和职工个人储蓄性养老保险相结合的制度"。从此,我国逐步建立起多层次的养老保险体系。在这种多层次养老保险体系中,基本养老保险可称为第一层次,也是最高层次。2010年我国《社会保险法》把基本养老保险的范围已经扩大到包括劳动者、城镇居民、农民、农民工、外国人在内的全体自然人。

（二）企业补充养老保险

企业补充养老保险，国外称为企业年金，是指由企业根据自身经济实力，在国家规定的实施政策和实施条件下为本企业职工所建立的一种辅助性的养老保险。它居于多层次的养老保险体系中的第二层次，由国家宏观指导、企业内部决策执行。2004年1月劳动和社会保障部发布《企业年金试行办法》，对企业补充养老保险作出了规定。

企业补充养老保险与基本养老保险既有区别又有联系。其区别主要体现在两种养老保险的层次和功能上的不同，其联系主要体现在两种养老保险的政策和水平相互联系、密不可分。企业补充养老保险由劳动保障部门管理，单位实行补充养老保险，应选择经劳动保障行政部门认定的机构经办。企业补充养老保险的资金筹集方式有现收现付制、部分积累制和完全积累制三种。企业补充养老保险费可由企业完全承担，或由企业和员工双方共同承担，承担比例由劳资双方协议确定。企业内部一般都设有由劳、资双方组成的董事会，负责企业补充养老保险事宜。

（三）个人储蓄性养老保险

职工个人储蓄性养老保险是我国多层次养老保险体系的一个组成部分，是由职工自愿参加、自愿选择经办机构的一种补充保险形式。由社会保险机构经办的职工个人储蓄性养老保险，由社会保险主管部门制定具体办法，职工个人根据自己的工资收入情况，按规定缴纳个人储蓄性养老保险费，记入当地社会保险机构在有关银行开设的养老保险个人账户，并应按不低于或高于同期城乡居民储蓄存款利率计息，以提倡和鼓励职工个人参加储蓄性养老保险，所得利息记入个人账户，本息一并归职工个人所有。职工达到法定退休年龄经批准退休后，凭个人账户将储蓄性养老保险金一次总付或分次支付给本人。职工跨地区流动，个人账户的储蓄性养老保险金应随之转移。职工未到退休年龄而死亡，记入个人账户的储蓄性养老保险金应由其指定人或法定继承人继承。

实行职工个人储蓄性养老保险的目的，在于扩大养老保险经费来源，多渠道筹集养老保险基金，减轻国家和企业的负担；有利于消除长期形成的保险费用完全由国家"包下来"的观念，增强职工的自我保障意识和参与社会保险的主动性；同时也能够促进对社会保险工作实行广泛的群众监督。

四、养老保险基金的筹集

养老保险基金是保障劳动者能够切实享受到养老保险待遇的物质基础。养老保险基金的来源有三个基本渠道：国家财政补贴、用人单位（或雇主）和劳动者缴纳保险费。养老保险基金由国家、用人单位和劳动者个人三方负担是各国养老保险制度的共同的做法。在三者之中，一般都以用人单位和个人为主，国家为辅。国家财政的支持起到一种补充和保障的作用。如果养老基金数额较大，能够满足支付养老保险待遇之需，国家财政的负担就会减轻。反之，国家支持和补贴的力度就要加大。用人单位缴纳的养老保险费，是养老保险基金的最主要的来源。用人单位缴纳养老保险费一般是按照本单位职工工资总额的一定比例在税前提取。用人单位缴纳养老保险费的比例由当地政府确定。按照我国1997年国务院发布的《关于建立统一的企业职工基本养老制度的决定》的规定：企业缴纳养老保险费的比例，一般不得超过企业工资总额的20%，这是企业缴纳养老保险费的最高标准。职工个人缴纳养老保险费的比例最高不得超过职工个人缴费工资的8%，这是个人缴费的最高标准。个人缴纳的养老保险费由企业从职工工资中代为扣缴。在我国，确立养老保险个人缴费的原则是养老保险制度的改革成果，这既符合世界各国养老保险之通例，又可体现权利义务相统一的原则。

养老保险基金除来源于上述三个基本渠道之外，还有按规定收取的滞纳金、基金存储的利息和按规定进行投资的收益等。

五、养老保险待遇的给付

（一）养老保险待遇给付的条件

养老保险待遇给付的条件，是指劳动者享有养老保险待遇的条件或依据，主要包括：

1. 劳动风险

养老保险的劳动风险包括退休年龄条件和丧失劳动能力。

退休年龄条件直接关系到养老保险基金的筹集与发放。一般每个国家都要根据本国社会经济发展的需要、人口的平均寿命及劳动力供求状况确定退休年龄。我国现行法律规定的退休年龄条件，根据身份的不同分为两种情况：

（1）职员（干部）的退休年龄。分为三种情况：一是一般退休年龄：男年满60周岁，女年满55周岁，并且工作年限达到10年；二是提前退休年龄：男年满50周岁，女年满45周岁，工作年限满10年，经证实完全丧失劳动能力的，可以提前退休；三是延迟退休年龄，如高级专家经批准可延迟退休，但正职不超过70周岁，副职不超过65周岁。

（2）工人的退休年龄。分为两种情况：一是一般退休年龄：男年满60周岁，女年满50周岁，并且连续工龄达到10年；二是提前退休年龄：特殊情况下，男年满55周岁，女年满45周岁，连续工龄达到10年；此外，男年满50周岁，女年满45周岁，连续工龄满10年的工人，经证实完全丧失劳动能力的，也可以提前退休。

我国法律规定，退职的条件是：劳动者因工致残或患有职业病，经医院证明，并经劳动鉴定委员会确认完全丧失劳动能力的,尽管不具备退休条件,应当退职。退职待遇是养老保险待遇的特殊形式。

2. 工龄条件

工龄是指劳动者以工资收入为其全部或主要生活来源的劳动年限。各国对工龄作为养老保险待遇给付条件的规定不尽相同,一般要求职工连续工龄达到一定年限,短的为15年,长的为40年,有的国家还规定男女职工退休工龄不同。在实行劳动者个人缴费制度的国家,工龄即为缴费年限,多数国家规定为15年至20年之间。

3. 缴费年限

缴费年限是指用人单位和职工共同缴纳养老保险费的年限。各国一般都规定一个最低缴费年限,即最低保龄。最低保龄是参照人的正常寿命和可能的工作年限并结合保险金支出的财务状况而确定。关于最低保龄的长短,国际劳工组织建议为15年。最低缴费年限的计算有连续计算和累计计算两种。

我国改革前的养老保险不存在职工个人缴费的问题,所以保险待遇的给付依据主要是劳动风险和工龄,不包括缴费年限。近些年来,缴费年限成为一项重要的给付依据,并在立法中予以确认。根据我国《社会保险法》第16条规定,"参加基本养老保险的个人,达到法定退休年龄时累计缴费满15年的,按月领取基本养老金。参加基本养老保险的个人,达到法定退休年龄时累计缴费不足15年的,可以缴费至满15年,按月领取基本养老金;也可以转入新型农村社会养老保险或者城镇居民社会养老保险,按照国务院规定享受相应的养老保险待遇。"

(二) 养老保险待遇项目

养老保险的待遇项目是养老保险基金支出的主要项目,是退休、退职劳动者所直接获得的待遇项目。按我国现行规定,养老保险的待遇项目包括:

(1) 退休金或退职生活费。退休职工按月领取退休金,从退休第二个月起发放,直到死亡。退职职工按月领取退职生活费,直到死亡。在待遇标准上,退职生活费要低于退休金。退休金和退职生活费都是按照职工退休退职前标准工资的一定比例计发。退职生活费的比例低于退休金的比例。

(2) 医疗待遇和死亡待遇与在职职工相同。

(3) 其他待遇。主要是指退休职工的异地安家补助费、异地安置车旅费、住房补贴、冬季取暖补贴等,均按规定标准执行。

(三) 养老保险待遇标准的调整

养老保险待遇标准一般以劳动者在职工资收入为基础,再辅之以工龄或缴费年限和退休年龄进行计算。一般认为,养老待遇水平在任何情况下都不能高于在职时的收入,因此退休金不可能是原工资的100%,而只是其一定的百分比,这种百分比,称为"退休金的工资取代率"。国际劳工组织 1967 年通过的《疾病、老年、遗属补助公约》(第 128 号)规定,缴费和就业 30 年,并有一个符合养老条件的配偶,正常的养老保险金不得低于原工资收入的 40%—50%。

在我国,养老保险待遇的计发是以标准工资为基数的。由于工资制度的改革,使得标准工资占实得工资的比例下降,已由 1978 年的 85.7%下降至近几年的 55%,以标准工资为养老保险待遇计发基数的办法受到了极大的冲击,必须进行调整。因此,《关于建立统一的企业职工养老保险制度的决定》规定:"本决定实施前已经离退休的人员,仍按国家原来的规定发给养老金,同时执行养老金调整办法。各地区和有关部门要按照国家规定进一步完善基本养老金正常调整机制,认真抓好落实。"

同时随着经济的发展,物价水平的上涨,生活水平的提高,养老保险待遇的标准也不能长期不变,应该随着经济的发展适时进行调整。从世界范围考察,调整方法主要有四种:(1)退休金随物价指数的上升而增加,如美国、日本、瑞典等国家;(2)退休金随工资水平的提高而增加,如法国、德国等国家;(3)退休金随物价和工资增长而增加,如英国、瑞典等国家;(4)在普通退休金之外加发与工资收入挂钩的退休金,如加拿大、挪威、丹麦等国家。我国《社会保险法》第 18 条规定:"国家建立基本养老金正常调整机制。根据职工平均工资增长、物价上涨情况,适时提高基本养老保险待遇水平。"

六、养老保险基金的监督管理

养老保险基金的安全性至关重要。保险基金的流失、贬值、被挪用、侵占,必然会影响正常的保险待遇给付,直接影响退休、退职职工的生活。确保养老保险基金的安全,必须加强对社会保险基金筹集、运营、支出活动的监督管理。我国《劳动法》第 74 条规定:"社会保险经办机构依照法律规定收支、管理和运营社会保险基金,并负有使社会保险基金保值增值的责任。""社会保险基金监督机构依照法律规定,对社会保险基金的收支、管理和运营实施监督。""任何组织和个人不得挪用社会保险基金。"

第三节 医疗保险法律制度

一、医疗保险的概念和特点

(一)疾病保险与医疗保险的概念

疾病保险,又称"病伤保险"、"健康保险",是指劳动者及其供养的亲属由于患病或非因工负伤后,在医疗和生活上获得物质帮助的一种社会保险制度。它是社会保险中的一个重要的组成部分。有些国家将生育保险、死亡保险包括在内。

通常把疾病保险中在医疗方面获得的服务和物质帮助称为"医疗保险"。

疾病保险与医疗保险既有联系又有区别。单纯的医疗保险待遇是直接用于医疗服务的费用,而疾病保险包括被保险人医疗期间的休养、工资、病伤救济和医疗服务等。医疗保险与疾病保险都是对发生疾病的保险,但二者的保障目的不同。医疗保险是保障医疗费支出,其功能是实现医疗费用补偿;疾病保险是对工资收入损失的保障,其功能是收入保障。基于此,医疗保险又称为医疗保健;疾病保险又称为疾病津贴或生活补助。

(二) 疾病保险与医疗保险的特点

疾病保险和医疗保险具有以下特点:

第一,这两种保险形式与其他保险形式之间的交叉性较大。其他保险形式中,也都包含着对发生疾病的医疗费补偿和疾病津贴的内容。如养老保险待遇项目中包含着医疗费用待遇,而工伤保险待遇中也包含着工伤医疗费用和津贴,失业保险中有失业期间的医疗补助金等。

第二,与上述第一点特征相联系,医疗保险和疾病保险具有一种补充保险的特点。也就是说,其他保险形式所不能涵盖的风险(非工伤范畴的疾病,非生育、失业和养老期间的疾病),只能通过医疗保险和疾病保险实现保障。正是有了医疗保险和疾病保险的兜底作用,社会保险制度才在保障功能的发挥上,表现出严密性和充分性。

第三,医疗保险和疾病保险的范围是整个社会公民,不限于单位职工,不限于城市居民。正是基于医疗保险和疾病保险的覆盖面宽广的特点,在某种意义上,我们也可以将这两种保险形式看成是一种社会福利。

二、疾病保险和医疗保险的立法概况

疾病保险是起源最早的社会保险项目,无论是早期的团体互济的劳动保险,还是现代社会保险,莫不始于疾病保险。历史上被视为社会保险制度开端的立法,就是德国1883年《劳工疾病保险法》。后来,疾病保险在20世纪上半叶的整个欧洲以各种形式推行,不少国家也相继有了疾病保险的立法。1927年国际劳工组织通过了《工商业工人及家庭佣工疾病保险公约》(第24号公约)和《农业工人疾病保险公约》(第25号公约)分别要求在工商业和农业实行强制性疾病保险制度。1969年通过的《医疗护理和疾病津贴公约》(第130号公约),又扩大了疾病保险的适用范围。目前所有发达国家和许多发展中国家都建立了疾病保险制度。

我国从20世纪50年代起,在城镇职工中实行了的劳动保险制度包括疾病保险的内容,对于在实施范围内的职工患病或非因工负伤,给予生活救济,发给病假工资;在医疗服务方面,分别对企业职工实施劳保医疗和对国家机关、事业单位和社会团体职工实施公费医疗。在农村,则开展合作医疗服务。20世纪80年代,我国开始进行职工医疗保险制度改革。近年来,医疗保险制度改革主要体现在:(1)普遍实行医疗费用与个人挂钩的办法,劳动者就医适当负担部分医疗费用;(2)离退休人员医疗费用逐步实行社会统筹;(3)劳动者大病医疗费用实行社会统筹;(4)改革公费医疗经费管理办法;(5)改革公费医疗管理体制,等等。

在总结改革经验的基础上,国务院于1998年12月下发了《关于建立城镇职工基本医疗保险制度的决定》,部署全国范围内全面推进职工医疗保险制度改革工作,要求1999年内全国基本建立职工基本医疗保险制度。1999年4月26日,劳动和社会保障部、国家药品监督管理局颁布、实施了《城镇职工基本医疗保险定点零售药店管理暂行办法》;1999年5月11日,劳动和社会保障部 卫生部 国家中医药管理局联合颁发、实施了《城镇职工基本医疗保险定点医疗机构管理暂行办法》;1999年5月12日,劳动和社会保障部、国家发展计划委员会、国家经济贸易委员会、财政部、卫生部、国家药品监督管理局、国家中医药管理局联合颁发、实施了《城镇职工基本医疗保险用药范围管理暂行办法》;1999年6月29日,劳动和社会保障部、国家经济贸易委员会、财政部、卫生部联合颁布、实施了《关于加强城镇职工基本医疗保险费用结算管理的意见》等。全国各省、直辖市、自治区都陆续出台了具体改革实施方案。2009年3月,中共中央、国务院发布了《关于深化医药卫生体制改革的意见》,开始了包括医疗保险在内的新的医药卫生体制改革。2010年10月28日全国人大常委会通过的《社会保险法》第三章又对基本医疗保险进行了专门规定。

三、我国城镇医疗保险制度改革的内容

1998年12月14日国务院发布《关于建立城镇职工基本医疗保险制度的决定》,在认真总结近年来各地医疗保险制度改革试点经验的基础上,决定在全国范围内进行医疗保险制度改革。主要内容为:

(一)改革的任务和原则

医疗保险制度改革的主要任务是建立城镇职工基本医疗保险制度,即适应社会主义市场经济体制,根据财政、企业和个人的承受能力,建立保障职工基本医疗需求的社会医疗保险制度。

建立城镇职工基本医疗保险制度的原则是:

(1)基本医疗保险的水平要与社会主义初级阶段生产力发展水平相适应;

(2)城镇所有用人单位及其职工都要参加基本医疗保险,实行属地管理;

（3）基本医疗保险费由用人单位和职工双方共同负担；
（4）基本医疗保险基金实行社会统筹和个人账户相结合。

（二）覆盖范围和缴费办法

（1）覆盖范围是：城镇所有用人单位，包括企业（国有企业、集体企业、外商投资企业、私营企业等）、机关、事业单位、社会团体、民办非企业单位及其职工，都要参加基本医疗保险。乡镇企业及其职工、城镇个体经济组织业主及其从业人员是否参加基本医疗保险，由各省、自治区、直辖市人民政府决定。

（2）缴费办法为：基本医疗保险费由用人单位和职工共同缴纳。用人单位缴费率应控制在职工工资总额的6%左右，职工缴费率一般为本人工资收入的2%。随着经济发展，用人单位和职工缴费率可作相应调整。

（三）建立基本医疗保险统筹基金和个人账户

（1）基本医疗保险基金由统筹基金和个人账户构成。职工个人缴纳的基本医疗保险费，全部计入个人账户。用人单位缴纳的基本医疗保险费分为两部分，一部分用于建立统筹基金，一部分划入个人账户。划入个人账户的比例一般为用人单位缴费的30%左右，具体比例由统筹地区根据个人账户的支付范围和职工年龄等因素确定。

（2）统筹基金和个人账户要划定各自的支付范围，分别核算，不得互相挤占。要确定统筹基金的起付标准和最高支付限额，起付标准原则上控制在当地职工年平均工资的10%左右，最高支付限额原则上控制在当地职工年平均工资的4倍左右。起付标准以下的医疗费用，从个人账户中支付或由个人自付。起付标准以上、最高支付限额以下的医疗费用，主要从统筹基金中支付，个人也要负担一定比例。超过最高支付限额的医疗费用，可以通过商业医疗保险等途径解决。统筹基金的具体起付标准、最高支付限额以及在起付标准以上和最高支付限额以下医疗费用的个人负担比例，由统筹地区根据以收定支、收支平衡的原则确定。

（四）健全基本医疗保险基金的管理和监督机制

基本医疗保险基金纳入财政专户管理，专款专用，不得挤占挪用。

社会保障经办机构负责基本医疗保险基金的筹集、管理和支付，并要建立健全预决算制度、财务会计制度和内部审计制度。社会保险经办机构的事业经费不得从基金中提取，由各级财政预算解决。

（五）加强医疗服务管理

要确定基本医疗保险的服务范围和标准。基本医疗保险实行定点医疗机构（包括中医医院）和定点药店管理。

要积极推进医药卫生体制改革。

（六）妥善解决有关人员的医疗待遇

（1）离休人员、老红军的医疗待遇不变，医疗费用按原资金渠道解决，支付确有困难的，由同级人民政府帮助解决。

（2）二等乙级以上革命伤残军人的医疗待遇不变，医疗费用按原资金渠道解决，由社会保险经办机构单独列账管理。医疗费支付不足部分，由当地人民政府帮助解决。

（3）退休人员参加基本医疗保险，个人不缴纳基本医疗保险费。对退休人员个人账户的计入金额和个人负担医疗费的比例给予适当照顾。

（4）国家公务员在参加基本医疗保险的基础上，享受医疗补助政策。具体办法另行制定。

（5）允许建立企业补充医疗保险。企业补充医疗保险费在工资总额4%以内的部分，从职工福利费中列支，福利费不足列支的部分，经同级财政部门核准后列入成本。

（6）国有企业下岗职工的基本医疗保险费，包括单位缴费和个人缴费，均由再就业服务中心按照当地上年度职工平均工资的60%为基数缴纳。

四、我国《社会保险法》中关于基本医疗保险的新规定

由于我国各地经济发展水平不同，医疗服务提供能力和医疗消费水平等差距都很大，国务院只对基本医疗保险起付标准、支付比例和最高支付限额等作了原则规定，具体待遇给付标准由统筹地区人民政府按照以收定支的原则确定。考虑到这个实际，我国《社会保险法》没有对基本医疗保险待遇项目和享受条件作更为具体的规定。这里需要特别指出的有两点：

第一，为了缓解个人垫付大量医疗费的问题，《社会保险法》规定了基本医疗保险费用直接结算制度。参保人员就医发生的医疗费用中，按照规定应当由基本医疗保险基金支付的部分，由社会保险经办机构与医疗机构、药品经营单位直接结算；社会保险行政部门和卫生行政部门应当建立异地就医医疗费用结算制度，方便参保人员享受基本医疗保险待遇。

第二，在明确应当由第三人负担的医疗费用不纳入基本医疗保险基金支付范围的同时，《社会保险法》规定，医疗费用依法应当由第三人负担，第三人不支付或者无法确定第三人的，由基本医疗保险基金先行支付后，向第三人追偿。

第四节 工伤保险法律制度

一、工伤保险的概念和特点

（一）工伤保险的概念

工伤保险，又称职业伤害保险或职业伤害赔偿保险，是指依法为在生产、工作中遭受事故伤害或患职业性疾病的劳动者及其亲属提供医疗救治、生活保障、经济补偿、医疗和职业康复等物质帮助的一种社会保险制度。工伤保险制度建立的基础是劳动者的生命权和健康权。为了保障因工作遭受事故伤害或者患职业病的职工获得医疗救治和经济补偿，促进工伤预防和职业康复，分散用人单位的工伤风险，应当建立工伤保险制度。工伤保险是社会保险制度中产生较早，发展较为完善且普遍的保险形式。

（二）工伤保险的特点

工伤保险具有以下特点：

（1）工伤保险的对象范围是在生产劳动过程中的劳动者。由于职业危害无所不在，无时不在，任何人都不能完全避免职业伤害。因此工伤保险作为抗御职业危害的保险制度适用于所有职工，任何职工发生工伤事故或遭受职业疾病，都应毫无例外地获得工伤保险待遇。

（2）工伤保险的责任具有赔偿性。工伤即职业伤害所造成的直接后果是伤害到职工生命健康，并由此造成职工及家庭成员的精神痛苦和经济损失，也就是说劳动者的生命健康权、生存权和劳动权受到影响、损害甚至被剥夺了。因此工伤保险是基于对工伤职工的赔偿责任而设立的一种社会保险制度，其他社会保险是基于对职工生活困难的帮助和补偿责任而设立的。

（3）工伤保险实行无过错责任原则，无论工伤事故的责任归于用人单位还是职工个人或第三人，用人单位均应承担保险责任。

（4）工伤保险不同于养老保险等险种，劳动者不缴纳保险费，全部费用由用人单位负担。即工伤保险的投保人为用人单位。

（5）工伤保险待遇相对优厚，标准较高，但因工伤事故伤残等级的不同而有所差别。

二、工伤保险的立法概况

工伤保险是世界上产生较早的社会保险项目，最早的工伤保险立法是德国1884年颁布的《劳工伤害保险法》，这也是历史上第二部社会保险法规。目前世界上大多数国家或地区都建立了工伤保险制度。国际劳工组织于1921年通过了《农业工人赔偿公约》(第12号公约);1925年通过了《工人事故赔偿公约》(第17号公约)、《工人职业病赔偿公约》(第18号公约,后由1935年第42号公约修改)和《本国工人与外国人在工伤事故赔偿方面享受同等待遇公约》(第19号公约);1952年第102号公约有工伤保险的规定;1964年通过了《工伤事故津贴公约》(第121号公约),扩大了适用范围,并规定改善医疗护理和有关服务,还规定了工伤津贴最低标准。

在我国,工伤保险一直是社会保险制度的重要组成部分,1951年政务院颁布的《中华人民共和国劳动保险条例》及其实施细则都对工伤保险作了具体规定。1957年2月28日卫生部制定了《职业病范围和职业病患者处理办法的规定》,首次在我国将职业病伤害纳入工伤保险的保障范畴。1987年11月5日,卫生部、财政部、原劳动人事部、全国总工会修订颁发了《职业病范围和职业病患者处理办法的规定》,列入职业病的有九大类,共99种。1996年8月,原劳动部制定了《企业职工工伤保险试行办法》。2001年10月27日全国人大常委会通过了《中华人民共和国职业病防治法》,对职业病的前期预防、劳动过程中的防护与管理、职业病诊断与职业病病人保障、监督检查和法律责任等作出了详细的规定。卫生部于2002年3月28日发布了《职业病危害事故调查处理办法》、《职业病诊断与鉴定管理办法》、《职业病危害项目申报管理办法》、《建设项目职业病危害分类管理办法》等配套规章。2003年4月27日国务院颁布了《工伤保险条例》,该《条例》自2004年1月1日起施行。2010年10月28日全国人大常委会通过了《社会保险法》,该法自2011年7月1日起实施。2010年12月20日国务院修订了《工伤保险条例》,该《条例》于2011年1月1日起施行,是《社会保险法》的重要配套法规,对于进一步保障工伤职工合法权益,分散用人单位工伤风险,促进工伤保险制度的完善具有重要意义。至此,我国已形成较为完善的工伤保险法律体系。

三、工伤保险制度的作用

工伤保险之所以在世界上深受欢迎而普遍施行,是因为采用社会保险形式的工伤保险发挥着显著的制度功能。工伤保险制度的作用表现在以下几方面:

(1)保证受伤和患职业病的劳动者得到及时医治。发生职业伤害事故或职业病的劳动者,必须及时得到医疗救治。及时治疗,需要有充分的经济保证。工伤保险可以保证工伤劳动者的治疗需要,而且在有些时候,可以预支医疗费。即使是发生了由他人所致的意外事故(如交通事故),在责任者逃匿,责任难于追究的情况下,工伤保险也可起到一种补充保险的作用。总之,因为有了工伤保险,因工受伤或患病的劳动者及时得到治疗才成为可能,早日康复才增加了希望。

（2）补偿损失，维持生活。劳动者因工受伤或患病导致暂时或永久地丧失劳动能力，不仅会增加大量的医疗费支出，而且会造成工资损失。劳动者在发生工伤的情况下支出增加而收入减少或断绝，必然恶化劳动者本人及其所供养的亲属的生活状况。工伤保险及时支付各种保险待遇，可以补偿劳动者所受到的损失，可以满足维持生活安定之经济需要。

（3）减轻企业负担，稳定保险待遇支付。在工伤没有采取社会保险形式以前，工伤赔偿责任完全落在企业身上。随着工伤事故的增加，企业的负担加重。而且采用企业保险的形式，保险待遇的支付受企业经济状况所左右。如果企业亏损，无力支付劳动者的工伤保险待遇，则工伤保险目的落空，受伤和患病的劳动者仍然无助。工伤社会保险实现保险基金社会统筹，保险基金在一个较大的范围内调剂使用。企业的繁琐和负担因此而减轻，劳动者的工伤待遇因此也有了可靠的安全的保障。

（4）预防职业危害，减少职业伤害和疾病。工伤保险的作用不仅是事后消极的补偿或赔偿，还具有积极预防的功能。主要表现在：工伤保险基金的支出项目中包含事故预防费、宣传科研费和安全奖励金，这些支出直接用于促进企业安全卫生事业的发展；在工伤保险基金的筹集上，采用差别费率，事故发生率高的企业要提高收费标准；对于没有发生工伤事故和职业病或发生率低于本行业平均水平的企业，工伤保险经办机构从该企业当年缴纳的工伤保险费中，返还5%至20%，用于促进安全生产事业。

四、我国工伤保险制度的覆盖范围

我国2010年通过的《社会保险法》33条规定："职工应当参加工伤保险，由用人单位缴纳工伤保险费，职工不缴纳工伤保险费。"2010年修订的《工伤保险条例》第2条规定："中华人民共和国境内的企业、事业单位、社会团体、民办非企业单位、基金会、律师事务所、会计师事务所等组织和有雇工的个体工商户（以下称用人单位）应当依照本条例规定参加工伤保险，为本单位全部职工或者雇工（以下称职工）缴纳工伤保险费。""中华人民共和国境内的企业、事业单位、社会团体、民办非企业单位、基金会、律师事务所、会计师事务所等组织的职工和个体工商户的雇工，均有依照本条例的规定享受工伤保险待遇的权利。"进一步明确了工伤保险的覆盖范围，这就意味着工伤保险的覆盖范围是全体劳动者。

五、工伤和职业病的认定

（一）工伤的认定

所谓工伤，是指劳动者在劳动过程中因执行职务（业务）而受到的意外伤害。根据我国现行《工伤保险条例》第14、15条规定，职工有下列情形之一的，

应当认定为工伤:

(1) 在工作时间和工作场所内,因工作原因受到事故伤害的;

(2) 工作时间前后在工作场所内,从事与工作有关的预备性或者收尾性工作受到事故伤害的;

(3) 在工作时间和工作场所内,因履行工作职责受到暴力等意外伤害的;

(4) 患职业病的;

(5) 因工外出期间,由于工作原因受到伤害或者发生事故下落不明的;

(6) 在上下班途中,受到非本人主要责任的交通事故或者城市轨道交通、客运轮渡、火车事故伤害的;

(7) 法律、行政法规规定应当认定为工伤的其他情形。

职工有下列情形之一的,视同工伤:

(1) 在工作时间和工作岗位,突发疾病死亡或者在48小时之内经抢救无效死亡的;

(2) 在抢险救灾等维护国家利益、公共利益活动中受到伤害的;

(3) 职工原在军队服役,因战、因公负伤致残,已取得革命伤残军人证,到用人单位后旧伤复发的。

此外,我国《社会保险法》和《工伤保险条例》还规定了职工因故意犯罪、醉酒或者吸毒、自残或者自杀等行为导致本人在工作中伤亡的,不得认定为工伤或者视同工伤。

(二) 职业病的认定

职业病是指企业、事业单位和个体经济组织等用人单位的劳动者在职业活动中,因接触粉尘、放射性物质和其他有毒、有害物质等因素而引起的疾病。由于职业病的产生是基于劳动(职业)的危险性和劳动安全卫生条件不符合标准所致,所以,它同工伤事故一样,用人单位应对职业病患者承担赔偿责任。正因为如此,各国都把职业病作为工伤保险的保险事故。

职业病作为一种慢性伤害,在实践中比工伤更难认定,它必须在确认患者所得的疾患与生产劳动直接相关的前提下,借助现代医疗技术的检测,从患者的病因、病种和职业接触史等多方面进行认定。所以职业病范围,在各国均由有关法规直接规定。只有列入法规或法定部门所规定职业病名单的疾病,才是法律上承认的职业疾病。根据1987年《职业病范围和职业病患者处理办法的规定》,我国法定的职业病有9大类,共99种。2002年4月18日,卫生部、劳动和社会保障部根据我国《职业病防治法》第2条规定,颁布了新的《职业病目录》,将职业病范围确定为10大类,共115种。

在国家规定的职业病范围之外,各地区、各部门需要增补的职业病,应报卫生部审批。

(三) 工伤或职业病的认定程序

遭受工伤事故或患职业病,不必然地获得工伤保险待遇,法律一般都规定获得工伤保险待遇的程序条件。我国《工伤保险条例》第 17 条规定:"职工发生事故伤害或者按照职业病防治法规定被诊断、鉴定为职业病,所在单位应当自事故伤害发生之日或者被诊断、鉴定为职业病之日起 30 日内,向统筹地区劳动保障行政部门提出工伤认定申请。遇有特殊情况,经报劳动保障行政部门同意,申请时限可以适当延长。""用人单位未按前款规定提出工伤认定申请的,工伤职工或者其直系亲属、工会组织在事故伤害发生之日或者被诊断、鉴定为职业病之日起 1 年内,可以直接向用人单位所在地统筹地区劳动保障行政部门提出工伤认定申请。"我国《社会保险法》第 36 条规定:"职工因工作原因受到事故伤害或者患职业病,且经工伤认定的,享受工伤保险待遇;其中,经劳动能力鉴定丧失劳动能力的,享受伤残待遇。工伤认定和劳动能力鉴定应当简捷、方便。"

为进一步规范工伤认定程序,人力资源和社会保障部于 2010 年 12 月 31 日修订发布了《工伤认定办法》,规定了工伤认定申请、受理、调查核实和认定的具体程序和要求。

六、工伤保险基金的筹集与支出

(一) 工伤保险基金的筹集

工伤保险基金的筹集奉行一个普遍的原则,即个人不缴费原则。工伤保险费主要由用人单位承担。各国确定工伤保险费率的方式主要有三种:

(1) 统一费率制:按照工伤统筹范围内的预测开支需求,与相同范围内企业的工资总额相比较,求出一个总的工伤保险费率,所有的企业均按这一比例缴费。

(2) 差别费率制:对单个用人单位或行业单独确定工伤保险费的缴纳比例,主要根据各行业或企业单位一定时期内的伤亡事故与职业病统计,以及工伤费用的预测而确定。

(3) 浮动费率制:这是在差别费率的基础上,每年对各行业或企业的安全卫生状况和工伤保险费用支出状况进行分析评估,根据评估结果,由主管部门决定该行业或企业工伤保险费率的上浮或下浮。

世界上多数国家采用差别费率制与浮动费率制。

按照我国《社会保险法》和《工伤保险条例》的规定,我国工伤保险基金由用人单位缴纳的工伤保险费、工伤保险基金的利息和依法纳入工伤保险基金的其他资金构成。工伤保险费根据以支定收、收支平衡的原则,确定费率。国家根据不同行业的工伤风险程度确定行业的差别费率,并根据工伤保险费使用、工伤发生率等情况在每个行业内确定若干费率档次。行业差别费率及行业内费率档次由国务院社会保险行政部门制定,报国务院批准后公布施行。用人单位应当按照本单位职工工资总额,根据社会保险经办机构确定的费率缴纳工伤保险费。

(二) 工伤保险基金的支出

工伤保险基金存入社会保障基金财政专户,用于法律法规规定的工伤保险待遇,劳动能力鉴定,工伤预防的宣传、培训等费用,以及用于工伤保险的其他费用的支付。任何单位或者个人不得将工伤保险基金用于投资运营、兴建或者改建办公场所、发放奖金,或者挪作其他用途。

根据我国《社会保险法》规定,因工伤发生的下列费用,按照国家规定从工伤保险基金中支付:

(1) 治疗工伤的医疗费用和康复费用;
(2) 住院伙食补助费;
(3) 到统筹地区以外就医的交通食宿费;
(4) 安装配置伤残辅助器具所需费用;
(5) 生活不能自理的,经劳动能力鉴定委员会确认的生活护理费;
(6) 一次性伤残补助金和一至四级伤残职工按月领取的伤残津贴;
(7) 终止或者解除劳动合同时,应当享受的一次性医疗补助金;
(8) 因工死亡的,其遗属领取的丧葬补助金、供养亲属抚恤金和因工死亡补助金;
(9) 劳动能力鉴定费。

因工伤发生的下列费用,按照国家规定由用人单位支付:

(1) 治疗工伤期间的工资福利;
(2) 五级、六级伤残职工按月领取的伤残津贴;
(3) 终止或者解除劳动合同时,应当享受的一次性伤残就业补助金。

工伤职工符合领取基本养老金条件的,停发伤残津贴,享受基本养老保险待遇。基本养老保险待遇低于伤残津贴的,从工伤保险基金中补足差额。

职工所在用人单位未依法缴纳工伤保险费,发生工伤事故的,由用人单位支付工伤保险待遇。用人单位不支付的,从工伤保险基金中先行支付。从工伤保险基金中先行支付的工伤保险待遇应当由用人单位偿还。用人单位不偿还的,社会保险经办机构可以依法追偿。

由于第三人的原因造成工伤,第三人不支付工伤医疗费用或者无法确定第三人的,由工伤保险基金先行支付。工伤保险基金先行支付后,有权向第三人追偿。

工伤职工有下列情形之一的,停止享受工伤保险待遇:(1) 丧失享受待遇条件的;(2) 拒不接受劳动能力鉴定的;(3) 拒绝治疗的。

七、工伤保险待遇的项目和标准

工伤保险待遇项目因工伤事故后果不同而不同。工伤事故可能造成职工受伤、患职业病、残疾或死亡。一般据此划分为三种具体待遇类型：工伤医疗期间待遇、伤残待遇和工亡待遇。根据《工伤保险条例》规定，我国工伤保险待遇的项目和标准的主要内容为：

（一）工伤医疗期间保险待遇

职工因工作遭受事故伤害或者患职业病进行治疗，享受工伤医疗待遇。工伤医疗待遇的项目包括：

第一，工伤保险基金支付的项目和标准。包括：(1)符合工伤保险诊疗项目目录、工伤保险药品目录、工伤保险住院服务标准的治疗工伤所需费用。(2)职工住院治疗工伤的伙食补助费，以及经医疗机构出具证明，报经办机构同意，工伤职工到统筹地区以外就医所需的交通、食宿费用。基金支付的具体标准由统筹地区人民政府规定。(3)符合规定的，工伤职工到签订服务协议的医疗机构进行工伤康复的费用。

第二，由所在单位支付的项目和标准。包括：(1)职工因工作遭受事故伤害或者患职业病需要暂停工作接受工伤医疗的，在停工留薪期内，原工资福利待遇不变，由所在单位按月支付。停工留薪期一般不超过12个月。伤情严重或者情况特殊，经设区的市级劳动能力鉴定委员会确认，可以适当延长，但延长不得超过12个月。(2)工伤职工在停工留薪期满后仍需治疗的，继续享受工伤医疗待遇。(3)生活不能自理的工伤职工在停工留薪期需要护理的，由所在单位负责。

（二）工伤伤残待遇

1. 劳动能力鉴定

劳动能力鉴定是指劳动功能障碍程度和生活自理障碍程度的等级鉴定。职工发生工伤，经治疗伤情相对稳定后存在残疾、影响劳动能力的，应当进行劳动能力鉴定。劳动功能障碍分为十个伤残等级，最重的为一级，最轻的为十级。生活自理障碍分为三个等级，即生活完全不能自理、生活大部分不能自理和生活部分不能自理。劳动能力鉴定标准由国务院劳动保障行政部门会同国务院卫生行政部门等部门制定。劳动能力鉴定由用人单位、工伤职工或者其直系亲属向设区的市级劳动能力鉴定委员会提出申请，并提供工伤认定决定和职工工伤医疗的有关资料。

2. 工伤职工经评残后，享受评残后工伤保险待遇的具体待遇项目和标准

(1)工伤职工已经评定伤残等级并经劳动能力鉴定委员会确认需要生活护理的，从工伤保险基金按照生活完全不能自理、生活大部分不能自理或者生活部分不能自理三个不同等级按月支付生活护理费，其标准分别为统筹地区上年度

职工月平均工资的50%、40%或者30%。

（2）工伤职工因日常生活或者就业需要，经劳动能力鉴定委员会确认，可以安装假肢、矫形器、假眼、假牙和配置轮椅等辅助器具，所需费用按照国家规定的标准从工伤保险基金支付。

（3）职工因工致残被鉴定为一级至四级伤残的，保留劳动关系，退出工作岗位，享受以下待遇：① 从工伤保险基金按伤残等级支付一次性伤残补助金，标准为：一级伤残为27个月的本人工资，二级伤残为25个月的本人工资，三级伤残为23个月的本人工资，四级伤残为21个月的本人工资。② 从工伤保险基金按月支付伤残津贴，标准为：一级伤残为本人工资的90%，二级伤残为本人工资的85%，三级伤残为本人工资的80%，四级伤残为本人工资的75%。伤残津贴实际金额低于当地最低工资标准的，由工伤保险基金补足差额。③ 工伤职工达到退休年龄并办理退休手续后，停发伤残津贴，按照国家有关规定享受基本养老保险待遇。基本养老保险待遇低于伤残津贴的，由工伤保险基金补足差额。④ 职工因工致残被鉴定为一级至四级伤残的，由用人单位和职工个人以伤残津贴为基数，缴纳基本医疗保险费。

（4）职工因工致残被鉴定为五级、六级伤残的，享受以下待遇：① 从工伤保险基金按伤残等级支付一次性伤残补助金，标准为：五级伤残为18个月的本人工资，六级伤残为16个月的本人工资。② 保留与用人单位的劳动关系，由用人单位安排适当工作。难以安排工作的，由用人单位按月发给伤残津贴，标准为：五级伤残为本人工资的70%，六级伤残为本人工资的60%，并由用人单位按照规定为其缴纳应缴纳的各项社会保险费。伤残津贴实际金额低于当地最低工资标准的，由用人单位补足差额。③ 经工伤职工本人提出，该职工可以与用人单位解除或者终止劳动关系，由工伤保险基金支付一次性工伤医疗补助金，由用人单位支付一次性伤残就业补助金。具体标准由省、自治区、直辖市人民政府规定。

（5）职工因工致残被鉴定为七级至十级伤残的，享受以下待遇：① 从工伤保险基金按伤残等级支付一次性伤残补助金，标准为：七级伤残为13个月的本人工资，八级伤残为11个月的本人工资，九级伤残为9个月的本人工资，十级伤残为7个月的本人工资。② 劳动、聘用合同期满终止，或者职工本人提出解除劳动、聘用合同的，由工伤保险基金支付一次性工伤医疗补助金，由用人单位支付一次性伤残就业补助金。具体标准由省、自治区、直辖市人民政府规定。

（三）工亡保险待遇

职工因工死亡，其直系亲属按照下列规定从工伤保险基金领取丧葬补助金、供养亲属抚恤金和一次性工亡补助金：

（1）丧葬补助金为6个月的统筹地区上年度职工月平均工资。

(2) 供养亲属抚恤金按照职工本人工资的一定比例发给由因工死亡职工生前提供主要生活来源、无劳动能力的亲属。标准为:配偶每月40%,其他亲属每人每月30%,孤寡老人或者孤儿每人每月在上述标准的基础上增加10%。核定的各供养亲属的抚恤金之和不应高于因工死亡职工生前的工资。供养亲属的具体范围由国务院社会保险行政部门规定。

(3) 一次性工亡补助金标准为上一年度全国城镇居民人均可支配收入的20倍。

第五节　失业保险法律制度

一、失业保险的概念和特点

（一）失业保险的概念

失业保险,我国过去称待业保险,是指劳动者因失业而暂时中断生活来源的情况下,在法定期间内从国家和社会获得物质帮助的一种社会保险制度。失业意味着劳动者个人和家庭的生存危机,给人们带来生活上的极大困难。失业率上升同时还会影响社会稳定。因此,各国政府都非常注意通过法律手段解决失业问题,建立失业保险制度就是其中的一种有效的方法。

失业保险的对象是失业劳动者。何谓"失业"？失业是指具有劳动能力并有劳动意愿的劳动者处于得不到工作机会或就业后又失去工作岗位的状态。各国对失业者的定义各有不同的界定。如美国将失业者定义为:年满16周岁、没有工作或正在寻找工作的人。国际劳工组织对失业者作了如下界定:失业是指在调查期内达到一定年龄并满足以下条件者:(1)没有工作,即未被雇佣同时也未自谋职业者;(2)目前可以工作,即可被雇佣或自谋职业者;(3)正在寻找工作,即在最近特定时期已经采取明确步骤寻找工作或自谋职业者。

在我国,改革开放以前,并不承认社会主义制度下会产生失业问题,因而也没有使用失业的概念,对于产生的失业问题,是以待业概念来取代的。1986年国家统计局对待业人员所下的定义是:"有非农户口,在一定劳动年龄内(16岁以上男50岁以下、女45岁以下),有劳动能力,无业而要求就业,并在当地就业服务机构进行待业登记的人员。"从1994年起,我国政府才开始使用国际通用的失业和失业率的名词。国家统计局统计年鉴对城镇登记失业人员的定义是:"有非农业户口,在一定的劳动年龄内,有劳动能力,无业而要求就业,并在当地就业服务机构进行求职登记的人员。"

（二）失业保险的特点

失业保险是社会保险制度中的重要组成部分。失业保险除了具有社会保险

的一般特征外,还具有以下特点:

(1) 适用对象的特定性。失业保险以失去劳动机会为前提,只适用于失业的劳动者,而且必须是非自愿性失业。自愿性失业不享有失业保险待遇,这是各国失业保险的通例。根据我国法律规定,我国失业人员只限定为就业转失业的人员。

(2) 享受保险待遇有一定期限。失业保险待遇不能永远享有,只能在法定期限内享有。超过法定期间,即使没有实现就业,也不再享受失业保险待遇。如我国规定劳动者领取失业保险金的最长期限为24个月。

(3) 待遇水平较低。失业保险待遇只能保障失业劳动者的基本生活需要,一般都将失业保险待遇水平控制在社会救济水平和当地的最低工资标准之间,待遇水平比较低。

(4) 保险功能的特殊性。失业保险主要有两大功能:一是通过预先筹集的失业保险基金,对因失业而失去生活来源的劳动者提供基本生活保障方面的经济援助,以帮助失业人员渡过难关,实现劳动力再生产;二是通过职业培训、职业指导、职业介绍和组织生产自救等综合性服务措施,为失业人员重新就业提供帮助,以提高失业人员的就业竞争力,并尽早实现重新就业的愿望。正是在这个意义上失业保险又被称为"就业保险"或"主动式保险"。

二、失业保险立法概况

失业保险在社会保险制度中,是实行比较晚的险种。失业是市场经济运行的必然结果。在资本主义自由竞争时期,政府对失业现象采取了放任的政策,失业问题完全由市场来调整。而市场竞争的激烈却使失业问题对社会安全造成极大的冲击。为维护资本主义生产秩序,既发挥失业在市场运行中的作用,又减轻失业对社会的负面影响,各国政府开始将失业保险纳入了社会保险范畴,并开始了失业保险立法。1905年法国率先颁布了失业保险法。随即,挪威、丹麦两国也分别在1906年和1907年建立了类似于法国的失业保险制度。当时这几个国家实行的是非完全强制性失业保险制度,即法律确定范围内的人员是否参加失业保险取决于个人意愿,参加保险,就必须根据失业保险法律规定接受管理,包括承担一定的义务和享受相应的权利。1911年英国颁布《国民保险法》,实行国民强制保险制度,失业保险被纳入国民保险范围。以后,包括意大利、奥地利、波兰、德国等在内的许多国家纷纷仿效,也实行了强制性失业保险制度。到1997年初,世界上已有68个国家和地区建立了失业保险制度,其中大多数国家和地区实行强制性保险,自愿性保险的范围只限于工会已建立失业保险基金的产业。

由于失业是一个世界性的问题,失业保险及其立法早就为国际劳工组织所关注。1934年通过了《对非自愿失业者保证给予津贴或补助公约》(第44号公约),要求批准公约的会员国应建立一种对非自愿失业者支付津贴(非救济)的制度。1952年第102号公约《社会保障最低标准公约》中,对失业津贴也作了详细规定。

早在新中国成立初期,为了解决旧中国遗留下来的失业问题,我国开始了有关解决失业问题的立法。1950年政务院发布了《关于救济失业工人的暂行办法》和《关于救济失业教师与处理学生失学问题的指示》。20世纪50年代中期,随着我国经济建设的全面恢复和发展,失业率大大降低。1957年,我国政府宣布消灭了失业,有关失业救济的办法也被废除了。20世纪50年代建立的劳动保险制度中并不包括失业保险。我国真正建立失业保险制度是在20世纪80年代中期。我国的失业保险制度,是在配合国有企业改革和劳动制度改革过程中建立起来的。1986年7月,国务院发布《国有企业职工待业保险暂行规定》,此《规定》标志着我国失业保险制度正式建立。该《规定》对失(待)业救济的对象、基金来源、基金开支项目、发放办法等作了规定。1993年4月,国务院发布了《国有企业职工待业保险规定》,在1986年的基础上扩大了适用范围。《劳动法》把失业保险的范围扩大到我国境内的所有企业。《劳动法》第一次用"失业"代替了以往的"待业",并将失业保险作为社会保险中的一个险种,从而使我国的社会保险制度内容日趋完善。1999年1月,国务院颁布了《失业保险条例》,取代了1993年的规定,将失业保险的范围扩大到城镇企业、事业组织及其职工。该《条例》吸取了我国失业保险制度建立和发展的实践经验,借鉴了国外有益做法,在许多方面作了重大调整,体现了社会主义市场经济对失业保险制度的要求,体现了失业保险制度服务改革和稳定大局的精神,为形成具有中国特色的基本完善的失业保险制度打下了坚实基础。2010年全国人大常委会通过的《社会保险法》第五章专门规定了失业保险,进一步完善了我国的失业保险制度。

三、我国现行失业保险的覆盖范围

衡量失业保险制度是否完善的一个重要标准是覆盖范围。我国《失业保险条例》第2条规定:"城镇企业事业单位、城镇企业事业单位职工依照本条例的规定,缴纳失业保险费。城镇企业事业单位失业人员依照本条例的规定,享受失业保险待遇。本条所称城镇企业,是指国有企业、城镇集体企业、外商投资企业、城镇私营企业以及其他城镇企业。"《失业保险条例》第32条规定:"省、自治区、直辖市人民政府根据当地实际情况,可以决定本条例适用于本行政区域内的社会团体及其专职人员、民办非企业单位及其职工、有雇工的城镇个体工商户及其雇工。"

根据此条例,我国失业保险的覆盖范围已将国有企业及其职工、企业化管理的事业单位及其职工扩大到城镇所有企业、事业单位及其职工,但不包括乡镇企业及其职工。我国2010年的《社会保险法》则将失业保险的范围进一步扩展到所有依法缴纳失业保险的所有劳动者。

四、失业保险基金的筹集

失业保险基金是社会保险基金中的一种专项基金,是国家通过立法建立的用以保障失业人员基本生活的资金。其特点有:(1)强制性。即国家以法律规定的形式,向规定范围内的用人单位、个人征缴社会保险费。缴费义务人必须履行缴费义务,否则构成违法行为,承担相应的法律责任。(2)无偿性。即国家征收社会保险费后,不需要偿还,也不需要向缴费义务人支付任何代价。(3)固定性。即国家根据社会保险事业的需要,事先规定社会保险费的缴费对象、缴费基数和缴费比例。在征收时,不因缴费义务人的具体情况而随意调整。固定性还体现在社会保险基金的使用上,实行专款专用。

建立失业保险基金是失业保险制度的重要内容。一般说来,失业保险基金筹集的基本渠道是国家财政补贴、用人单位缴费和个人缴费。补充渠道是失业保险基金的利息收入和合法的投资收益。各国一般采取五种方式筹集失业保险所需资金:(1)由雇主和雇员双方负担;(2)由雇主和国家双方负担;(3)由雇员和国家双方负担;(4)由国家、雇员和雇主三方负担;(5)全部由雇主负担。全部由雇主负担失业保险所需资金的国家,主要采取征收保险税的办法,目前只有个别国家采用。各国主要采取的是征缴费用、建立基金的方式。

我国失业保险制度建立以来,一直实行基金制,在基金来源上采取用人单位缴费和财政补贴的方式。实践证明,基金制与我国经济发展水平是相适应的,可以为失业保险提供稳定的资金来源。但由于只限于用人单位缴费,职工个人不缴费,造成收缴数额有限,基金承受能力弱。若大幅度提高征缴比例,势必增加用人单位负担。在目前国家财力尚不充足和一些企业经营状况较为困难的情况下,适当提高用人单位缴费比例,并实行个人缴费较为可行,也有利于增强职工个人的保险意识。为此,我国《失业保险条例》第6条规定:"城镇企业事业单位按照本单位工资总额的2%缴纳失业保险费。城镇企业事业单位职工按照本人工资的1%缴纳失业保险费。"

五、失业保险基金的构成

我国失业保险基金由下列各项构成:

(1)城镇企业事业单位、城镇企业事业单位职工缴纳的失业保险费。失业保险费是失业保险基金的主要来源。因此,城镇企事业单位及其职工应当按照规定,及时、足额缴纳失业保险费,以保证基金的支付能力,切实保障失业人员基本生活和促进再就业所需资金支出。

（2）失业保险基金的利息。征缴的失业保险费按规定存入银行或购买国债，取得的利息收入并入基金，这是保证基金不贬值的重要措施。

（3）财政补贴。发展失业保险事业是国家的一项重要职责，一方面政府要组织好失业保险费的征缴和管理工作，另一方面在失业保险费不能满足需要时，也有责任通过财政补贴的形式保证基金支出的需要。

（4）依法纳入失业保障基金的其他资金。其他资金是指按规定加收的滞纳金及应当纳入失业保险基金的其他资金。罚款不在此列。

六、失业保险基金的支出项目

失业保险基金如何使用，关系到失业保险基金的承受能力，以及失业保险制度功能的发挥。因此，许多国家都通过立法规定失业保险基金的支出项目。失业保险基金的支出项目包括两大方面：一是用于失业救济；二是用于促进就业。前者直接支付给失业劳动者，用于维持生活；后者由失业保险经办机构支出使用，以实现失业保险的促进就业功能。根据我国《失业保险条例》第10条规定，我国失业保险基金主要支出项目为：

（1）失业保险金。失业保险金是指失业保险机构按规定支付给符合条件的失业人员的基本生活费用，它是最主要的失业保险待遇。

（2）领取失业保险金期间的医疗补助金。

（3）领取失业保险金期间死亡的失业人员的丧葬补助金和其供养的配偶、直系亲属的抚恤金；

（4）领取失业保险金期间接受职业培训、职业介绍的补贴。补贴的办法和标准由省、自治区、直辖市人民政府规定。

（5）国务院规定或者批准的与失业保险有关的其他费用。

七、失业保险待遇的支付条件和标准

规范申领失业保险待遇的条件和程序，有利于保障失业人员的合法权益，也有利于失业保险功能的真正发挥。失业保险待遇的支付条件，也就是劳动者领取失业保险待遇的条件。根据我国《失业保险条例》第14条规定，失业人员领取失业保险金的条件为：

（1）按照规定参加失业保险，所在单位和本人已按照规定履行缴费义务满1年的。这是最主要的条件。按照规定参加失业保险，是指失业人员原来已经参加工作，并非新生劳动力。所在单位和本人已按照规定履行缴费义务满1年，是指失业人员享受失业保险待遇必须在失业前履行了法定缴费义务。缴费时间长短，不仅决定着能否享受失业保险待遇，而且还影响着领取失业保险金的期限。我国《社会保险法》第46条规定："失业人员失业前用人单位和本人累计缴

费满1年不足5年的,领取失业保险金的期限最长为12个月;累计缴费满5年不足10年的,领取失业保险金的期限最长为18个月;累计缴费10年以上的,领取失业保险金的期限最长为24个月。重新就业后,再次失业的,缴费时间重新计算,领取失业保险金的期限与前次失业应当领取而尚未领取的失业保险金的期限合并计算,最长不超过24个月。"

(2) 非因本人意愿中断就业的。失业有自愿与非自愿之分。享受失业保险待遇必须是非自愿失业的职工。如果自愿失业也包括在失业救济范围内,势必产生两个不利后果:救济面过宽,企业和国家负担沉重;鼓励懒惰和不劳而获,影响劳动热情。

(3) 已进行失业登记,并有求职要求的。办理失业登记是失业人员领取失业保险金的必经程序。享受失业保险待遇必须在失业后一定期间内,到政府指定的职业介绍部门办理失业登记,并表达求职愿望。办理失业登记的意义有三:一是有助于职业介绍部门和失业保险经办部门及时、准确掌握失业状况;二是便于及时为失业者介绍工作,促其再就业;三是可以借此评判失业是否为非自愿失业。

我国《社会保险法》第51条规定:"失业人员在领取失业保险金期间有下列情形之一的,停止领取失业保险金,并同时停止享受其他失业保险待遇:(一)重新就业的;(二)应征服兵役的;(三)移居境外的;(四)享受基本养老保险待遇的;(五)无正当理由,拒不接受当地人民政府指定部门或者机构介绍的适当工作或者提供的培训的。"失业保险待遇项目包括:失业保险金、医疗费、丧葬补助金、向其遗属发放的抚恤金等。我国《社会保险法》第47条规定:"失业保险金的标准,由省、自治区、直辖市人民政府确定,不得低于城市居民最低生活保障标准。"第48条规定:"失业人员在领取失业保险金期间,参加职工基本医疗保险,享受基本医疗保险待遇。失业人员应当缴纳的基本医疗保险费从失业保险基金中支付,个人不缴纳基本医疗保险费。"第49条规定:"失业人员在领取失业保险金期间死亡,参照当地对在职职工死亡的规定,向其遗属发给一次性丧葬补助金和抚恤金。所需资金从失业保险基金中支付。个人死亡同时符合领取基本养老保险丧葬补助金、工伤保险丧葬补助金和失业保险丧葬补助金条件的,其遗属只能选择领取其中的一项。"

第六节 生育保险法律制度

一、生育保险的概念与意义

(一) 生育保险的概念

生育保险,是指妇女劳动者因怀孕、分娩而暂时中断劳动时,获得生活保障和物质帮助的一种社会保险制度。生育保险的目的,是为了保证生育状态劳动妇女的身体健康,减轻其因繁衍后代而产生的经济困难,同时也是为了保证劳动力再生产的顺利进行,是对妇女生育社会价值的尊重与保护。生育保险提供的生活保障和物质帮助通常由现金补助和实物供给两部分组成。现金补助主要是指给予生育妇女发放的生育津贴。有些国家还包括一次性现金补助或家庭津贴。实物供给主要是指提供必要的医疗保健、医疗服务以及孕妇、婴儿需要的生活用品等。提供的范围、条件和标准主要根据本国的经济实力而确定。

(二) 实行生育保险制度的意义

实行生育保险制度的意义在于:

(1) 保障生育女职工和婴儿的身体健康,促进优生优育。人类社会的发展,不仅表现在物质财富的增长,也表现在人口数量和质量的增长。对于人口压力比较大的国家,人口发展应该重点放在提高人口素质方面,并对人口数量实行一定的控制(即实行计划生育)。而要提高人口素质,优生优育是关键。女职工在生育期间享受产假,可以得到适当的休息;产假期间享受生育津贴,可以弥补工资损失,保障生活。女职工生育期间,需要医疗保健,以保障母子平安健康,生育保险可以提供生育期间的医疗保健费用。总之,生育保险是有利于保障生育女职工和婴儿的健康,有利于社会发展的一项保障措施。

(2) 实行生育保险是对妇女生育价值的认可。妇女生育是社会发展的需要,她们在为家庭传宗接代的同时,也为社会劳动力再生产付出了努力,应当得到社会的补偿。因此对妇女生育权益的保护,被大多数国家接受和给予政策上支持。

(3) 有助于妇女解放,实现男女平等。妇女解放的基础是经济上的独立。女职工如果因生育而失去工资,则妇女的经济独立无从谈起。妇女经济不独立,其在家庭和社会中的独立地位就难于实现。生育保险确保生育女职工在生育期间不减少经济收入,为其独立创造物质条件。同时,由于有生育保险,企业女职工的生育经济负担由社会承担,企业因此减轻了压力,也就会减少招用女职工时的后顾之忧,这有助于促进在就业方面实现男女平等。

二、生育保险的立法概况

生育保险和其他社会保险制度一样,是随着经济的发展和社会的需要而产生的。由于生育保险成为保障人类健康繁衍和确保劳动力扩大再生产的有效途径,因而一直受到各国政府的重视,早在1883年德国《劳工疾病保险法》中,就有关于生育保险的内容,此后各国都把生育保险作为疾病保险的组成部分或作为妇女权益保障的内容,在立法中作出了规定。

国际劳工组织分别在1919年和1952年制定了《妇女生育前后工作公约》

（第3号公约）和《生育保护公约》（第103号公约），第102号公约也有关于生育保险实施范围、生育津贴、生育医疗服务的规定。根据国际劳工组织统计，目前世界上已有130多个国家或地区通过立法实行生育保险制度。

我国生育保险制度是20世纪50年代初建立的。1951年《劳动保险条例》对生育保险有关待遇作了明确规定。1955年4月26日，国务院颁发了《关于女工作人员生育假期的通知》对机关、事业单位女职工生育保险作了规定。1988年国务院颁发了《女职工劳动保护规定》，1994年原劳动部发布了《企业女职工生育保险试行办法》等，都对女职工生育保险作了规定。2010年10月28日通过的《社会保险法》第六章专门对生育保险作了规定。

三、我国女职工生育保险的内容

（一）生育保险基金的筹集

生育保险基金是社会保险基金中的一个组成部分，是专门为生育女职工支付有关待遇的款项。主要作用是为生育而暂时离开工作岗位的女职工支付医疗费用和生育津贴。生育保险基金的来源是由参加统筹的单位按工资总额的一定比例缴纳，职工个人不缴纳生育保险费。

我国《企业女职工生育保险试行办法》第4条规定："生育保险根据'以支定收，收支基本平衡'的原则筹集资金，由企业按照其工资总额的一定比例向社会保险经办机构缴纳生育保险费，建立生育保险基金。生育保险费的提取比例由当地人民政府根据计划内生育人数和生育津贴、生育医疗费等项费用确定，并可根据费用支出情况适时调整，但最高不得超过工资总额的1%。企业缴纳的生育保险费作为期间费用处理，列入企业管理费用。职工个人不缴纳生育保险费。"我国《社会保险法》第53条规定："职工应当参加生育保险，由用人单位按照国家规定缴纳生育保险费，职工不缴纳生育保险费。"

（二）生育保险的待遇

1. 产假

产假，是指国家法律、法规规定，给予女职工在生育过程中休息的期限。具体解释为女职工在分娩前和分娩后的一定时间内所享有的假期。产假主要作用是使女职工在生育时期得到适当的休息，使其逐步恢复体力，并使婴儿得以受到母亲的精心照顾和哺育。

2012年4月28日，国务院修改后公布了《女职工劳动保护特别规定》，规定女职工生育享受98天产假，其中产前可以休假15天；难产的，增加产假15天；生育多胞胎的，每多生育1个婴儿，增加产假15天。女职工怀孕未满4个月流产的，享受15天产假；怀孕满4个月流产的，享受42天产假。很多地区还采取了对晚婚、晚育的职工给予奖励政策，将假期延长到180天。

2. 生育津贴

生育津贴,是指国家法律、法规规定对职业妇女因生育而离开工作岗位期间,给予的生活费用。有的国家又叫生育现金补助。依照国务院的规定,女职工产假期间的生育津贴,对已经参加生育保险的,按照用人单位上年度职工月平均工资的标准由生育保险基金支付;对未参加生育保险的,按照女职工产假前工资的标准由用人单位支付。

部分地区对晚婚、晚育的职业妇女实行适当延长生育津贴支付期限的鼓励政策。还有的地区对参加生育保险的企业中男职工的配偶,给予一次性津贴补助。

3. 医疗服务

生育医疗服务是由医院、开业医生或合格的助产士向职业妇女和男职工之妻提供的妊娠、分娩和产后的医疗照顾以及必需的住院治疗。生育医疗服务是生育保险待遇之一。各国的生育保险提供给怀孕妇女的医疗服务的项目不同,一般是根据本国的经济实力和社会保险基金的承受能力,制定相应的服务范围。大多数国家为女职工提供从怀孕到产后的医疗保健及治疗。我国生育保险医疗服务项目主要包括检查、接生、手术、住院、药品、计划生育手术费用等。

此外,我国《社会保险法》也明确了生育保险待遇的具体范围。《社会保险法》第54条规定:"用人单位已经缴纳生育保险费的,其职工享受生育保险待遇;职工未就业配偶按照国家规定享受生育医疗费用待遇。所需资金从生育保险基金中支付。生育保险待遇包括生育医疗费用和生育津贴。"第55条规定:"生育医疗费用包括下列各项:(一)生育的医疗费用;(二)计划生育的医疗费用;(三)法律、法规规定的其他项目费用。"第56条规定:"职工有下列情形之一的,可以按照国家规定享受生育津贴:(一)女职工生育享受产假;(二)享受计划生育手术休假;(三)法律、法规规定的其他情形。生育津贴按照职工所在用人单位上年度职工月平均工资计发。"

第七节 职工福利制度

一、职工福利的概念及含义

职工福利又称职业福利,或称集体福利、职工生活福利等。它是指行业或单位为满足职工物质文化生活,保证职工及其亲属的一定生活质量而提供的工资收入以外的津贴、设施和服务的社会福利项目。

这一定义表明:(1)享有职工福利的权利主体是本行业或本单位职工及其供养的亲属,提供职工福利的义务主体是用人单位;(2)提供生活福利的目的在于改善职工生活状况或生活质量(包括物质生活和精神生活),增强单位集体的凝聚力;(3)职工福利的内容范围一般包括集体福利设施、福利补贴、生活服务等方面。

二、职工福利的作用

职工福利是社会福利制度的重要组成部分,是国民收入再分配的一种重要形式。我国《劳动法》第76条为职工福利作出了原则规定:"国家发展社会福利事业,兴建公共福利设施,为劳动者休息、休养和疗养提供条件。用人单位应当创造条件,改善集体福利,提高劳动者的福利待遇。"从法律上保证了职工享有职业福利权,同时明确了职工福利的性质。职工福利制度对于满足职工的物质文化生活需要、推动社会生产发展、稳定社会秩序等方面发挥着独特的保障功能,其作用具体表现为以下几个方面:

(1)职工福利为职工提供了生活方便,减轻了职工的生活负担,能使职工更好地投入生产和工作,有利于提高劳动生产率。

(2)职工福利可以为职工解决自己难以解决的困难。如对低工资收入者,通过补助,弥补他们基本生活的需要,解除他们的生活困难和精神上的负担,能使职工有良好的工作情绪和生活状态,有利于社会的安定。

(3)职工福利可以活跃职工的文化娱乐生活,提高劳动者的素质。通过建立职工俱乐部、图书馆、文化室、职工业余学校等设施,开展业余体育、文化娱乐等活动,使职工在生产之余可以得到文化艺术上的享受,还可以交流技术,学习科学文化、增长知识。

(4)职工福利可以增强单位集体的凝聚力。职工福利是单位人力资源管理的重要组成部分,通过提供职工福利改善职工生活状况或生活质量,能够使职工从切身利益上体会到集体的温暖,将有助于加强职工的集体主义观念,使职工更积极、忠实地工作。

三、职工福利的立法概况

在许多国家和地区的劳动立法中,都有关于职工福利的专门规定,如法国《劳动法典》将《工厂福利服务》列为第二卷的第五篇;利比亚《劳工法》在第三编中设置了《工人福利和保护工人免受工伤》专章;我国台湾地区在《工厂法》中列有《工人福利》专章,并制定了《职工福利金条例》及其《实施细则》[①];在其他国家的劳动基本法中,大多有关于职工福利的专门条款;在各国的工会法中,都规定工会有为职工谋求福利、兴办集体福利事业的任务。国际劳工组织在有关的国际公约中也有职工福利方面的规定,如1987年《海员海上和港口福利公

---

① 参见王全兴著:《劳动法》,法律出版社1997年版,第460页。

约》（第163号公约），要求各成员国在本国适宜港口和远洋船舶上为所有海员提供福利设施与服务。

　　我国党和政府一直非常重视职工福利事业的发展，在不同的历史时期，采取了各种措施，陆续制定和颁布了一系列发展职工福利的方针和政策。早在新中国成立初期就颁布了许多立法和政策，例如，1950年，中央人民政府颁布的《中华人民共和国工会法》明确规定：工会有改善工人、职员群众的物质生活，建立文化生活的各种设施的责任；同年，中华全国总工会还规定，可从工会会员缴纳的会费中提出2%用于生活困难补助。1953年劳动部颁布的《中华人民共和国劳动保险条例实施细则修正草案》中又规定：实行劳动保险的企业，应根据工人的需要及企业经济情况，单独或联合其他企业设立营养食堂、托儿所等。1956年，刘少奇同志在党的八大所作的政治报告中指出，为了改善职工生活，应当逐步增加职工的福利设施，积极设法解决职工急需的住宅和其他的困难。1956年，中华全国总工会书记处通过了职工生活困难补助办法。1957年1月，国务院发出关于职工生活方面若干问题的指示，对职工的住宅问题、上下班交通问题、疾病医疗问题、生活必需品的供应问题、生活困难补助问题等，作出了比较全面的规定。这些方针、原则和指示，为建立我国职工福利事业指明了方向。这一时期，我国各地区、各部门、各单位兴建了各种集体福利设施；还开始建立起若干福利补贴制度，如职工生活困难补助制度、冬季取暖补贴制度等。这对满足大多数职工生活的需要，保证生产的正常进行，顺利完成和超额完成第一个五年计划，起到了积极作用。

　　1958年至1976年"文革"期间，我国职工福利立法和职工福利事业经历了曲折发展的过程，积累了不少问题。1976年以后，职工福利转入新的轨道，主要是通过立法和政策，端正了职工福利工作的指导思想，建立和修改了一些福利补贴制度，改变了职工福利基金的提取和使用办法，采取了动员各方面力量（包括国家、集体、个人多渠道、多层次、多形式）办福利的方针等。这些立法主要包括《宪法》、《劳动法》中的"社会保险和福利"专章规定、《工会法》、《全民所有制工业企业法》、《公司法》等。此外，国务院及其所属的劳动和社会保障、人事、财政、卫生等有关部门和全国总工会、全国妇联等，在有关法规和规章中对职工福利的机构、基金、内容、标准和实施办法等，作了具体规定。随着社会主义市场经济体制的建立，特别是国有企业改革和社会保障制度改革的进一步深化，原有的职工福利制度面临重大的挑战，目前，我国职工福利制度正处在改革过程中。

四、职工福利制度的主要内容

（一）职工福利的形式

　　职工福利的形式，即职工福利的表现形式。根据不同的标准划分，职工福利可以有不同的表现形式。

(1) 按照举办主体、适用范围和"社会化"程度的不同,职工福利可以划分为两个层次。第一个层次是国家通过法律和政策在某些行业或单位中普遍实行的福利制度,如有毒、有害和繁重体力劳动岗位的特殊津贴制度,其主办者是某些行业或单位,适用范围为本行业或本单位的职工。第二个层次的职工福利是真正意义上的职业福利,即单位内部的福利。它是单位在完成国家所有税收任务的前提下力所能及地、自主地为本单位职工提供的福利。这种职业福利在资本主义社会也很普遍。

(2) 按照提供福利项目的不同,职工福利可以表现为福利设施、福利补贴和生活服务三种形式。福利设施是指为解决职工物质生活方面的需要而建立的服务性设施,如职工食堂等。福利补贴一般是指以现金方式发放给职工的工资外收入,如特殊岗位津贴。生活服务则是指与各种福利设施、项目相关的各项服务,如职工上下班的班车服务、免费健康检查等。

(3) 按照福利享受主体范围的不同,职工福利可以划分为职工集体福利和职工个人福利两种形式。这种划分情况涉及职工福利的不同层次和不同项目内容,是比较常见的表现形式。

(二) 职工福利的内容

1. 职工集体福利

职工集体福利是指为满足职工集体生活需要或职工共同的生活需要而设置、提供的各种福利设施和福利性服务。在我国,职工集体福利通常表现为:

(1) 举办职工食堂解决职工及其家属的就餐困难。

(2) 设立哺乳室、托儿所和子弟学校,减轻职工家庭生活负担,方便职工子女就学。

(3) 修建各种卫生服务设施,包括职工医疗和疗养设施、浴室、理发室等,提供各种生活服务,方便职工生活。

(4) 设立各种文化、体育和娱乐设施,包括俱乐部、电影院、图书馆或图书室、体育场馆等,并组织职工开展各种文化娱乐活动和体育健身活动,丰富职工的文化生活。

(5) 设立夜大学、业余大学等,举办各类培训班、学习班,对职工进行免费的文化教育和技术培训,提高职工的综合素质。

(6) 提供班车,为职工上下班提供便利。

2. 职工个人福利

职工个人福利是指由用人单位直接提供给职工个人的各种福利待遇。通常包括:

(1) 职工住宅福利。职工住宅是职工及其家属休息和生活的场所,属于必需的生活资料。在我国,由于长期实行低工资政策,大部分职工无力自行兴建或购买住宅,所以,长期以来由国家和用人单位提供住宅,成为职工福利的一项重要内容。传统的职工住宅福利表现为:国家或用人单位拿出一定的积累基金或福利基金进行住宅建设,然后以低租金分配给职工居住;并且对部分职工发放房租补贴。其特点可概括为低房租、高补贴、分配制。

目前,我国正在进行职工住房制度改革,改革的方向是逐步实行职工住宅商品化。改革的主要内容是:第一,职工购买住宅。其具体做法是以国家规定的优惠性标准价格出售给符合规定条件的职工,出售住宅所回收的资金再投入住宅建设。第二,逐步提高房租。即将福利性租赁关系逐步转化为商品性租赁关系,将福利租金逐步变为商品租金,取消补贴,列入工资。第三,在职工住宅商品化的同时,为进一步实现住宅建设社会化和合作化,推行住房公积金制度,即由用人单位和职工各按一定比例缴纳住房公积金,部分由用人单位留用,部分由社会统筹使用,继续扩大住宅建设。

在职工住宅商品化过程中,仍保留一定的福利性,即对职工购房和房租在较长时期内仍给予一定的福利补贴。因此职工住宅福利仍然是职工福利的重要内容。

(2)生活性补贴。即由用人单位按照国家法律或政策规定,直接支付给职工的用于维持或提高其生活水平的各种工资外补贴。包括职工冬季宿舍取暖补贴、生活消费品价格补贴(包括粮油补贴、副食补贴、水电补贴、洗理费、书报费等)、独生子女补贴等。

(3)单位内部补贴。即根据本单位的实际情况给予职工的各项补贴,如职工上下班交通费补贴、饮食补贴(一些单位采用提供工作餐的形式)、通讯补贴等。

(4)补充社会保险。社会保险是我国实行的一种强制性社会保障制度,所有的用人单位及其职工都必须参加。在此之外,用人单位还可以为本单位职工购买补充保险。这种补充保险既是社会保险的补充形式,同时带有很强的福利性,因此也是一种职工福利。

(5)职工生活困难补助。即国家和用人单位对由于各种原因造成生活困难的职工,为保证其基本生活需要而给予的临时性或长期性生活费补助。职工生活困难补助一般需个人提出申请,并经过严格的审批。企业职工困难补助费从职工福利基金中开支。事业单位、国家机关职工死亡,遗属生活有困难的,要给予一次性或定期的生活困难补助。

我国的职工福利制度形成和发展于计划经济时期,人多为用人单位自办,"单位办社会"、"单位办福利"使得一些单位内部形成了完善的福利设施体系,在一定程度上改善了职工的生活条件,对社会经济的发展发挥了积极的作用。

但是同时也存在使用率低、经济效益差、浪费严重等问题。按照现代市场经济的要求,职工福利,特别是职工集体生活福利设施应当逐步实行社会化。结合我国社会福利制度发展的现状和改革的需要,职工福利制度改革的思路应该是:一方面,将职工集体福利事业中的大部分由用人单位转为社会承包,职工原在本单位享受的福利待遇转由社会提供,与此相应,用人单位向职工发放补贴,改原来的"暗补"为"明补";另一方面,将职工个人福利纳入单位人力资源管理的重要组成部分,根据本单位的经济效益情况,进行合理的组织和安排,以提高本单位的吸引力和凝聚力。

第十一章　工会与职工民主参与法

第一节　工　会　法

一、工会和工会立法的产生与发展

工会是工人阶级为加强内部团结,集中斗争力量,维护自身利益而自愿组成的社会团体。世界上最早的工会组织出现于19世纪初西欧的一些资本主义国家。组织工会实际上是一种结社行为。工人自由结社一直是颇有争议的问题。资本主义国家早期的有关立法经历了三个阶段,即禁止阶段,视工人组织工会为非法行为、犯罪行为;限制阶段,承认劳动者的结社权,但对工会活动作了种种限制;承认阶段,完全认可工会存在的合法地位,并对工会活动自由权加以保护。工会组织在西方国家普遍取得合法地位则是在第二次世界大战以后。从1871年英国颁布世界上第一部《工会法》以来,当前无论是发达国家或是发展中国家,大多数都在宪法中明确规定了工会的合法地位,将工会作为工人的合法组织,同时这些国家又纷纷制定有关工会的专门法或在劳动法典等相关立法中对工会进行专门的规定。

国际劳工组织早在1919年的《国际劳工组织章程》就提出促进结社自由的原则,作为改善工人劳动条件的目标。1948年国际劳工组织通过《结社自由和保障组织权公约》(第78号公约),主要规定工人和雇主都有权建立自己的组织,并且可以按照有关组织章程加入自己的组织,不需要得到批准。1949年国际劳工组织通过《组织权和集体谈判公约》(第98号公约)规定:不得把不参加工会和放弃工会会籍作为获得工作的条件;也不能把加入工会和经业主同意在业余时间或工作时间加入工会作为解雇理由。《结社自由和保障组织权公约》和《组织权和集体谈判公约》是现在国际劳动标准的核心部分,自由结社权和集体谈判权是国际劳动标准的首要内容。除了国际劳工组织的有关公约之外,其他的一些国际公约中也对工会作出了相应规定。1948年联合国大会通过的《世界人权宣言》中规定:"人人有为维护其利益而组织和参加工会的权利。"1966年联合国大会通过的《经济、社会和文化权利国际公约》中规定,各缔约国要承担以下保证:"人人有权组织工会和参加他所选择的工会,以促进和保护他的经济和社会利益;这个权利只受有关工会的规章的限制。对这一权利的行使,不得加以除法律所规定及在民主社会中为了国家安全或公共秩序的利用或为保护他人的权利和自由所需要的限制以外的任何限制";"工会有权建立全国性的协会或联合会,有权组织或参加国际工会组织";"工会有权自由地进行工作,不受除法律所规定及在民主社会中为了国家安全或公共秩序的利益或为保护他人的权利和自由所需要的限制以外的任何限制"。1966年联合国大会通过的《公民权利和政治权利国际公约》中也规定"人人有权享受与他人结社的自由,包括组织和参加工会以保护他的利益的权利"。

在我国,工会和工会的立法有悠久的历史。上海海员于1914年成立了"焱益社",上海商务印书馆工人于1916年组织了"集成同志社"。这些组织是我国工会组织的萌芽。1920年上海共产主义小组领导成立的上海机器工会标志着我国现代意义上的工会组织的诞生。我国最早出现的《工会法》是1924年11月由孙中山以大元帅的命令公布的《工会条例》,它是李大钊同志到广州同孙中山实现国共合作的产物,体现了孙中山"扶助农工"的政策特点和要求。在中国共产党进行武装斗争、建立革命根据地创建红色政权之后,江西的红色政权曾于1930年颁布了《赤色工会组织法》,以对抗南京国民政府于1929年10月21日颁布的《工会法》。《赤色工会组织法》在团结广大职工参加革命战争、发展生产中起到了积极作用。新中国成立后,1950年6月中央人民政府颁布了我国第一部《工会法》,是新中国成立初期颁布的三部重要法律之一,它适应了经济恢复时期的特点,反映了当时"劳资两利"、"劳资协商"的特点。在经过四十余年的历程之后,为了反映党的十一届三中全会以后的方针政策,1992年4月经过全面修改的《工会法》颁布实施,这部《工会法》保障了工会工作的顺利进行,维护了广大职工的合法权益,在社会主义建设中发挥了应有的作用。2001年10月27日第九届全国人大常委会第二十四次会议通过了新的《工会法》修正案。

二、工会的性质和法律地位

(一) 工会的性质

工会的性质是指工会区别于其他社会组织的本质特征。一般认为工会是作为工人谋求政治、经济地位的改善而团结在一起组成的群众性社会团体,具有阶级性、群众性和自愿性。工会的阶级性是指工会是工人阶级的组织,工人阶级为其阶级基础和社会基础,工会的会员是工人阶级的成员,工会代表和维护工人阶级的合法利益。群众性是指工会是工人阶级范围内最广泛的群众组织,在我国境内的企业、事业单位、机关中以工资收入为主要生活来源的体力劳动者和脑力劳动者,不分民族、种族、性别、职业、宗教信仰、教育程度,都有依法参加和组织工会的权利,工会具有广泛的群众性社会基础。自愿性是指工会是职工自愿结合的组织,组织和参加工会是建立在职工自愿的基础之上的,任何组织和个人不得阻挠和限制职工加入或者不加入、建立或者不建立工会,工会的活动是建立在职工自愿的基础之上的。

确定工会的性质是工会立法的一个重要方面。新中国成立后的我国三部《工会法》都对工会的性质作出了规定。1950年6月29日中央人民政府颁布的《工会法》第1条规定:"工会是工人阶级自愿结合的群众组织。"1992年4月3日第七届全国人大常委会第五次会议通过的《工会法》废止了1950年中央人民政府颁布的《工会法》,其第2条规定:"工会是职工自愿结合的工人阶级的群众组织。"2001年10月27日第九届全国人大常委会第二十四次会议通过了《关于修改〈中华人民共和国工会法〉的决定》,修正后的《工会法》第2条仍然将工会的性质规定为:"工会是职工自愿结合的工人阶级的群众组织。"工会的阶级性、群众性和自愿性在我国的工会立法中得到了肯定。

(二) 工会的法律地位

我国工会的法律地位表现在两个方面:第一,工会的唯一性和独立性。全国建立统一的中华全国总工会。工会在全国范围内具有统一的组织体系。工会是我国一个独立的工人阶级的群众组织,有一套独立的组织体系,在宪法和法律的范围内依据《中国工会章程》独立自主地开展活动。第二,工会具有法人资格。我国现行《工会法》第14条规定:"中华全国总工会、地方总工会、产业工会具有社会团体法人资格。基层工会组织具备民法通则规定的法人条件的,依法取得社会团体法人资格。"工会作为法人,能够独立地享有民事权利,承担民事义务。

三、工会的基本职责和权利义务

(一) 工会的基本职责

维护职工合法权益是工会的基本职责。我国《工会法》规定:"维护职工合法权益是工会的基本职责。工会在维护全国人民总体利益的同时,代表和维护职工的合法权益。工会通过平等协商和集体合同制度,协调劳动关系,维护企业职工劳动权益。工会依照法律规定通过职工代表大会或者其他形式,组织职工参与本单位的民主决策、民主管理和民主监督。工会必须密切联系职工,听取和反映职工的意见和要求,关心职工的生活,帮助职工解决困难,全心全意为职工服务。"

(二) 工会的权利

工会代表和维护劳动者的合法权益,在直接或间接维护劳动者合法权益活动中,工会拥有自己合法的权利。根据我国《宪法》、《劳动法》和《工会法》等有关法律的规定,工会享有的权利主要有:

1. 参与管理国家事务、经济文化事业和社会事务的权利

工会有权参与管理国家事务、经济文化事业和社会事务,我国《工会法》

规定：

（1）国家机关在组织起草或者修改直接涉及职工切身利益的法律、法规、规章时，应当听取工会意见。

（2）县级以上各级人民政府制定国民经济和社会发展计划，对涉及职工利益的重大问题，应当听取同级工会的意见。

（3）县级以上各级人民政府及其有关部门研究制定劳动就业、工资、劳动安全卫生、社会保险等涉及职工切身利益的政策、措施时，应当吸收同级工会参加研究，听取工会意见。

（4）县级以上地方各级人民政府可以召开会议或者采取适当方式，向同级工会通报政府的重要的工作部署和与工会工作有关的行政措施。

2. 保障职工依法行使民主参与的权利

劳动者依照法律规定，通过职工大会、职工代表大会或者其他形式，参与民主管理或者就保护劳动者合法权益与用人单位进行平等协商。工会作为劳动者的组织，有权保护职工民主参与权利的行使。根据我国《工会法》的规定，工会依照法律规定通过职工代表大会或者其他形式，组织职工参与本单位的民主决策、民主管理和民主监督；企业、事业单位违反职工代表大会制度和其他民主管理制度，工会有权要求纠正，以保障职工依法行使民主管理的权利。法律、法规规定应当提交职工大会或者职工代表大会审议、通过、决定的事项，企业、事业单位应当依法办理。

3. 帮助、指导劳动者签订劳动合同的权利

在签订劳动合同时，相对于用人单位，劳动者处于弱者地位，为了保护劳动者的合法权利，根据法律规定，工会有权帮助、指导职工与企业以及实行企业化管理的事业单位签订劳动合同。

4. 代表职工签订集体合同、因履行合同发生争议提请仲裁和诉讼的权利

我国《劳动法》第33条第2款规定："集体合同由工会代表职工与企业签订；没有建立工会的企业，由职工推举的代表与企业签订。"我国《工会法》规定："工会代表职工与企业以及实行企业化管理的事业单位进行平等协商，签订集体合同。""企业违反集体合同，侵犯职工劳动权益的，工会可以依法要求企业承担责任；因履行集体合同发生争议，经协商解决不成的，工会可以向劳动争议仲裁机构提请仲裁，仲裁机构不予受理或者对仲裁裁决不服的，可以向人民法院提起诉讼。"

5. 提出意见和建议的权利

提出意见和建议是工会的重要权利，与工会的其他权利相比较，提出意见和建议的权利显得比较"软"，仅仅是提出意见和建议，而对所涉及的情况的结果没有"决定"的权利。工会提出意见和建议权在法律上得到确认，为工会保护劳

动者的合法权益提供了一个重要的渠道,同时法律也规定,对于工会的意见和建议,有关机关、组织及其工作人员应当进行相应的处理,从而使"软"权利"硬化"。工会提出意见和建议的权利主要体现在以下几个方面:

(1) 企业、事业单位处分职工,工会认为不适当的,有权提出意见。

(2) 企业单方面解除职工劳动合同时,应当事先将理由通知工会,工会认为企业违反法律、法规和有关合同,要求重新研究处理时,企业应当研究工会的意见,并将处理结果书面通知工会。

(3) 工会发现企业违章指挥、强令工人冒险作业,或者生产过程中发现明显重大事故隐患和职业危害,有权提出解决的建议,企业应当及时研究答复;发现危及职工生命安全的情况时,工会有权向企业建议组织职工撤离危险现场,企业必须及时作出处理决定。

6. 交涉和协商的权利

企业、事业单位违反劳动法律、法规规定,有克扣职工工资、不提供劳动安全卫生条件、随意延长劳动时间、侵犯女职工和未成年工特殊权益或者其他严重侵犯职工劳动权益情形的,工会应当代表职工与企业、事业单位交涉,要求企业、事业单位采取措施予以改正;企业、事业单位应当予以研究处理,并向工会作出答复;企业、事业单位拒不改正的,工会可以请求当地人民政府依法作出处理。

企业、事业单位发生停工、怠工事件,工会应当代表职工同企事业单位或者有关方面协商,反映职工的意见和要求并提出解决意见。对于职工的合理要求,企业、事业单位应当予以解决。工会协助企业、事业单位做好工作,尽快恢复生产、工作秩序。

7. 监督和调查的权利

各级工会依法维护劳动者的合法权益,对用人单位遵守劳动法律、法规的情况进行监督,对侵犯劳动者合法权益、工伤事故和严重危害职工健康等问题进行调查。监督和调查权主要体现在以下几个方面:

(1) 工会依照国家规定对新建、扩建企业和技术改造工程中的劳动条件和安全卫生设施与主体工程同时设计、同时施工、同时投产使用进行监督。对工会提出的意见,企业或者主管部门应当认真处理,并将处理结果书面通知工会。

(2) 工会有权对企业、事业单位侵犯职工合法权益的问题进行调查,有关单位应当予以协助。

(3) 职工因工伤亡事故和其他严重危害职工健康问题的调查处理,必须有工会参加。工会应当向有关部门提出处理意见,并有权要求追究直接负责的主管人员和有关责任人员的责任。对工会提出的意见,有关部门应当及时研究,给予答复。

8. 参与劳动争议解决的权利

职工认为企业侵犯其劳动权益而申请劳动争议仲裁或者向人民法院提起诉讼的,工会应当给予支持和帮助。

工会参加用人单位的劳动争议调解工作。根据我国《劳动法》的规定,用人单位设立劳动争议调解委员会的,劳动争议调解委员会由职工代表、用人单位代表和工会代表组成。劳动争议调解委员会主任由工会代表担任。

在劳动争议仲裁组织的组成上,我国《劳动法》和《工会法》都对工会参加仲裁组织,参与解决劳动争议的仲裁作出了规定,地方劳动争议仲裁组织应当有同级工会代表参加。

（三）工会的义务

工会的义务主要表现为：

(1) 为职工提供法律服务。

(2) 协助企业、事业单位、机关办好职工集体福利事业,做好工资、劳动安全卫生和社会保险工作。

(3) 会同企业、事业单位教育职工以国家主人翁态度对待劳动,爱护国家和企业的财产,组织职工开展群众性的合理化建议、技术革新活动,进行业余文化技术学习和职工培训,组织职工开展文娱、体育活动。

(4) 根据政府委托,与有关部门共同做好劳动模范和先进生产（工作）者的评选、表彰、培养和管理工作。

(5) 组织和教育职工依照宪法和法律的规定行使民主权利,发挥国家主人翁的作用,通过各种途径和形式,参与管理国家事务、管理经济和文化事业、管理社会事务；协助人民政府开展工作,维护工人阶级领导的、以工农联盟为基础的人民民主专政的社会主义国家政权。

(6) 动员和组织职工积极参加经济建设,努力完成生产任务和工作任务。教育职工不断提高思想道德、技术业务和科学文化素质,建设有理想、有道德、有文化、有纪律的职工队伍。

第二节 职工民主参与

一、职工民主参与的概念和作用

职工民主参与又称职工民主管理、劳动参与,是指劳动者有权参与企业的管理活动并对和自身利益有关的管理信息有知情权。职工民主参与具有以下特点：(1) 职工民主参与是劳动者参与企业管理的权利,而不是指职工有权代替企业的管理者进行企业的管理。劳动者的民主管理权的实现需要劳动者和企业管理者之间的协商和合作,在很大程度上需要企业管理者一方的配合。(2)职工民主参与是职工参与企业的管理,是劳动者以职工的身份参与企业的管理,而不是以股东或其他身份行使管理权。特别是在实行职工参股的企业,职工在参股的情况下,同时具备了两种身份,一是企业的职工,另一个是企业的股东,作为股东对企业的管理权和作为职工对企业的民主管理权是两种不同的权利。(3)虽然职工民主管理的主要内容是涉及有关与职工切身利益密切联系的企业内部事务,如有关职工的福利、劳动保护、工资等,但是企业的发展与职工的利益是紧密联系的,因此,职工民主管理涉及的事务范围并不仅限于这些方面,应该包括企业管理的各个方面。

职工民主参与有利于企业的内部管理和劳动关系的协调,其主要作用表现在:(1)职工与企业形成了利益与共、休戚相关的共同体,职工的积极性、主动性的发挥有了保障;(2)职工对企业的长期发展给予了更多的关注,而不再盲目追求企业的短期效益或利润,企业资产配置更趋优化、合理;(3)职工参与管理,有利于建立和谐稳定的劳动关系,使劳资双方彼此互通信息,是一种信息交流机制,有利于消除劳资隔阂,防止发生不必要的纠纷。

二、我国职工民主参与和职工民主参与的立法发展

我国一直十分重视职工民主参与和职工民主参与立法。新中国建立前的《中华苏维埃劳动法》、《苏维埃国有工厂管理条例》、《陕甘宁边区施政纲领》中就有对职工民主参与的具体规定。1949年8月10日华北人民政府公布《关于在国营、公营工厂企业中建立工厂管理委员会与工厂职工代表会议的实施条例》,根据该条例的规定,凡属国营、公营工厂企业,均应由厂长(或经理)、副厂长(副经理)、总工程师(或主要工程师)及其他生产负责人和相当于以上数量的工人职员代表组织管委会,并对管委会的职权、管委会的常务委员会、职工代表组织和工厂职工代表会议的职权等作出了具体规定。1952年2月政务院财政经济委员会《关于国营、公营工厂建立工厂管理委员会的指示》中规定,在国营、公营工厂企业中,建立工厂管理委员会,实行工厂管理民主化,在尚未建立工厂管理委员会的工厂企业中,应根据1949年华北人民政府所颁布的《关于在国营、公营工厂企业中建立工厂管理委员会与工厂职工代表会议的实施条例》,建立工厂管理委员会。1950年劳动部《关于在私营企业中设立劳资协商会议的指示》中规定,在私营工商企业中,为了便于劳资双方进行有关改进生产、业务与职工待遇各项具体问题的协商,在劳资双方同意之下,得设立劳资协商会议。劳资协商会议是劳资双方平等协商的机关,在劳资双方同意下,可以就企业的生产和职工的待遇等问题进行协商。1957年4月7日,中共中央在《关于研究有关工人阶级的几个重要问题的通知》中规定,根据企业中的情况和几年来工作的经验，目前在这一方面比较容易实行的有效措施，就是把企业中的现行的由工会主持的职工代表会议改为职工代表大会(在较小企业中为全体职工大会)，并且适当地扩大它的权力。1965年7月，中共中央在《国营工业企业工作条例(修正案)》中规定，企业的职工代表大会，是职工群众参加管理、监督干部、行使三大民主的权力机关。由此建立了我国的主要职工民主管理制度，即职工代表大会制度。1978年4月20日，中共中央在《关于加快工业发展若干问题的决定(草案)》中规定，工业企业单位必须实行党委领导下的职工代表大会或职工大会制。企业要定期举行职工代表大会或职工大会，听取企业领导的工作报告，讨论企业有关重大问题，对企业的工作提出批评、建议，对企业的领导干部进行监督。1981年《国营工业企业职工代表大会暂行条例》规定，所有企业必须在实行党委领导下的厂长负责制的同时，建立和健全党委领导下的职工代表大会制，发扬职工群众主人翁的责任感，保障职工群众当家做主管理企业的民主权利。职工代表大会(或职工大会)是企业实行民主管理的基本形式，是职工群众参加决策和管理、监督干部的权力机构。1983年4月1日国务院颁布的《国营工业企业暂行条例》规定，企业实行党委领导下的职工代表大会制或职工大会制，企业在生产经营活动中实行党委集体领导、职工民主管理、厂长行政指挥的根本原则。企业的职工代表大会行使民主管理和监督的职权。职工代表大会的权限和责任，按《国营工业企业职工代表大会暂行条例》的规定执行。1986年7月4日，国务院《关于加强工业企业管理若干问题的决定》中规定，要健全职工民主管理制度。要发扬我国社会主义企业职工民主管理的优良传统，发扬广大职工的主人翁责任感和主动性、积极性、创造性。要充分发挥职工代表大会或职工代表会议在企业民主管理中的作用。企业经营战略、发展规划、内部分配和经济责任制总体方案，要经过职工代表大会或职工代表会议讨论审议；有关职工切身利益的集体福利等方面的重要事项，要由职工代表大会或职工代表会议讨论决定。企业各级领导干部要自觉接受职工群众的监督，认真听取职工群众对于改革和加强企业管理方面的意见，积极发动群众开展合理化建议和技术革新活动。企业全体职工都要以办好企业为己任，关心企业发展，努力为国家多做贡献。1988年4月13日公布的《中华人民共和国全民所有制工业企业法》中规定，企业通过职工代表大会和其他形式，实行民主管理。企业工会代表和维护职工利益，依法独立自主地开展工作。企业工会组织职工参加民主管理和民主监督。政府主管部门委任或者招聘的厂长人选，须征求职工代表的意见；企业职工代表大会选举的厂长，须报政府主管部门批准。政府主管部门委任或者招聘的厂长，由政府主管部门免职或者解聘，并须征求职工代表的意见；企业职工代表大会选举的厂长，由职工代表大会罢免，并须报政府主管部门批准。厂长必须依靠职工群众履行法律规定的企业的各项义务，支持职工代表大会、工会和其他群众组织的工作，执行职工代表大会依法作出的决定。企业设立管理委员会或者通过其他形式,协助厂长决定企业的经营方针、长远规划和年度计划、基本建设方案和重大技术改造方案,职工培训计划,工资调整方案,留用资金分配和使用方案,承包和租赁经营责任制方案;工资列入企业成本开支的企业人员编制和行政机构的设置和调整;制订、修改和废除重要规章制度的方案等重大问题。职工代表大会是企业实行民主管理的基本形式,是职工行使民主管理权力的机构。管理委员会由企业各方面的负责人和职工代表组成。厂长任管理委员会主任。职工有参加企业民主管理的权利,职工代表大会的工作机构是企业的工会委员会。企业工会委员会负责职工代表大会的日常工作,并对职工代表大会行使的职权作出了具体规定。1991年9月9日发布的《中华人民共和国城镇集体所有制企业条例》规定,集体企业依照法律规定实行民主管理。职工(代表)大会是集体企业的权力机构,由其选举和罢免企业管理人员,决定经营管理的重大问题。集体企业实行厂长(经理)负责制。集体企业职工的民主管理权和厂长(经理)依法行使职权,均受法律保护。集体企业的工会维护职工的合法权益,依法独立自主地开展工作,组织职工参加民主管理和民主监督,并设专章规定了职工的民主管理。

随着我国改革开放的发展和社会主义市场经济体制的逐步建立,建立现代企业制度成为我国企业改革的方向。在建立现代企业制度的改革过程中,企业形式在不断变化,职工民主管理的形式也随之变化,这些变化则在相应的立法中得到体现。我国宪法规定,国有企业依照法律规定,通过职工代表大会和其他形式,实行民主管理;集体经济组织实行民主管理,依照法律规定选举和罢免管理人员,决定经营管理的重大问题。我国《劳动法》第8条规定:"劳动者依照法律规定,通过职工大会、职工代表大会或者其他形式,参与民主管理或者就保护劳动者合法权益与用人单位进行平等协商。"我国《公司法》规定,国有独资公司和两个以上的国有企业或者其他两个以上的国有投资主体投资设立的有限责任公司,依照宪法和有关法律规定,通过职工代表大会和其他形式,实行民主管理。我国《工会法》规定,工会依照法律规定通过职工代表大会或者其他形式,组织职工参与本单位的民主决策、民主管理和民主监督。我国《中外合资经营企业法》、《中外合作经营企业法》和《外资企业法》中也专门对职工的民主管理进行了规定,根据这些规定,三资企业的职工有权依法建立工会,通过工会进行民主管理,企业要为本企业的工会提供必要的活动条件。

三、职工民主参与的形式

各国职工民主参与的形式主要有四类:(1)机构参与,或称组织参与。即职工通过一定的代表性专门机构参与企业管理,如我国国有企业的职工代表大会。(2)代表参与。即职工通过经合法程序产生的职工代表参与企业管理,如职工参加公司的董事会或者监事会,成为董事会或者监事会的成员。(3)岗位参与。即职工通过在劳动岗位上实行自治来参与企业管理。(4)个人参与。即职工本人以个人行为参与企业管理,如职工个人向企业提出合理化建议等。[①]

我国对于职工民主参与在《劳动法》、《公司法》、《全民所有制工业企业法》和《工会法》等法律中均有相关规定。根据我国《劳动法》第8条规定:"劳动者依照法律规定,通过职工大会、职工代表大会或者其他形式,参与民主管理或者就保护劳动者合法权益与用人单位进行平等协商。"劳动部《关于〈中华人民共和国劳动法〉若干条文的说明》中对该条的解释指出,通过职工大会、职工代表大会参与民主管理主要适用于国有企业,其他形式指通过工会或推举代表与用人单位进行平等协商,主要适用于非国有企业。我国《工会法》第35条规定:"国有企业职工代表大会是企业实行民主管理的基本形式,是职工行使民主管理权力的机构,依照法律规定行使职权。国有企业的工会委员会是职工代表大会的工作机构,负责职工代表大会的日常工作,检查、督促职工代表大会决议的执行。"第36条规定:"集体企业的工会委员会,应当支持和组织职工参加民主管理和民主监督,维护职工选举和罢免管理人员、决定经营管理的重大问题的权力。"第37条规定:"本法第35条、第36条规定以外的其他企业、事业单位的工会委员会,依照法律规定组织职工采取与企业、事业单位相适应的形式,参与企业、事业单位的民主管理。"

在市场经济条件下,职工民主参与的形式是多样的,既包括传统的职工代表大会形式,也包括其他新兴的形式。目前,职工代表大会是国有企业职工民主管理的基本形式,在非国有企业中,民主管理的形式呈现多样化的特点。

(一)职工代表大会

国有企业通过职工代表大会和其他形式实行民主管理。职工代表大会是国有企业职工民主管理和民主参与的基本形式,是职工行使民主管理权力的机构。国有企业的职工代表大会,我国《劳动法》中的规定比较原则,《公司法》中对于国有独资公司的职工代表大会也作出了相应的规定,国有独资公司和两个以上的国有企业或者其他两个以上的国有投资主体设立的有限责任公司,依照《宪法》和有关法律的规定,通过职工代表大会和其他形式,实行民主管理。有关职工代表大会的具体规定主要集中在《全民所有制工业企业法》中。

1. 职工代表大会的职权

职工代表大会行使下列职权:(1)听取和审议厂长关于企业的经营方针、长远规划、年度计划、基本建设方案、重大技术改造方案、职工培训计划、留用资金分配和使用方案、承包和租赁经营责任制方案的报告,提出意见和建议;(2)审

[①] 参见王全兴著:《劳动法》,法律出版社1997年版,第243页。

查同意或者否决企业的工资调整方案、劳动保护措施、奖惩办法以及其他重要的规章制度;(3)审议决定职工福利基金使用方案、职工住宅分配方案和其他有关职工生活福利的重大事项;(4)评议、监督企业各级领导,提出奖惩和任免的建议;(5)根据政府主管部门的决定选举厂长,报政府主管部门批准。

2．职工代表大会的组织制度

(1)职工代表大会

职工代表大会至少每半年召开一次。每次会议必须有2/3以上的职工代表出席。遇有重大事项,经厂长、企业工会或1/3以上职工代表的提议,可召开临时会议。职工代表大会进行选举和作出决议,必须经全体职工代表过半数通过。

职工代表大会可根据需要,设立若干临时或经常性的专门小组(或专门委员会),完成职工代表大会交办的有关事项。

专门小组(或专门委员会)的主要工作是:审议提交职工代表大会的有关议案;在职工代表大会闭会期间,根据职工代表大会的授权,审定属本专门小组(或专门委员会)分工范围内需要临时决定的问题,并向职工代表大会报告予以确认;检查、督促有关部门贯彻执行职工代表大会决议和职工提案的处理;办理职工代表大会交办的其他事项。

(2)联席会议

职工代表大会闭会期间,需要临时解决的重要问题,由企业工会委员会召集职工代表团(组)长和专门小组(或专门委员会)负责人联席会议,协商处理,并向下一次职工代表大会报告予以确认。

(3)职工代表大会与工会的关系

根据《全民所有制工业企业法》的规定,企业工会委员会是职工代表大会的工作机构,负责职工代表大会的日常工作。

作为职工代表大会的工作机构,工会委员会主要承担下列工作:组织职工选举职工代表;提出职工代表大会议题的建议,主持职工代表大会的筹备工作和会议的组织工作;召集和主持职工代表团(组)长、专门小组(或专门负责人)负责人联席会议;组织专门小组进行调查研究,向职工代表大会提出建议,检查督促大会决议和执行情况,发动职工落实职工代表大会决议;向职工进行民主管理的宣传教育,组织职工代表学习政策、业务和管理知识,提高职工代表组织的水平;接受和处理职工代表的申诉和建议,维护职工代表的合法权益;组织企业民主管理的其他工作。

虽然职工代表大会作为职工民主参与的形式就目前的法律规定而言,只在国有企业范围内适用,在实践中,职工代表大会也主要在国有企业中存在,但是这并不否定非国有企业根据自身的实际情况建立职工代表大会,并将职工代表大会作为企业的职工民主参与形式的一种选择,非国有企业的职工代表大会的职权和组织制度可以参照国有企业职工代表大会的职权和组织制度并结合非国有企业的自身情况由企业和职工进行协商。

(二) 其他形式

1. 平等协商

我国《劳动法》第8条规定："劳动者依照法律规定,通过职工大会、职工代表大会或者其他形式,参与民主管理或者就保护劳动者合法权益与用人单位进行平等协商。"劳动部《关于〈中华人民共和国劳动法〉若干条文的说明》中将该条中"与用人单位进行平等协商"解释为主要适用于非国有企业。非国有企业指除国有企业以外的,我国的其他一切企业,包括合伙企业、个人独资企业、中外合资经营企业、中外合作经营企业、外资企业等。

平等协商是指职工与企业之间就有关企业的生产经营管理和涉及职工利益的问题进行平等地协商,达成职工与企业之间的相互理解和合作,共同促进企业的发展和维护职工的合法权利。就平等协商机制在我国的发展实践而言,相关的法律规定都比较原则,除了《劳动法》第8条的原则规定以外,在《公司法》、《中外合资经营企业法》、《中外合作经营企业法》和《外资企业法》中也作出了一些规定,但总起来讲,都显得比较笼统,在实践中平等协商的形式也比较灵活。

就目前的法律规定而言,我国《中外合资经营企业法》、《中外合作经营企业法》和《外资企业法》中对这些企业中的平等协商作出了一些原则的规定,这些企业董事会会议讨论企业的发展规划、生产经营活动等重大事项时,工会的代表有权列席会议,反映职工的意见和要求;董事会会议研究决定有关职工奖惩、工资制度、生活福利、劳动保护和保险等问题时,工会的代表有权列席会议,董事会应当听取工会的意见,取得工会的合作。

2. 工会或者职工代表列席有关会议,并有权提出意见和建议

根据我国《公司法》的有关规定,公司研究决定有关职工工资、福利、安全卫生以及劳动保护、劳动保险等涉及职工切身利益的问题时,应当事先听取公司工会和职工的意见,并邀请工会或者职工代表列席有关会议;公司研究决定生产经营的重大问题,制定重要的规章制度时,应当听取公司工会和职工的意见和建议。

3. 职工代表参加公司的监事会

根据我国《公司法》的有关规定,国有独资公司董事会和监事会应当有公司职工代表参加,职工代表由公司职工民主选举产生。股份有限公司监事会由股东代表和适当比例的公司职工代表组成,监事会中的职工代表由公司职工民主选举产生。

第十二章 执行劳动法的监督检查

第一节 劳动法执行情况监督检查概述

一、劳动法执行情况监督检查的概念

劳动法执行情况监督检查,是指依法享有监督检查权的机构、组织或者个人对用人单位遵守劳动法律、法规的情况进行监督和检查的制度。从狭义上来说,对劳动法执行情况监督检查即是指劳动保障监察,指的是由劳动行政主管部门对用人单位遵守劳动法律、法规、规章的情况进行监督、检查并对其违法行为予以处罚的制度。从广义上来说,对劳动法执行情况监督检查还包括了其他有关行政部门、工会组织以及群众自发的对用人单位遵守劳动法律法规的情况进行监督和检查的情况。这一概念的含义是:

(1)对劳动法执行情况监督检查的主体是依法享有监督检查权的劳动行政主管部门、其他有关行政部门、工会组织、其他群众性组织以及个人。其中,劳动行政主管部门和工会组织在劳动法执行情况监督体系中的地位和作用尤为重要。

(2)进行监督检查的目的是为了实现劳动法的立法宗旨,即保护劳动者的合法权益,促进经济发展和社会进步。

(3)监督检查的客体是用人单位遵守劳动法律、法规的行为。这是因为劳动法赋予劳动者的权益对应体现为劳动法赋予用人单位的义务,对用人单位遵守劳动法律法规的行为进行监督检查,才能保证劳动者合法权益的实现。

(4)监督检查的方式表现为依法行使监督检查权的各项措施,即对执行劳动法的情况进行监督检查,对检查中发现的违反劳动法的行为及时制止和纠正,并依法追究违法行为人的法律责任。

由劳动行政主管部门专门实施的劳动保障监察具有下列基本属性:

(1)法定性。劳动保障监察规则及程序直接为法律所规定,并且这种法律规定是强行性规范,监察主体必须严格依据法律实施监察活动,被监察主体不得以协议或其他任何方式规避监察。

(2)行政性。劳动保障监察属于行政执法和行政监督的范畴,是行使行政权力的具体行政行为。

(3)专门性。劳动保障监察是由法定的专门机关针对劳动法的遵守所实施

的专门监督。

（4）唯一性。在劳动监督关系中,唯有劳动保障监察是以国家名义对劳动法的遵守实行统一和全面的监督。

二、对劳动法执行情况监督检查的意义

在1994年我国《劳动法》颁布以后,调整劳动关系有了充分的法律依据,但是"徒法不足以自行",在有法可依的基础之上,我们还应该进一步实现有法必依的目标,这就需要监察机构对劳动法的执行情况实行全面的监督检查,对于用人单位违反劳动法律法规的行为从严查处,并调动社会的力量共同保障劳动法的顺利实施。我国《劳动法》第十一章对劳动法执行情况监督检查进行了专章规定,体现了这一制度的重要意义。

（1）对劳动法执行情况监督检查有利于增强各种劳动法主体的法律意识,尤其是用人单位的依法用工意识,避免和减少违法行为的发生。

法律规范的权威性和强制力只有在具体的实施过程中才能得到充分的体现。对劳动法执行情况监督检查这一制度就是为了保障劳动法的实施,通过多主体全方位的监督,各种劳动法主体才能够切实体会到执行劳动法的重要性和必要性。劳动关系的特殊性决定了现实生活中用人单位和劳动者双方地位的不对等,用人单位在经济上处于强势地位,劳动者的力量相对而言要弱小得多,因此前者利用这一优势侵犯后者的合法权益,违反劳动法规定的事件在实践中并不鲜见,如有的用人单位领导官僚主义思想严重,不关心职工的安全和身体健康,强令职工在不符合安全卫生的条件下劳动,致使生产事故不断发生;一些用人单位领导滥用企业自主权,随意辞退、开除职工;有的用人单位与劳动者签订"生死合同";有的用人单位随意扣发职工工资等等,这些行为都严重侵害了劳动者的合法权益,为此必须依靠对劳动法的执行情况进行严格的监督检查来增强各种劳动法主体的法律意识,尤其是用人单位的依法用工意识,使不同的利益主体在法律规定的范围内实现各自的价值追求,纠正和杜绝各种违法行为的发生。

（2）对劳动法执行情况监督检查有利于维护劳动秩序和劳动力市场的秩序。

党的十四大明确提出了建立社会主义市场经济是我国经济体制改革的目标。劳动力市场是重要的要素市场之一,应该促进其健康有序的发展和完善。随着全员劳动合同制度的推行,作为劳动关系主体的用人单位和劳动者比以前有了更大的选择权和自主权。但是双方当事人行使权利的自由并不是绝对的,只有在法律规定的限度之内,依法行使劳动权利,才能促进劳动力市场的有序建立和健康、稳定的发展。为此,必须建立一套切实可行的监督检查制度,通过有效的监督检查手段去发现、纠正劳动关系建立和履行过程中的违法行为,使之始终在法律规定的范围内进行,从而使双方当事人的劳动权利既能充分行使,又符合法律的要求,形成和谐的劳动秩序和有序的劳动力市场。

(3) 对劳动法执行情况监督检查有利于劳动法律制度的完善。

法律制度的建设可以从立法和执法两方面展开。对劳动法执行情况进行监督检查,一方面可以加强劳动执法工作,保证了劳动法的贯彻实施;另一方面对于劳动立法而言,可以密切结合劳动法实施过程中出现的新情况、新问题进行调查研究,及时修正具体规定中不适合经济发展客观需要的内容,不断总结劳动法实施过程中的各项成功经验并将其上升为法律,从而有利于进一步完善劳动立法,发展和健全社会主义劳动法制。

第二节 劳动法监督检查体制

我国对劳动法执行情况进行监督检查实施的是多层面的监督检查体制,形成我国特有的劳动监督检查体系。我国当前对劳动法执行情况进行监督检查的机构,除各级人民政府劳动行政部门对劳动法的执行实行全面监督检查以外,还有各级人民政府有关部门、各级工会、职工代表大会以及其他依法检举和控告的单位和个人。

一、政府劳动行政部门对劳动法执行情况的监督检查

(一) 劳动保障监察机构设置

我国《劳动法》第85条规定:"县级以上各级人民政府劳动行政部门依法对用人单位遵守劳动法律、法规的情况进行监督检查,对违反劳动法律、法规的行为有权制止,并责令改正。"政府劳动行政部门对劳动法执行情况的监督检查是通过设立专门的劳动保障监察机构,配备专门的劳动保障监察员来实施监察工作的。根据我国国务院于2004年11月发布的《劳动保障监察条例》的规定,县级以上地方各级人民政府劳动保障行政部门主管本行政区域内的劳动保障监察工作。县级、设区的市级人民政府劳动保障行政部门也可以委托符合监察执法条件的组织实施劳动保障监察。

此外,对于劳动保护监察,也有相应的法律法规对劳动保护监察的执行机构作出了专门的规定。如我国2002年6月29日通过的《安全生产法》明确规定,实行安全生产监督检查的主体,是指国务院及县级以上地方各级人民政府负责安全生产监督管理的部门。我国《矿山安全监察条例》规定在国务院劳动行政主管部门设矿山安全监察局,在省、自治区、直辖市劳动行政主管部门设矿山安全监察处,在矿山比较集中的地区、市劳动行政主管部门设矿山安全监察室

（组），专门负责矿山安全的监督检查工作。我国《锅炉压力容器安全监察暂行条例》规定，在国务院劳动行政主管部门设锅炉压力容器安全监察局，在省、自治区、直辖市劳动行政主管部门设锅炉压力容器安全监察处，在工业集中的地区、市劳动行政主管部门设锅炉压力容器监察科，专门负责锅炉压力容器安全的监督检查等。

（二）劳动保障监察员的条件和任命

劳动保障监察员，国外也称劳工检查员或劳动检查官，是指具体执行劳动保障监察的专职或兼职人员。1994年11月14日我国劳动部颁发的《劳动监察员管理办法》，对劳动保障监察员的任职条件作了如下规定：

（1）认真贯彻执行国家法律、法规和政策；

（2）熟悉劳动业务，熟练掌握和运用劳动法律、法规知识；

（3）坚持原则，作风正派，勤政廉洁；

（4）在劳动行政部门从事劳动行政业务工作3年以上，并经国务院劳动行政部门或省级劳动行政部门劳动保障监察专业培训合格。

对于劳动保障监察员的任命程序，《劳动监察员管理办法》规定：劳动行政部门专职劳动保障监察员的任命，由劳动保障监察机构负责提出任命建议并填写中华人民共和国劳动保障监察员审批表，经同级人事管理机构审核，报劳动行政部门领导批准；兼职劳动保障监察员的任命，由有关业务工作机构按规定推荐人选，并填写中华人民共和国劳动保障监察员审批表，经同级劳动保障监察机构和人事管理机构进行审核，报劳动行政部门领导批准。经批准任命的劳动保障监察员由劳动保障监察机构办理颁发中华人民共和国劳动保障监察证件手续。劳动保障监察员任命后，地方各级劳动行政部门按照规定填写《中华人民共和国劳动保障监察证件统计表》，逐级上报省级劳动行政部门，由省级劳动行政部门汇总并报国务院劳动行政部门备案。

对于矿山等特定行业的安全监察员，我国《矿山安全监察员管理办法》等规定对其作出了特别的任职要求。如对于矿山安全监察员的任职条件，《矿山安全监察员管理办法》规定，矿山安全监察员必须熟悉矿山安全技术知识和矿山安全法律、法规及矿山安全规程、矿山安全技术规范；身体健康，能胜任矿山井下检查工作；具有中等以上采矿工程专业或者相关专业学历和2年以上矿山现场工作经历；具备担任助理工程师以上的专业技术水平和条件，并有1年以上矿山安全监察工作经历。

（三）劳动保障监察的内容

根据我国《劳动保障监察条例》和有关劳动法规的规定，劳动保障监察的内容主要包括：

（1）用人单位制定内部劳动保障规章制度的情况；

（2）用人单位与劳动者订立劳动合同的情况；
（3）用人单位遵守禁止使用童工规定的情况；
（4）用人单位遵守女职工和未成年工特殊劳动保护规定的情况；
（5）用人单位遵守工作时间和休息休假规定的情况；
（6）用人单位支付劳动者工资和执行最低工资标准的情况；
（7）用人单位参加各项社会保险和缴纳社会保险费的情况；
（8）职业介绍机构、职业技能培训机构和职业技能考核鉴定机构遵守国家有关职业介绍、职业技能培训和职业技能考核鉴定的规定的情况；
（9）法律、法规规定的其他劳动保障监察事项。

（四）劳动保障监察机构及劳动保障监察员的职权

我国《劳动法》第86条规定："县级以上各级人民政府劳动行政部门监督检查人员执行公务，有权进入用人单位了解执行劳动法律、法规的情况，查阅必要的资料，并对劳动场所进行检查。县级以上各级人民政府劳动行政部门监督检查人员执行公务，必须出示证件，秉公执法并遵守有关规定。"我国《劳动法》的这一规定，只是对劳动保障监察机构的职权和义务作出了概括性授权。根据我国《劳动保障监察条例》，劳动保障监察机构履行下列职责：

（1）宣传劳动保障法律、法规和规章，督促用人单位贯彻执行；
（2）检查用人单位遵守劳动保障法律、法规和规章的情况；
（3）受理对违反劳动保障法律、法规或者规章的行为的举报、投诉；
（4）依法纠正和查处违反劳动保障法律、法规或者规章的行为。

根据我国《劳动保障监察条例》，劳动保障行政部门实施劳动保障监察，有权采取下列调查、检查措施：

（1）进入用人单位的劳动场所进行检查；
（2）就调查、检查事项询问有关人员；
（3）要求用人单位提供与调查、检查事项相关的文件资料，并作出解释和说明，必要时可以发出调查询问书；
（4）采取记录、录音、录像、照相或者复制等方式收集有关情况和资料；
（5）委托会计师事务所对用人单位工资支付、缴纳社会保险费的情况进行审计；
（6）法律、法规规定可以由劳动保障行政部门采取的其他调查、检查措施。

劳动保障行政部门对事实清楚、证据确凿、可以当场处理的违反劳动保障法律、法规或者规章的行为有权当场予以纠正。

除了享有权利之外，劳动保障监察员在履行职责时，还必须承担相应的义务，即：

（1）在执行公务的时候，应当佩戴劳动保障监察标志、出示劳动保障监察证

件,并有两名以上监察人员参加;

(2) 遵守有关法律、法规和规章,秉公执法,不得滥用职权,不得徇私舞弊;

(3) 进入劳动场所进行实地检查时,应当遵守相关的生产纪律和规章制度;

(4) 不得向他人泄露案情及企业有关保密资料;

(5) 为举报者保密。

二、其他有关行政部门对劳动法执行情况的监督检查

其他行政部门的监督检查,是指县级以上各级人民政府有关部门在各自职责范围内,对用人单位遵守劳动法律法规的情况进行监督。其他行政部门的监督检查是劳动法监督检查体系的重要组成部分。由于劳动法与其他法律规定在内容上有某些交叉和重合之处,某些行为在违反劳动法的同时也违反了工商、公安、卫生等方面的法律规定,这就需要有关的行政部门相互配合、共同处理。同时,由于行政职责和执法手段有所不同,一些特定的制裁措施需要由专门的行政部门予以实施,如吊销企业营业执照的权力专属于工商行政管理部门,治安处罚的权力专属于公安部门,对企业有关责任人员的行政处分只能由其上级主管部门决定。因此,只有劳动保障监察机构的监察是不能对违反劳动法的行为进行全面制裁的,必须依靠其他有关行政部门配合一致的工作,才能更好地保证劳动法的贯彻实施。

其他有关行政部门对劳动法执行情况的监督检查主要从两方面开展:一是来自用人单位的上级主管部门的监督检查。例如我国《矿山安全法》把检查矿山企业贯彻执行矿山安全法律、法规的情况规定为矿山企业主管部门的首项管理职责。二是来自公安、卫生、工商、财税、审计、防疫等专项行政管理部门的监督检查。例如,根据我国《劳动法》的规定,用人单位如果有以暴力、威胁或者非法限制人身自由的手段强迫劳动的或者侮辱、体罚、殴打、非法搜查和拘禁劳动者的行为之一的,由公安机关对责任人员处以15日以下拘留、罚款或者警告。在我国《禁止使用童工规定》中,也同时涉及公安部门、工商行政管理部门、教育行政部门、卫生行政部门等的监督职责。

其他有关行政部门的监督方式主要有三种:

(1) 依法独立开展劳动监督检查活动;

(2) 依法对劳动保障监察部门、其他行政部门或工会组织的建议进行调查处理;

(3) 会同劳动保障监察部门等监督主体进行劳动监督检查。

其他有关行政部门在各自权限范围内管理特定的事项,享有专属于自己的职权。劳动法律、法规内容涉及这些机关权限的,需要这些机关运用自己的职权来保证实施。如在我国《女职工劳动保护规定》中,用人单位的上级主管部门的职权或者职责就包括:在女职工劳动保护的权益受到侵害时,受理申诉并作出处理决定;对违反规定的用人单位负责人及其直接责任人员给予行政处分,并责令该单位给予被侵害女职工合理的经济补偿。此外,还规定了各级卫生部门对用人单位执行该规定的情况进行监督检查的职权等。

其他有关行政部门的监督检查与劳动保障监察比较,有如下区别:一是监督主体不同。其他有关行政部门的主体除了用人单位的上级主管部门以外,还包括公安、卫生、工商、财税、审计、防疫等专项行政管理部门;而劳动保障监察的监督主体则是享有劳动保障监察权的各级人民政府劳动行政部门专门设立的劳动保障监察机构。二是监督范围不同。其他有关行政部门只是在自己特定的权限范围内对劳动法律、法规、规章某一方面的实施情况进行监督检查,如企业主管部门只履行对所属企业的监督检查权,工商行政管理部门只在企业违反劳动法律、法规后,根据有关规定应予吊销其营业执照时才能作出处罚决定;而劳动保障监察机构则负责对企业遵守和执行劳动法律法规、规章的情况进行全面监督检查。三是监督过程中行使的职权不同。与其监督检查的范围相适应,劳动保障监察机构的监督职权相对比较宽泛,它所享有的监督检查的职权有一些是其他有关行政部门不能享有的;同样,一些特定行政部门的特定权限也只有该行政部门在履行职责时享有,劳动保障监察机构不得享有,如治安处罚权就只能由公安机关行使。

三、工会对劳动法执行情况的监督检查

我国《劳动法》第88条第1款规定:"各级工会依法维护劳动者的合法权益,对用人单位遵守劳动法律、法规的情况进行监督。"工会对劳动法执行情况进行监督检查是由工会的性质决定的。根据我国《工会法》的规定,"工会是职工自愿结合的工人阶级的群众组织。中华全国总工会及其各工会组织代表职工的利益,依法维护职工的合法权益。""维护职工合法权益是工会的基本职责。工会在维护全国人民总体利益的同时,代表和维护职工的合法权益。"因此对用人单位遵守劳动法律、法规情况的监督检查既是我国《劳动法》赋予工会组织的神圣权利,也是工会工作的基本职责所在。

我国《劳动法》对于工会对用人单位执行劳动法情况进行监督检查的权利作出了概括性的规定。1995年8月17日全国总工会发布了《工会劳动法律监督试行办法》,对工会劳动法律监督工作的原则、权利、监督内容、机构设置、监督员条件及任命、监督工作方式等内容进行了详细规定。我国《工会法》第三章"工会的权利和义务"也对工会组织监督劳动法律、法规执行情况的权利作了比较具体的规定。根据我国《工会法》和《工会劳动法律监督试行办法》的规定,工会在进行劳动法律监督的时候,依法享有的权利有:

（1）知情权。即事先知道并了解某些事项的权利。如我国《工会法》中规定，企业单方面解除职工劳动合同时，应当事先将理由通知工会。

（2）独立调查权。即有权直接进入有关现场了解情况，收集资料，听取反映。如我国《工会法》规定，工会有权对企业、事业单位侵犯职工合法权益的问题进行调查，有关单位应当予以协助。

（3）要求、建议权。工会组织是群众组织，对于违反劳动法律法规、侵犯职工权益的行为没有直接处罚权，但有要求、建议权，即要求、建议有权的行政机关对上述行为进行处罚。要求、建议的对象，既可以是实施了违法行为的用人单位，也可以是其他有关部门，如劳动行政管理部门、公安部门等。

（4）建议组织职工撤离危险现场权。工会组织发现企业行政方面违章指挥、强令工人冒险作业，或者在生产过程中发现明显重大事故隐患和职业危害，有权提出解决的建议；当发现危及职工生命安全的情况时，有权向企业行政方面建议组织职工撤离危险现场，企业行政方面必须及时作出处理决定。

（5）参与事故调查，并向有关部门提出处理意见权。

（6）支持举报控告权。工会有权支持职工对用人单位违反劳动法的行为依法向有关国家机关进行举报或者控告。

（7）舆论监督权。工会有权运用合法的舆论手段，监督用人单位遵守劳动法。

工会组织在劳动法过程中的监督权是很广泛的，涉及劳动法律法规多方面的内容，如职工录用、调动、处分、辞退、解除劳动合同、工作时间、劳动安全卫生等等。

四、其他群众性组织及个人对劳动法执行情况的监督

群众监督也是监督工作的重要方面。我国《劳动法》第88条第2款规定："任何组织和个人对于违反劳动法律、法规的行为有权检举和控告。"群众监督是指劳动行政部门、其他行政部门、工会组织以外的任何组织和个人对于违反劳动法律法规的行为进行的监督，它是监督检查体系中不可缺少的组成部分。

对劳动法执行情况的监督检查直接关系到劳动者的劳动权利和物质利益。国家不仅将对劳动法执行情况的监督检查权利赋予有关的国家机关，同时也把这一权利交给广大劳动者，从而使劳动者真正感到自己是国家的主人，自觉遵守企业的规章制度和劳动纪律，更加关心企业的生产经营和经济效益，同时也进一步督促国家有关行政部门及其工作人员克服官僚主义，增强责任感，及时纠正违法失职行为。

群众监督的形式通常有如下几种：

（1）直接以口头或书面形式进行监督。即群众对有关单位、部门执行劳动法的情况有权以口头或书面形式直接提出询问、要求、批评、建议等。对违法行为有权提出控告检举。受理机关不得把群众的控告检举转交给被控告检举者本人,任何人不得压制或对群众的控告检举实施打击报复,否则将受到相应的制裁。

(2) 报刊等传媒监督。在一个信息发达的社会,新闻媒体的声音是非常强大的,影响力也是相当广泛的。通过新闻媒体的监督,对各种侵害劳动者合法权益的违法行为加以曝光,既为表达民意提供了一条畅通的渠道,还可以协助有关行政部门发现违法事实并及时查处。

(3) 其他群众组织的监督,如妇联、共青团等组织的监督。群众组织密切联系群众,深入了解群众,反映群众的呼声,同时也凝聚了群众的力量,对用人单位执行劳动法的情况可以开展有组织的监督。对于一些需要特殊保护的群体,相应的群众组织更能够充分地代表和维护其合法权益,对其实行特殊的保护。

在劳动监督体系中,群众监督是对行政监督和工会监督的必要补充。其主要特点是:

(1) 监督主体具有分散性和广泛性。任何组织和个人都有权对劳动法的执行情况进行监督。

(2) 监督方式具有特定性和任意性。即群众监督的方式仅限于检举和控告,具体采用何种形式可由群众自行选择,并且检举和控告都可以采用口头形式或者书面形式。

第三节 劳动法监督检查程序

劳动保障监察以日常巡视检查、审查用人单位按照要求报送的书面材料以及接受举报投诉等形式进行。劳动行政监督检查机构进行调查、检查应当遵守法定的工作程序,这是劳动法监督检查行为具有法律效力的重要条件。为了规范劳动保障监察行为,进一步贯彻国务院《劳动保障监察条例》的实施,2004年12月31日劳动和社会保障部颁布了《关于实施〈劳动保障监察条例〉若干规定》,自2005年2月1日起开始实施。

一、查处劳动违法行为的工作程序

对于用人单位确有违反劳动法律法规行为,并经过审查由劳动保障监察机构确认有违法事实的,应当登记立案,按照查处违法行为的工作程序进行劳动保障监察。具体来说,查处违法行为的工作程序,其主要内容包括:

(1) 回避制度。为了保证执法工作的公正无私,劳动保障监察实行回避制度。承办查处违法案件的劳动保障监察人员,有下列情形之一的,应当自行申请回避：第一，是用人单位法定代表人的近亲属的；第二，本人或其近亲属与承办查处的案件有利害关系的；第三，因其他原因可能影响案件公正处理的。当事人认为承办人员应当回避的，有权向承办查处工作的劳动行政部门申请，要求其回避。当事人申请回避，应采用书面形式。承办人员的回避，由劳动保障监察机构负责人决定；劳动保障监察机构负责人的回避，由劳动行政部门负责人决定。回避决定应在收到申请之日起3日内作出。作出回避决定前，承办人员不得停止对案件的调查处理。对驳回回避申请的决定，应当向申请人说明理由。

（2）投诉制度。劳动者对用人单位违反劳动保障法律、侵犯其合法权益的行为，有权向劳动保障行政部门投诉。对因同一事由引起的集体投诉，投诉人可推荐代表投诉。投诉应当由投诉人向劳动保障行政部门递交投诉文书。书写投诉文书确有困难的，可以口头投诉，由劳动保障监察机构进行笔录，并由投诉人签字。投诉文书应当载明下列事项：

第一，投诉人的姓名、性别、年龄、职业、工作单位、住所和联系方式，被投诉用人单位的名称、住所、法定代表人或者主要负责人的姓名、职务；

第二，劳动保障合法权益受到侵害的事实和投诉请求事项。

（3）立案制度。对符合下列条件的投诉，劳动保障行政部门应当在接到投诉之日起5个工作日内依法受理，并于受理之日立案查处：

第一，违反劳动保障法律的行为发生在2年内的；

第二，有明确的被投诉用人单位，且投诉人的合法权益受到侵害是被投诉用人单位违反劳动保障法律的行为所造成的；

第三，属于劳动保障监察职权范围并由受理投诉的劳动保障行政部门管辖。

立案应当填写立案审批表，报劳动保障监察机构负责人审查批准。劳动保障监察机构负责人批准之日即为立案之日。劳动保障行政部门通过日常巡视检查、书面审查、举报等发现用人单位有违反劳动保障法律的行为，需要进行调查处理的，也应当及时立案查处。

（4）调查取证制度。登记立案后，劳动保障监察机构应当全面、客观、公正地调查，收集有关证据。证据包括书证、物证、视听资料、证人证言、当事人的陈述、鉴定结论、勘验笔录、现场笔录。劳动保障监察员进行调查、检查，不得少于2人，并应当佩戴劳动保障监察标志、出示劳动保障监察证件。劳动保障行政部门调查、检查时，有下列情形之一的可以采取证据登记保存措施：

第一，当事人可能对证据采取伪造、变造、毁灭行为的；

第二，当事人采取措施不当可能导致证据灭失的；

第三，不采取证据登记保存措施以后难以取得的；

第四，其他可能导致证据灭失的情形的。

采取证据登记保存措施应当按照下列程序进行：

第一，劳动保障监察机构提出证据登记保存申请，报劳动保障行政部门负责人批准；

第二，劳动保障监察员将证据登记保存通知书及证据登记清单交付当事人，由当事人签收。当事人拒不签名或者盖章的，由劳动保障监察员注明情况；

第三，采取证据登记保存措施后，劳动保障行政部门应当在7日内及时作出处理决定，期限届满后应当解除证据登记保存措施。

在证据登记保存期内，当事人或者有关人员不得销毁或者转移证据；劳动保障监察机构及劳动保障监察员可以随时调取证据。

劳动保障行政部门在实施劳动保障监察中涉及异地调查取证的，可以委托当地劳动保障行政部门协助调查。受委托方的协助调查应在双方商定的时间内完成。

劳动保障行政部门对违反劳动保障法律的行为的调查，应当自立案之日起60个工作日内完成；情况复杂的，经劳动保障行政部门负责人批准，可以延长30个工作日。承办人员完成调查取证后，应向劳动保障监察机构提交调查报告和处理意见，并填写案件处理报批表。案件处理报批表应写明被处罚单位名称、案由、违反劳动法律法规事实、被处罚单位的陈述、处理依据、建议处罚意见。

（5）案件处理。劳动保障行政部门立案调查完成，应在15个工作日内作出行政处罚（行政处理或者责令改正）或者撤销立案决定；特殊情况，经劳动保障行政部门负责人批准可以延长。劳动保障行政部门对违反劳动保障法律的行为，根据调查、检查的结果，作出以下处理：

第一，对依法应当受到行政处罚的，依法作出行政处罚决定；

第二，对应当改正未改正的，依法责令改正或者作出相应的行政处理决定；

第三，对情节轻微，且已改正的，撤销立案。

对用人单位存在的违反劳动保障法律的行为事实确凿并有法定处罚（处理）依据的，劳动保障监察员可以当场作出限期整改指令或依法当场作出行政处罚决定。劳动保障监察员应当填写预定格式、编有号码的限期整改指令书或行政处罚决定书，当场交付当事人。当场处以警告或罚款处罚的，应当按照下列程序进行：

第一，口头告知当事人违法行为的基本事实、拟作出的行政处罚、依据及其依法享有的权利；

第二，听取当事人的陈述和申辩；

第三，填写预定格式的处罚决定书；

第四，当场处罚决定书应当由劳动保障监察员签名或者盖章；

第五，将处罚决定书当场交付当事人，由当事人签收。

对不能当场作出处理的违法案件，劳动保障监察员经调查取证，应当提出初步处理建议,并填写案件处理报批表。案件处理报批表应写明被处理单位名称、案由、违反劳动保障法律行为事实、被处理单位的陈述、处理依据、建议处理意见。

对违反劳动保障法律的行为作出行政处罚或者行政处理决定前,应当告知用人单位,听取其陈述和申辩;法律、法规规定应当依法听证的,应当告知用人单位有权依法要求举行听证;用人单位要求听证的,劳动保障行政部门应当组织听证。

经调查、检查,劳动保障行政部门认定违法事实不能成立的,也应当撤销立案。发现违法案件不属于劳动保障监察事项的,应当及时移送有关部门处理;涉嫌犯罪的,应当依法移送司法机关。

(6) 处理决定的交付或送达。劳动保障监察限期整改指令书、劳动保障行政处理决定书、劳动保障行政处罚决定书应当在宣告后当场交付当事人;当事人不在场的,劳动保障行政部门应当在7日内依照我国《民事诉讼法》的有关规定,将劳动保障监察限期整改指令书、劳动保障行政处理决定书、劳动保障行政处罚决定书送达当事人。

(7) 处理决定的执行。劳动保障行政处理或处罚决定依法作出后,当事人应当在决定规定的期限内予以履行。当事人对劳动保障行政部门作出的行政处罚决定、责令支付劳动者工资报酬、赔偿金或者征缴社会保险费等行政处理决定逾期不履行的,劳动保障行政部门可以申请人民法院强制执行,或者依法强制执行。除依法当场收缴的罚款外,作出罚款决定的劳动保障行政部门及其劳动保障监察员不得自行收缴罚款。当事人应当自收到行政处罚决定书之日起15日内,到指定银行缴纳罚款。当事人确有经济困难,需要延期或者分期缴纳罚款的,经当事人申请和劳动保障行政部门批准,可以暂缓或者分期缴纳。

(8) 行政复议和行政诉讼。用人单位对处罚决定不服的,可以依照我国《行政复议法》和《行政诉讼法》的规定,申请复议或提起诉讼。但是,除法律另有规定外,复议和诉讼期间不影响原决定的执行。处罚决定生效后,作出处罚决定的劳动行政部门发现决定不适当的,应当予以纠正并及时告知当事人。劳动行政部门及其工作人员因劳动保障监察行为违法,给用人单位造成损害的,依照《国家赔偿法》的有关规定给予赔偿。

二、劳动保护监督检查的工作程序

我国《安全生产法》对于安全生产的监督检查规定了专门的工作程序,主要包括:

1. 审批及验收程序

负有安全生产监督管理职责的部门依法对涉及安全生产的事项需要审查批

准或者验收的,必须严格依照有关法律、法规和国家标准或者行业标准规定的安全生产条件和程序进行审查;不符合有关法律、法规和国家标准或者行业标准规定的安全生产条件的,不得批准或者验收通过。对未依法取得批准或者验收合格的单位擅自从事有关活动的,负责行政审批的部门发现或者接到举报后应当立即予以取缔,并依法予以处理。对已经依法取得批准的单位,负责行政审批的部门发现其不再具备安全生产条件的,应当撤销原批准。负有安全生产监督管理职责的部门对涉及安全生产的事项进行审查、验收,不得收取费用;不得要求接受审查、验收的单位购买其指定品牌或者指定生产、销售单位的安全设备、器材或者其他产品。

2. 安全生产现场检查程序

负有安全生产监督管理职责的部门依法对生产经营单位执行有关安全生产的法律、法规和国家标准或者行业标准的情况进行监督检查,对检查中发现的安全生产违法行为,应当当场予以纠正或者要求限期改正;对依法应当给予行政处罚的行为,依照有关法律、行政法规的规定作出行政处罚决定。对检查中发现的事故隐患,应当责令立即排除;重大事故隐患排除前或者排除过程中无法保证安全的,应当责令从危险区域内撤出作业人员,责令暂时停产停业或者停止使用;重大事故隐患排除后,经审查同意,方可恢复生产经营和使用。对有根据认为不符合保障安全生产的国家标准或者行业标准的设施、设备、器材予以查封或者扣押,并应当在15日内依法作出处理决定。安全生产监督检查人员应当将检查的时间、地点、内容、发现的问题及其处理情况,作出书面记录,并由检查人员和被检查单位的负责人签字;被检查单位的负责人拒绝签字的,检查人员应当将情况记录在案,并向负有安全生产监督管理职责的部门报告。负有安全生产监督管理职责的部门在监督检查中,应当互相配合,实行联合检查;确需分别进行检查的,应当互通情况,发现存在的安全问题应当由其他有关部门进行处理的,应当及时移送其他有关部门并形成记录备查,接受移送的部门应当及时进行处理。

此外,由于有关劳动安全卫生的监督检查具有较强的专业性,各行各业对劳动安全卫生的要求并不完全相同,尤其是对于矿山、建设工程等特种行业以及锅炉压力容器等特种设备,更需要有特殊的程序规则规定专门的监察程序,因此,我国《矿山安全监察条例》(1982年)、《矿山安全监察工作规则》(1995年)、《锅炉压力容器安全监察暂行条例》及其《实施细则》(1982年)、《气瓶安全监察规程》(1989年)、《漏电保护器安全监察规定》(1990年)、《建设项目(工程)劳动安全卫生监察规定》(1996年)等都对其所针对的特殊行业的劳动保护监察程序作出了专门性规定。

第十三章 劳动争议处理法

第一节 劳动争议处理概述

一、劳动争议的概念

劳动争议又称劳动纠纷,在国外也称劳资纠纷或劳资争议,是指劳动关系双方当事人之间因实现劳动权利、履行劳动义务而发生的纠纷或争议。可以从以下几个方面来理解劳动争议的概念:

(1)劳动争议的产生建立在劳动法律关系的基础之上,即劳动争议的前提必须是双方当事人之间存在一定的劳动关系。不存在劳动关系,劳动争议就无从谈起。

(2)劳动争议双方当事人一方为用人单位,一方为劳动者或代表劳动者利益的工会组织。如果争议不是发生在用人单位与劳动者或劳动者的代表者之间,即使争议内容涉及劳动方面的问题,也不构成劳动争议,如用人单位与劳动行政主管部门在劳动行政管理过程中发生的争议以及用人单位之间因为劳动力流动而发生的争议等都不属于劳动争议。

(3)劳动争议的标的是劳动权利或劳动义务。劳动权利和劳动义务的内容,是通过劳动基准法、劳动合同和集体合同确定下来的,主要涉及就业、工时、工资、劳动保护、社会福利、职业培训、民主管理、奖励惩罚等方面。以劳动权利和劳动义务以外的其他权利义务为标的的争议,不属于劳动争议的范围。

二、劳动争议分类

劳动争议按照不同的标准,可以分为不同的类别:

(1)按照争议标的性质的不同,劳动争议可以分为权利争议和利益争议两类。

权利争议也称为实现既定权利的争议,是指因为执行劳动法律法规和劳动合同、集体合同规定的劳动条件而发生的争议。争议产生的原因往往是因为劳动关系一方当事人不依法行使权利或履行义务,侵害了另一方的合法权益,或者双方对如何行使权利和履行义务的理解产生了分歧。利益争议也称为经济争议,是指因为确定或变更劳动条件而发生的争议。在这类争议中,双方所主张的权利义务事先并没有确定,争议之所以发生是因为双方当事人对这些有待确定的权利义务有不同的要求,争议的目的在于使一方或双方的某种利益得到合同或法律的确认,从而上升为权利。它往往直接与当事人一方的经济利益密切相关,如增加工资、缩短工时等。

(2)根据劳动争议一方劳动者人数的多少,劳动争议可分为个人争议、集体争议和团体争议。

个人争议,又称个别争议,是指发生在单个劳动者与用人单位之间的劳动争议。集体争议,又称多人争议,是指劳动者一方的人数达到法定人数以上并且基于共同理由与用人单位发生的劳动争议。我国《企业劳动争议处理条例》曾规定,发生劳动争议的职工一方在3人以上,并有共同理由的,应当推举代表参加调解或者仲裁活动。据此,发生劳动争议的劳动者一方人数在3人或3人以上并具有共同理由的,为集体争议。但我国《企业劳动争议处理条例》现已失效,2007年的《劳动争议调解仲裁法》规定,发生劳动争议的劳动者一方在10人以上并有共同请求的,可以推举代表参加调解、仲裁或者诉讼活动。因此,集体争议应理解为作为争议一方的劳动者人数在10人以上并有共同请求的劳动争议。在集体争议中,劳动者一方有共同请求,当事人应当依法推举代表参加调解、仲裁或诉讼活动,职工代表在争议处理过程中的行为只代表卷入争议的部分职工的利益和意志,对未卷入争议的职工则不具有法律意义。团体争议,又称集体合同争议,是指代表和维护全体职工共同利益的工会与用人单位因签订或履行集体合同而发生的争议。如果用人单位方面侵害多数职工利益或本单位全部职工的利益时,工会有权以代表的身份,与用人单位进行谈判,甚至提起诉讼。在团体争议中,工会的法定代表人是工会主席,其行为涉及工会所代表的全体职工的利益,对全体职工具有法律效力。

(3)按照争议发生的法律依据,劳动争议还可以分为合同争议和法律争议两类。

这两类争议虽然都属于因实现劳动权利或履行劳动义务而发生的争议,不同的是合同争议是因约定权利而产生的争议,即因解释和履行集体合同、劳动合同而发生的争议。而法律争议则是因法定权利而产生的,即在执行国家关于工资、工时、劳动保护、社会保险、奖励、惩罚、辞退的规定时发生的争议。在处理争议过程中,属法律争议性质的劳动纠纷,具有一定的法律强制性,应依法处理,当事人不得自行处分;属合同争议性质的劳动纠纷,则具有一定的任意性,当事人在依照合同的约定和自愿协商的基础上,可以自行处分。现实中,这两类争议常常交织在一起,合同争议会涉及执行法律的问题,法律争议中也常有在法律规定基础上的相互约定问题。

三、劳动争议的范围

我国现行关于劳动争议处理的法律规范,主要有《劳动争议调解仲裁法》(2007年)、《劳动人事争议仲裁办案规则》(2009年)、《企业劳动争议协商调解规定》(2011年)以及最高人民法院《关于审理劳动争议案件适用法律若干问题的解释》(一)、(二)与(三)(分别发布于2001年、2006年、2010年)等。这些法律规范对劳动争议的具体范围作了十分详细的规定。

根据我国《劳动争议调解仲裁法》第2条的规定,劳动争议的范围主要包括以下几类:(1)因确认劳动关系发生的争议;(2)因订立、履行、变更、解除和终止劳动合同发生的争议;(3)因除名、辞退和辞职、离职发生的争议;(4)因工作时间、休息休假、社会保险、福利、培训以及劳动保护发生的争议;(5)因劳动报酬、工伤医疗费、经济补偿或者赔偿金等发生的争议;(6)法律、法规规定的其他劳动争议。

根据最高人民法院关于审理劳动争议案件适用法律的有关司法解释的规定,下列争议也属于劳动争议:(1)劳动者与用人单位之间没有订立书面劳动合同,但已形成劳动关系后发生的纠纷;(2)劳动者退休后,与尚未参加社会保险统筹的原用人单位因追索养老金、医疗费、工伤保险待遇和其他社会保险费而发生的纠纷;(3)用人单位和劳动者因劳动关系是否已经解除或者终止,以及应否支付解除或终止劳动关系经济补偿金产生的争议;(4)劳动者与用人单位解除或者终止劳动关系后,请求用人单位返还其收取的劳动合同定金、保证金、抵押金、抵押物产生的争议,或者办理劳动者的人事档案、社会保险关系等移转手续产生的争议;(5)劳动者因为工伤、职业病,请求用人单位依法承担给予工伤保险待遇的争议;(6)劳动者以用人单位未为其办理社会保险手续,且社会保险经办机构不能补办导致其无法享受社会保险待遇为由,要求用人单位赔偿损失而发生的争议;(7)因企业自主进行改制引发的争议;(8)劳动者依据《劳动合同法》第85条规定,要求用人单位支付加付赔偿金的争议。

根据最高人民法院《关于审理劳动争议案件适用法律若干问题的解释(二)》的规定,下列纠纷不属于劳动争议:(1)劳动者请求社会保险经办机构发放社会保险金的纠纷;(2)劳动者与用人单位因住房制度改革产生的公有住房转让纠纷;(3)劳动者对劳动能力鉴定委员会的伤残等级鉴定结论或者对职业病诊断鉴定委员会的职业病诊断鉴定结论的异议纠纷;(4)家庭或者个人与家政服务人员之间的纠纷;(5)个体工匠与帮工、学徒之间的纠纷;(6)农村承包经营户与受雇人之间的纠纷。

四、劳动争议处理的意义

虽然因为社会制度的不同,劳动争议的表现形式和调节机制各不相同,但是劳动争议在世界各国普遍存在却是不争的事实,而且只要存在着物质利益分配的不平衡性和差异性,这种由不同利益追求引发的冲突就会在劳动领域中长期存在。因此,妥善处理各种劳动纠纷,完善我国的劳动争议处理制度,对于维护劳动关系的稳定性,促进经济建设,保证社会长治久安都有着非常重要的意义。具体而言,劳动争议处理的意义主要表现在:

(1) 妥善处理劳动争议,有利于保护劳动者和用人单位的合法权益,协调劳动关系。这也是劳动争议立法的直接目的。劳动者与用人单位既存在利益上的对立,又有相互依赖的一面。企业经济效益好,客观上会为劳动者带来更多的经济利益,而劳动者的创造性和积极性也是一个企业活力的源泉。企业经济效益的好坏,与管理者和劳动者之间的关系密切相连。任何一方对于劳动权利义务的违反,都会导致劳动关系的运行发生障碍,从而影响劳动者的合法权益和用人单位的正常生产经营,损害企业效益,因此必须及时排除。只有妥善处理劳动争议,坚决制止不法行为,维护合法利益,将企业的运行纳入法律的轨道,才能够使双方的合法权益都能获得有效的法律保障,实现劳动关系的协调发展。

(2) 妥善处理劳动争议,有利于增强用人单位和劳动者的法律意识,提高双方当事人履行义务的自觉性。在劳动关系中,双方当事人互为权利和义务主体,权利义务相辅相成。但是由于劳动关系的特殊性,现实生活中用人单位和劳动者权利义务不对等的现象大量存在,而用人单位凭借其优势地位,有法不依,以权代法,不依法履行自己的义务,侵害劳动者的合法权益的情况更是多有发生。通过依法处理劳动争议,加强劳动法律法规的宣传,一方面可以提高双方当事人履行义务,遵守法律的自觉性,另一方面也帮助人们通过具体案件的处理增长了法律知识,懂得通过法律手段捍卫自己的合法权益,防止纠纷的进一步恶化和升级。

(3) 妥善处理劳动争议,有利于维护正常的生产经营秩序,保障各项制度改革的顺利进行。劳动争议一经产生,就应该予以及时有效的处理,争取将矛盾消灭在萌芽状态,避免矛盾的激化。否则,劳动者与用人单位双方的矛盾一旦扩大,不但影响劳动者的切身利益,也干扰了用人单位正常的生产经营秩序,乃至整个社会的安定团结。及时妥善处理各种劳动争议可以最大限度地减少争议可能带来的混乱与损失,维护正常的生产经营秩序,这也为各项制度改革的顺利进行创造了良好的环境。改革的过程难免涉及各种利益的重新分配与整合,其中也会触及劳动关系双方各自的利益,劳动争议的增多在所难免,只有及时妥善地处理各种争议,才能吸取教训,总结经验,稳定社会,更好地推动各项制度改革的深入开展。

五、劳动争议处理的原则

劳动争议处理的原则,是劳动争议调解组织、劳动争议仲裁委员会、人民法院在处理劳动争议案件时,必须遵循的基本准则。它贯穿于劳动争议处理过程的始终,体现了国家劳动立法关于劳动争议处理的指导思想。

我国《劳动争议调解仲裁法》第 3 条规定:"解决劳动争议,应当根据事实,遵循合法、公正、及时、着重调解的原则,依法保护当事人的合法权益。"据此,我国劳动争议的处理原则可以概括为以下四项:

1. 合法原则

处理劳动争议必须严格依照有关法律法规处理,不仅争议的处理程序要合法,争议处理机构的组成、处理的期限、法律法规的适用等都要合法。凡是处理劳动争议过程中的任何一个环节不合法,所作出的调解、仲裁、审判结果都是无效的。调解和仲裁如果违反法律有关规定,即使当事人双方自觉自愿达成的协议也不具备法律约束力,不受法律的保护。

2. 公正原则

公正原则要求在处理劳动争议的过程中,调解组织、仲裁机构和人民法院必须做到公平正义、不偏不倚,保证当事人在法律适用上一律平等。在劳动争议处理过程中,争议双方的法律地位是平等的,任何用人单位或劳动者都没有超越法律的特权。这一原则要求在处理劳动争议过程的各个阶段,不论适用实体法还是适用程序法,对双方当事人都应当一视同仁,尤其是要确保双方当事人享有平等的法律地位,使双方当事人的实体法权利和请求解决争议、举证、辩解、陈述、要求回避等程序法权利,都获得平等的保护。双方当事人享有相等的权利,承担相等的义务,一方不得享有凌驾于另一方之上的任何特权。

3. 及时原则

及时原则意味着,任何主体在处理劳动争议时,都应遵循相关法律法规规定的期限,尽可能快速、高效地处理和解决劳动争议。及时原则还意味着,劳动争议一旦发生,当事人应及时申请处理;处理结果产生后,当事人应及时执行;当事人对调解、仲裁不服的,应及时提起诉讼,寻求救济。劳动争议与其他争议的一个重要区别就是,劳动争议与劳动者的生活、企业生产密切相关,一旦发生争议,不仅影响生产、工作的正常进行,而且直接影响劳动者及其家人的生活,甚至影响社会的稳定。因此劳动争议的处理必须及时,以有效保护权利受侵害一方的合法权益,协调好劳动关系,维护社会和生产的正常秩序。

4. 着重调解原则

着重调解原则要求劳动争议发生之后,应着重采取调解方式使双方在自愿的基础上化解矛盾。以调解的方式解决劳动争议是比较便捷有效的,这是因为劳动争议调解组织的成员大多来自基层,比较了解情况,熟悉具体的劳动环境,便于劳动争议的解决。当调解确实无效时,才由劳动争议仲裁机构和人民法院加以解决。劳动争议仲裁委员会处理劳动争议时,也必须先进行调解,调解不成的,方能进行仲裁裁决。人民法院受理劳动争议案件,在不同审判阶段都应先行调解,尽量争取双方协商解决争议,调解不成,才进行判决。

当然,着重调解并不是强迫调解,当事人是否接受调解,是否愿意达成调解协议,应当完全由当事人自愿决定。

第二节 处理劳动争议的机构

处理劳动争议的机构,是指受理劳动争议案件的组织机构。根据现行法律的规定,我国处理劳动争议的机构主要有劳动争议调解组织、劳动争议仲裁委员会和人民法院三类。

一、劳动争议调解组织

我国《劳动争议调解仲裁法》第10条第1款规定:"发生劳动争议,当事人可以到下列调解组织申请调解:(一)企业劳动争议调解委员会;(二)依法设立的基层人民调解组织;(三)在乡镇、街道设立的具有劳动争议调解职能的组织。"根据该条规定,我国劳动争议调解组织主要有三种。

(一)企业劳动争议调解委员会

1. 企业劳动争议调解委员会的设立

企业劳动争议调解委员会是指在用人单位内部依法设立的,负责调解本单位劳动争议的组织。我国《企业劳动争议协商调解规定》对企业内部设立调解委员会的要求是:第一,大中型企业应当依法设立调解委员会,并配备专职或者兼职工作人员。有分公司、分店、分厂的企业,可以根据需要在分支机构设立调解委员会,总部调解委员会指导分支机构调解委员会开展劳动争议预防调解工作;调解委员会可以根据需要在车间、工段、班组设立调解小组。第二,小微型企业可以设立调解委员会,也可以由劳动者和企业共同推举人员,开展调解工作。

2. 企业劳动争议调解委员会的组成

根据我国《劳动争议调解仲裁法》和《企业劳动争议协商调解规定》的要求,企业劳动争议调解委员会由劳动者代表和企业代表组成,人数由双方协商确定,双方人数应当对等;劳动者代表由工会委员会成员担任或者由全体劳动者推举产生,企业代表由企业负责人指定。调解委员会主任由工会委员会成员或者双方推举的人员担任。

3. 企业劳动争议调解委员会的职责

企业劳动争议调解委员会履行下列职责：(1) 宣传劳动保障法律、法规和政策；(2) 对本企业发生的劳动争议进行调解；(3) 监督和解协议、调解协议的履行；(4) 聘任、解聘和管理调解员；(5) 参与协调履行劳动合同、集体合同、执行企业劳动规章制度等方面出现的问题；(6) 参与研究涉及劳动者切身利益的重大方案；(7) 协助企业建立劳动争议预防预警机制。

4. 调解员聘任及其职责

企业劳动争议调解委员会成员为调解员，调解员由调解委员会聘任的本企业工作人员担任。调解员应当公道正派、联系群众、热心调解工作，具有一定劳动保障法律政策知识和沟通协调能力。调解员的聘期至少为1年，可以续聘。调解员不能履行调解职责时，调解委员会应当及时调整。调解员依法履行调解职责，需要占用生产或者工作时间的，企业应当予以支持，并按照正常出勤对待。

调解员履行下列职责：(1) 关注本企业劳动关系状况，及时向调解委员会报告；(2) 接受调解委员会指派，调解劳动争议案件；(3) 监督和解协议、调解协议的履行；(4) 完成调解委员会交办的其他工作。

5. 劳动争议内部调解的保障措施

为保障企业劳动争议调解委员会能规范、及时、公正地调解劳动争议，我国《企业劳动争议协商调解规定》对其设立及履行职责规定了相关保障措施：第一，调解委员会应当建立健全调解登记、调解记录、督促履行、档案管理、业务培训、统计报告、工作考评等制度；第二，企业应当支持调解委员会开展调解工作，提供办公场所，保障工作经费；第三，企业未按规定成立调解委员会，劳动争议或者群体性事件频发，影响劳动关系和谐，造成重大社会影响的，由县级以上人力资源和社会保障行政部门予以通报；违反法律法规规定的，依法予以处理；第四，调解员在调解过程中存在严重失职或者违法违纪行为，侵害当事人合法权益的，调解委员会应当予以解聘。

(二) 基层人民调解组织

基层人民调解组织是我国解决民间纠纷的组织，主要表现为人民调解委员会。根据1989年国务院发布的《人民调解委员会组织条例》的规定，人民调解委员会是村民委员会和居民委员会下设的调解民间纠纷的群众性组织，在基层人民政府和基层人民法院指导下进行工作。人民调解委员会由委员三至九人组成，设主任一人，必要时可以设副主任。人民调解委员会委员除由村民委员会成员或者居民委员会成员兼任的以外由群众选举产生，每三年改选一次，可以连选连任。人民调解委员会的任务为调解民间纠纷，并通过调解工作宣传法律、法规、规章和政策，教育公民遵纪守法，尊重社会公德。

除了村民委员会、居民委员会设立的人民调解组织外，根据2002年司法部颁布的《人民调解工作若干规定》，乡镇、街道可以设立人民调解委员会，企业事业单位根据需要也可以设立人民调解委员会，根据需要还可以设立区域性、行业性的人民调解委员会。

（三）乡镇、街道设立的具有劳动争议调解职能的组织

在乡镇、街道设立劳动争议调解组织，是一些经济发达地区为了解决劳动争议的实际需要而设立的区域性的调解组织。区域性的劳动争议调解组织一般由地方政府部门或者地方工会参与，与企业劳动争议调解委员会相比较，具有中立性，调解员与企业没有利害关系，调解更有权威性。

二、劳动争议仲裁委员会

劳动争议仲裁委员会是经国家授权，依法独立处理劳动争议案件的专门机构。在劳动争议仲裁委员会的设立上，一个重要的原则是，不按行政区划层层设立，而是按照统筹规划、合理布局和适应实际需要的原则设立。这样做的好处，一是可以整合办案资源，以实际需要决定劳动争议仲裁委员会的设立；二是可以保持仲裁员的独立性，提高办案质量。具体来说，根据我国《劳动争议调解仲裁法》的规定，省、自治区人民政府可以决定在市、县设立劳动争议仲裁委员会；直辖市人民政府可以决定在区、县设立劳动争议仲裁委员会；直辖市、设区的市也可以设立一个或者若干个劳动争议仲裁委员会。

劳动争议仲裁委员会设立之后，必须接受劳动行政部门的指导。国务院劳动行政部门依照《劳动争议调解仲裁法》有关规定制定仲裁规则；省、自治区、直辖市人民政府劳动行政部门对本行政区域的劳动争议仲裁工作进行指导。

劳动争议仲裁委员会的人员组成坚持"三方原则"，即仲裁委员会由劳动行政部门代表、工会代表和企业方面代表组成，劳动争议仲裁委员会组成人员应当是单数。"三方原则"明确了工会在劳动争议仲裁中的地位和职责。工会作为职工利益的代表者参加劳动争议仲裁委员会，参与劳动争议仲裁办案，有利于在仲裁过程中反映职工的利益要求，发表工会的意见，依法维护职工权益，促使劳动争议公正合理的解决。

劳动争议仲裁委员会依法履行下列职责：(1) 聘任、解聘专职或者兼职仲裁员；(2) 受理劳动争议案件；(3) 讨论重大或者疑难的劳动争议案件；(4) 对仲裁活动进行监督。劳动争议仲裁委员会下设办事机构，负责办理劳动争议仲裁委员会的日常工作。

劳动争议仲裁委员会应当设仲裁员名册。仲裁员应当公道正派并符合下列条件之一：(1) 曾任审判员的；(2) 从事法律研究、教学工作并具有中级以上职称的；(3) 具有法律知识、从事人力资源管理或者工会等专业工作满5年的；(4) 律师执业满3年的。

三、人民法院

根据我国《劳动法》第 83 条的规定,劳动争议当事人对仲裁裁决不服的,可以自收到仲裁裁决书之日起 15 日内向人民法院提起诉讼。一方当事人在法定期限内不起诉又不履行仲裁裁决的,另一方当事人可以申请人民法院强制执行。因此,人民法院也是处理劳动争议案件的一个重要机构。人民法院对劳动争议案件的受案范围主要是对仲裁裁决不服的案件。

人民法院在审理劳动争议案件的时候,应当遵循司法审判的一般诉讼原则,譬如以事实为根据,以法律为准绳的原则;独立行使审判权的原则;回避原则等等。除此之外,考虑到劳动争议案件的特殊性,还应当体现密切与有关单位配合的原则,尤其是与劳动行政部门以及劳动争议调解委员会、仲裁委员会等配合,调查了解有关情况,认真听取各方面的意见,使案件的审理更加符合劳动争议处理的实际需要。

第三节 劳动争议的处理程序

一、劳动争议的主要处理方式

我国《劳动争议调解仲裁法》第 4 条规定:"发生劳动争议,劳动者可以与用人单位协商,也可以请工会或者第三方共同与用人单位协商,达成和解协议。"第 5 条规定:"发生劳动争议,当事人不愿协商、协商不成或者达成和解协议后不履行的,可以向调解组织申请调解;不愿调解、调解不成或者达成调解协议后不履行的,可以向劳动争议仲裁委员会申请仲裁;对仲裁裁决不服的,除本法另有规定的外,可以向人民法院提起诉讼。"

由此可见,我国劳动争议的处理方式主要有和解、调解、仲裁与诉讼四种。

（1）和解。和解又称协商,是指劳动争议双方当事人之间自行协商,就争议的解决达成一致意见的处理方式。和解不受程序约束,也不具有程序法上的效力,当事人仍有申请调解、仲裁或起诉的权利。和解通常在争议处理的任何阶段都可进行。

（2）调解。调解是指通过第三者从中调和,说服当事人互谅互让,从而解决纠纷的处理方式。在劳动争议案件中,除了在诉讼和仲裁过程中可以调解之外,法律还规定了专门的劳动争议调解制度,即由特定的劳动争议调解组织实施的调解程序。这种专门的调解与仲裁或诉讼中调解相比,其相同点在于:都是解决争议的一种方式;都有第三者从中调和;都依法进行;都着重说服教育。其不同点在于:一是主持者不同,专门的调解在特定的劳动争议调解组织主持下进行,根据我国《劳动争议调解仲裁法》的规定,这些调解组织主要有企业劳动争议调解委员会、依法设立的基层人民调解组织和在乡镇、街道设立的具有劳动争议调解职能的组织三种,而仲裁和诉讼中调解分别在仲裁庭和人民法院主持下进行;二是遵循的程序不同,专门调解因调解组织不同遵循的调解程序也不同,但都是特定的调解程序,而仲裁和诉讼中调解遵循各自的仲裁程序和诉讼程序;三是调解书的效力不同,除法律另有规定外,经专门调解达成的调解协议不具有法律强制力,而仲裁和诉讼中形成的调解书经送达当事人即具有法律效力,可以申请人民法院强制执行。

(3)仲裁。仲裁是指劳动争议仲裁机构对当事人申请解决的劳动争议依法居中裁断的一种争议处理方式,包括了对劳动争议依法进行分析、判断、调解和裁决的一系列活动。仲裁是劳动争议案件进入诉讼之前必须采取的方式,也是处理劳动争议的主要方式。当事人只有在经过仲裁委员会仲裁之后,对仲裁裁决结果不服的,才可以向人民法院提起诉讼。

(4)诉讼。诉讼是劳动争议处理的最终方式,是劳动争议的当事人对仲裁委员会的仲裁裁决不服,在法定期限内向人民法院提起诉讼,通过法院的审理和裁判来解决纠纷的一种处理方式。

二、劳动争议协商程序

(一)协商的方式及期限

发生劳动争议时,一方当事人可以与另一方当事人协商解决。劳动争议协商的方式包括约见、面谈等各种形式。为了确保协商能平等地进行,劳动者可以要求所在企业工会参与或者协助其与企业进行协商;工会也可以主动参与劳动争议的协商处理,维护劳动者合法权益。同时,劳动者可以委托其他组织或者个人作为其代表进行协商。

一方当事人提出协商要求后,另一方当事人应当积极作出口头或者书面回应;5日内不作出回应的,视为不愿协商。协商的期限由当事人书面约定,在约定的期限内没有达成一致的,视为协商不成;同时,当事人可以书面约定延长期限。

(二)和解协议的效力

协商达成一致意见的,双方当事人应当签订书面和解协议。和解协议对双方当事人具有约束力,当事人应当履行。为了提高和解协议的执行力,我国《企业劳动争议协商调解规定》明确指出,经仲裁庭审查,和解协议程序和内容合法有效的,仲裁庭可以将其作为证据使用;但当事人为达成和解的目的作出妥协所涉及的对争议事实的认可,不得在其后的仲裁中作为对其不利的证据。

三、劳动争议调解程序

（一）调解程序的启动

劳动争议调解程序的启动有两种方式：一是当事人申请；二是调解委员会主动调解。

申请是主要方式，一般情况下，劳动争议发生以后，如果当事人不愿协商、协商不成或者达成和解协议后，一方当事人在约定的期限内不履行和解协议的，就可以向劳动争议调解组织申请调解。当事人申请劳动争议调解可以书面申请，也可以口头申请。申请内容应当包括申请人基本情况、调解请求、事实与理由。口头申请的，调解组织应当当场记录申请人基本情况、申请调解的争议事项、理由和时间。

当发生劳动争议且当事人没有提出调解申请时，调解委员会可以在征得双方当事人同意后主动调解。主动调解不以当事人申请为前提，但不得违背当事人意愿。

（二）受理、调解并制作调解协议书

在当事人申请调解时，调解委员会接到调解申请后，对属于劳动争议受理范围且双方当事人同意调解的，应当在3个工作日内受理。对不属于劳动争议受理范围或者一方当事人不同意调解的，应当做好记录，并书面通知申请人。

受理之后进入正式调解程序。调解委员会根据案件情况指定调解员或者调解小组进行调解，在征得当事人同意后，也可以邀请有关单位和个人协助调解。调解员应当全面听取双方当事人的陈述，采取灵活多样的方式方法，开展耐心、细致的说服疏导工作，帮助当事人自愿达成调解协议。

调解委员会调解劳动争议一般不公开进行，但双方当事人要求公开调解的除外。调解委员会调解劳动争议，应当自受理调解申请之日起15日内结束，但双方当事人同意延期的可以延长；在上述期限内未达成调解协议的，视为调解不成。

经调解达成调解协议的，由调解委员会制作调解协议书。调解协议书应当写明双方当事人基本情况、调解请求事项、调解的结果和协议履行期限、履行方式等。调解协议书由双方当事人签名或者盖章，经调解员签名并加盖调解委员会印章后生效。调解协议书一式三份，双方当事人和调解委员会各执一份。

（三）调解协议的效力

调解协议的效力一直是劳动争议调解仲裁立法中的争议问题，如果规定调解协议有法律效力，可以直接申请人民法院强制执行，与调解的性质不符；如果认为调解没有效力，调解制度也就失去了意义。基于这种考虑，我国《劳动争议调解仲裁法》明确规定，调解协议生效后，对双方当事人具有约束力，当事人应当履行。需要注意的是,这里的"约束力"通常不是指调解协议具有强制执行的效果。达成调解协议后,如果一方当事人在协议约定期限内不履行调解协议,另一方当事人一般不能请求人民法院强制对方执行,而只能依法申请仲裁。通常认为,这里的约束力只能是劳动合同的约束力,并不是说调解协议具有了可强制执行的效力。对此,最高人民法院《关于审理劳动争议案件适用法律若干问题的解释(二)》第17条明确指出:"当事人在劳动争议调解委员会主持下达成的具有劳动权利义务内容的调解协议,具有劳动合同的约束力,可以作为人民法院裁判的根据。"

在承认调解协议约束效果有限的情况下,为了强化调解协议的执行力,我国现行法律制度对调解协议的执行也规定了一些较为特殊的制度,主要包括:

(1) 劳动争议调解协议的仲裁审查确认制度。

我国《企业劳动争议协商调解规定》首次确立了劳动争议调解协议的仲裁审查确认制度,即"双方当事人可以自调解协议生效之日起15日内共同向仲裁委员会提出仲裁审查申请。仲裁委员会受理后,应当对调解协议进行审查,并根据《劳动人事争议仲裁办案规则》第54条规定,对程序和内容合法有效的调解协议,出具调解书。"

(2) 调解协议特定情况下可作为仲裁裁决依据。

双方当事人未按规定提出仲裁审查确认申请时,一方当事人在约定的期限内不履行调解协议的,另一方当事人可以依法申请仲裁。仲裁委员会受理仲裁申请后,应当对调解协议进行审查,调解协议合法有效且不损害公共利益或者第三人合法利益的,在没有新证据出现的情况下,仲裁委员会可以依据调解协议作出仲裁裁决。

(3) 劳动者申请支付令程序。

为了强化对劳动者的保护,对有给付内容的调解协议书的履行,我国《劳动争议调解仲裁法》特别规定了劳动者申请支付令的程序,即"因支付拖欠劳动报酬、工伤医疗费、经济补偿或者赔偿金事项达成调解协议,用人单位在协议约定期限内不履行的,劳动者可以持调解协议书依法向人民法院申请支付令。人民法院应当依法发出支付令"。

在劳动争议调解协议的执行中引入支付令制度,主要是基于两方面考虑:

第一,尽快解决劳动争议,保护劳动者的合法权益。现实中,很多劳动争议由用人单位拖欠劳动报酬,侵犯劳动者合法权益引起。劳动报酬、工伤医疗费、经济补偿或者赔偿金等事项,关乎劳动者切身利益,甚至对维持劳动者生活非常急迫。迅速解决这些争议,是对劳动者最有力的保护措施。而且,这类争议一般也比较简单,标准明确,在达成了调解协议的情况下,一般符合我国《民事诉讼法》第189条关于申请支付令的条件的要求,适于通过支付令的方式解决。

第二,解决调解协议的效力问题,强化调解的作用。在我国,虽然调解协议不具有强制执行效果,但有了《劳动争议调解仲裁法》及司法解释的肯定性规定之后,劳动者就调解协议向法院申请支付令,用人单位如果提不出抗辩事由,人民法院就可以强制执行,这就部分地解决了调解协议的效力问题。另外,2004年最高人民法院、司法部《关于进一步加强人民调解工作切实维护社会稳定的意见》也规定,当事人持已经生效的人民调解协议向人民法院申请支付令的,只要符合《民事诉讼法》第17章规定的条件,人民法院应当支持。

四、劳动争议仲裁程序

(一)劳动争议仲裁的管辖

劳动争议仲裁委员会负责管辖本区域内发生的劳动争议。

劳动争议由劳动合同履行地或者用人单位所在地的劳动争议仲裁委员会管辖。双方当事人分别向劳动合同履行地和用人单位所在地的劳动争议仲裁委员会申请仲裁的,由劳动合同履行地的劳动争议仲裁委员会管辖。其中,劳动合同履行地为劳动者实际工作场所地,用人单位所在地为用人单位注册、登记地;用人单位未经注册、登记的,其出资人、开办单位或主管部门所在地为用人单位所在地。案件受理后,劳动合同履行地和用人单位所在地发生变化的,不改变争议仲裁的管辖。

多个仲裁委员会都有管辖权的,由先受理的仲裁委员会管辖。

仲裁委员会发现已受理案件不属于其管辖范围的,应当移送至有管辖权的仲裁委员会,并书面通知当事人。对移送案件,受移送的仲裁委员会应依法受理。受移送的仲裁委员会认为受移送的案件依照规定不属于本仲裁委员会管辖,或仲裁委员会之间因管辖争议协商不成的,应当报请共同的上一级仲裁委员会主管部门指定管辖。

当事人提出管辖异议的,应当在答辩期满前书面提出。当事人逾期提出的,不影响仲裁程序的进行,当事人因此对仲裁裁决不服的,可以依法向人民法院起诉或者申请撤销。

(二)劳动争议仲裁的参加人

一般情况下,发生劳动争议的劳动者和用人单位为劳动争议仲裁案件的双方当事人。但在特殊情况下,仲裁参加人有特别规定:(1)劳务派遣单位或者用工单位与劳动者发生劳动争议的,劳务派遣单位和用工单位为共同当事人。(2)因履行集体合同发生的劳动争议,经协商解决不成的,工会可以依法申请仲裁;尚未建立工会的,由上级工会指导劳动者推举产生的代表依法申请仲裁。(3)发生争议的劳动者一方在10人以上,并有共同请求的,劳动者可以推举3至5名代表人参加仲裁活动。代表人参加仲裁的行为对其所代表的当事人发生效力,但代表人变更、放弃仲裁请求或者承认对方当事人的仲裁请求,进行和解,必须经被代表的当事人同意。(4)发生争议的用人单位被吊销营业执照、责令关闭、撤销以及用人单位决定提前解散、歇业,不能承担相关责任的,依法将其出资人、开办单位或主管部门作为共同当事人。(5)劳动者与个人承包经营者发生争议,依法向仲裁委员会申请仲裁的,应当将发包的组织和个人承包经营者作为当事人。(6)与劳动争议案件的处理结果有利害关系的第三人,可以申请参加仲裁活动或者由劳动争议仲裁委员会通知其参加仲裁活动。

通常情况下,仲裁案件的当事人应当亲自参加到仲裁程序中,但在特定情况下,可能会发生委托或代理:第一,当事人可以委托代理人参加仲裁活动。委托他人参加仲裁活动,应当向劳动争议仲裁委员会提交有委托人签名或者盖章的委托书,委托书应当载明委托事项和权限。第二,丧失或者部分丧失民事行为能力的劳动者,由其法定代理人代为参加仲裁活动;无法定代理人的,由劳动争议仲裁委员会为其指定代理人;劳动者死亡的,由其近亲属或者代理人参加仲裁活动。

(三)劳动争议仲裁的时效

劳动争议申请仲裁的时效期间为1年,时效期间从当事人知道或者应当知道其权利被侵害之日起计算。仲裁时效在特定情况下会发生中断、中止或不受限制等情况:

1. 仲裁时效的中断

根据我国《劳动人事争议仲裁办案规则》第10条规定,在争议申请仲裁的时效期间内,有下列情形之一的,仲裁时效中断;从中断时起,仲裁时效期间重新计算:(1)一方当事人通过协商、申请调解等方式向对方当事人主张权利的;(2)一方当事人通过向有关部门投诉,向仲裁委员会申请仲裁,向人民法院起诉或者申请支付令等方式请求权利救济的;(3)对方当事人同意履行义务的。

对上述中断事由,我国《企业劳动争议协商调解规定》予以了细化,其规定,有下列情形之一的,按照《劳动人事争议仲裁办案规则》第10条的规定属于仲裁时效中断,从中断时起,仲裁时效期间重新计算:(1)一方当事人提出协商要求后,另一方当事人不同意协商或者在5日内不作出回应的;(2)在约定的协商期限内,一方或者双方当事人不同意继续协商的;(3)在约定的协商期限内未达成一致的;(4)达成和解协议后,一方或者双方当事人在约定的期限内不履行和解协议的;(5)一方当事人提出调解申请后,另一方当事人不同意调解的;(6)调解委员会受理调解申请后,在法定的调解期限内一方或者双方当事人不同意调解的;(7)在法定的调解期限内未达成调解协议的;(8)达成调解协议后,一方当事人在约定期限内不履行调解协议的。

2. 仲裁时效的中止

因不可抗力,或者有无民事行为能力或者限制民事行为能力劳动者的法定代理人未确定等其他正当理由,当事人不能在规定的仲裁时效期间申请仲裁的,仲裁时效中止。从中止时效的原因消除之日起,仲裁时效期间继续计算。

3. 仲裁时效的不受限制

劳动关系存续期间因拖欠劳动报酬发生争议的,劳动者申请仲裁不受 1 年的仲裁时效期间的限制;但是,劳动关系终止的,应当自劳动关系终止之日起 1 年内提出。

(四)劳动争议仲裁的费用

根据我国《劳动争议调解仲裁法》第 53 条规定,劳动争议仲裁不收费。劳动争议仲裁委员会的经费由财政予以保障。这是我国《劳动争议调解仲裁法》的一个极大亮点,将大大减轻争议当事人,尤其是劳动者的负担,降低劳动者的维权成本。

(五)劳动争议仲裁的具体程序

1. 仲裁申请

申请人申请仲裁应当提交书面仲裁申请,并按照被申请人人数提交副本。书写仲裁申请确有困难的,可以口头申请,由劳动争议仲裁委员会记入笔录,并告知对方当事人。书面的仲裁申请书应当载明下列事项:(1)劳动者的姓名、性别、年龄、职业、工作单位、住所、通讯地址和联系电话,用人单位的名称、住所、通讯地址、联系电话和法定代表人或者主要负责人的姓名、职务;(2)仲裁请求和所根据的事实、理由;(3)证据和证据来源、证人姓名和住所。

申请人的书面仲裁申请材料齐备的,仲裁委员会应当出具收件回执。对于仲裁申请书不规范或者材料不齐备的,仲裁委员会应当当场或者在 5 日内一并告知申请人需要补正的全部材料。申请人按要求补正全部材料的,仲裁委员会应当出具收件回执。

2. 仲裁申请的审查与受理

劳动争议仲裁委员会收到仲裁申请之日起 5 日内,认为符合受理条件的,应当受理,并通知申请人;

仲裁委员会对符合下列条件的仲裁申请应当予以受理,并在收到仲裁申请之日起 5 日内向申请人出具受理通知书:(1)属于劳动争议范围;(2)有明确的仲裁请求和事实理由;(3)在申请仲裁的法定时效期间内;(4)属于仲裁委员会管辖范围。

对不符合前三项条件之一的仲裁申请,仲裁委员会不予受理,并在收到仲裁申请之日起 5 日内向申请人出具不予受理通知书;仲裁委员会在受理案件后才发现不符合前三项条件的,应当撤销案件,并自决定撤销案件后 5 日内书面通知当事人。对不属仲裁委员会管辖范围的仲裁申请,仲裁委员会应当在收到仲裁申请之日起5日内,向申请人作出书面说明并告知申请人向有管辖权的仲裁委员会申请仲裁。

对劳动争议仲裁委员会不予受理或者逾期未作出决定的,申请人可以就该劳动争议事项向人民法院提起诉讼。

3. 申请书送达与被申请人答辩

劳动争议仲裁委员会受理仲裁申请后,应当在5日内将仲裁申请书副本送达被申请人。被申请人收到仲裁申请书副本后,应当在10日内向劳动争议仲裁委员会提交答辩书。劳动争议仲裁委员会收到答辩书后,应当在5日内将答辩书副本送达申请人。被申请人未提交答辩书的,不影响仲裁程序的进行。

被申请人可以在答辩期间提出反申请,仲裁委员会应当自收到被申请人反申请之日起5日内决定是否受理并通知被申请人。决定受理的,仲裁委员会可以将反申请和申请合并处理。该反申请如果是应当另行申请仲裁的争议,仲裁委员会应当书面告知被申请人另行申请仲裁;该反申请如果是不属于应当受理的争议,仲裁委员会应当向被申请人出具不予受理通知书。被申请人在答辩期满后对申请人提出反申请的,应当另行提出,另案处理。

4. 开庭前准备

(1) 组织仲裁庭

劳动争议仲裁委员会裁决劳动争议案件实行仲裁庭制。仲裁庭由三名仲裁员组成,设首席仲裁员。对于权利义务明确、事实清楚的简单争议案件或经双方当事人同意的其他争议案件,仲裁委员会可指定一名仲裁员独任处理,并可在庭审程序、案件调查、仲裁文书送达、裁决方式等方面进行简便处理。

劳动争议仲裁委员会应当在受理仲裁申请之日起5日内组成仲裁庭并将仲裁庭的组成情况书面通知当事人。

(2) 审查仲裁员是否应当回避

仲裁员有下列情形之一,应当回避,当事人也有权以口头或者书面方式提出回避申请:第一,是本案当事人或者当事人、代理人的近亲属的;第二,与本案有利害关系的;第三,与本案当事人、代理人有其他关系,可能影响公正裁决的;第四,私自会见当事人、代理人,或者接受当事人、代理人的请客送礼的。

当事人提出回避申请,应当说明理由,在案件开始审理时提出;回避事由在案件开始审理后知道的,也可以在庭审辩论终结前提出;当事人在庭审辩论终结后提出的,不影响仲裁程序的进行,当事人因此对仲裁裁决不服的,可以依法向人民法院起诉或者申请撤销。

被申请回避的人员在仲裁委员会作出是否回避的决定前,应当暂停参与本案的处理,但因案件需要采取紧急措施的除外。仲裁员是否回避,由仲裁委员会主任或其授权的办事机构负责人决定。仲裁委员会主任担任案件仲裁员是否回避,由仲裁委员会决定。劳动争议仲裁委员会对回避申请应当及时作出决定,并以口头或者书面方式通知当事人。

(3) 通知当事人

仲裁庭应当在开庭 5 日前,将开庭日期、地点书面通知双方当事人。当事人有正当理由的,可以在开庭 3 日前请求延期开庭,是否延期,由劳动争议仲裁委员会决定。申请人收到书面通知,无正当理由拒不到庭或者未经仲裁庭同意中途退庭的,可以视为撤回仲裁申请;被申请人收到书面通知,无正当理由拒不到庭或者未经仲裁庭同意中途退庭的,可以缺席裁决。

5. 仲裁前的和解或调解

当事人申请劳动争议仲裁后,可以自行和解,达成和解协议的,可以撤回仲裁申请,也可以请求仲裁庭根据和解协议制作调解书。

仲裁庭在作出裁决前,应当先行调解。调解达成协议的,仲裁庭应当制作调解书。调解书应当写明仲裁请求和当事人协议的结果。调解书由仲裁员签名,加盖劳动争议仲裁委员会印章,送达双方当事人。调解书经双方当事人签收后,发生法律效力。调解不成或者调解书送达前,一方当事人反悔的,仲裁庭应当及时作出裁决。

6. 开庭审理

(1) 证据提交与收集

劳动争议仲裁原则上实行"谁主张,谁举证"原则,即当事人对自己提出的主张有责任提供证据,但这一原则也有例外:第一,若与争议事项有关的证据属于用人单位掌握管理的,用人单位应当提供,用人单位不提供的,应当承担不利后果;第二,在法律没有具体规定,进而无法确定举证责任承担时,仲裁庭可以根据公平原则和诚实信用原则,综合当事人举证能力等因素确定举证责任的承担。

承担举证责任的当事人应当在仲裁委员会指定的期限内提供有关证据。当事人在指定期限内不提供的,应当承担不利后果。但是,如果当事人确因客观原因不能自行收集某些证据,仲裁委员会可以根据当事人的申请,参照我国《民事诉讼法》有关规定予以收集;仲裁委员会认为有必要的,也可以决定参照《民事诉讼法》有关规定予以收集。仲裁委员会依法调查取证时,有关组织和个人应当协助配合。

(2) 增加或变更仲裁请求

申请人在举证期限届满前可以提出增加或者变更仲裁请求;仲裁庭对申请人增加或者变更的仲裁请求审查后认为应当受理的,应当通知被申请人并给予答辩期,被申请人明确表示放弃答辩期的除外。申请人在举证期限届满后提出增加或变更仲裁请求的,应当另行提出,另案处理。

（3）质证和辩论

当事人在仲裁过程中有权进行质证和辩论。质证和辩论终结时,首席仲裁员或者独任仲裁员应当征询当事人的最后意见。

（4）专门性问题的鉴定

仲裁庭对专门性问题认为需要鉴定的,可以交由当事人约定的鉴定机构鉴定;当事人没有约定或者无法达成约定的,由仲裁庭指定的鉴定机构鉴定。根据当事人的请求或者仲裁庭的要求,鉴定机构应当派鉴定人参加开庭。当事人经仲裁庭许可,可以向鉴定人提问。

（5）制作笔录

仲裁庭应当将开庭情况记入笔录。当事人和其他仲裁参加人认为对自己陈述的记录有遗漏或差错的,有权申请补正。仲裁庭认为申请无理由或者无必要的,可以不予补正,但是应当记录该申请。仲裁员、记录人员、当事人和其他仲裁参加人应当在庭审笔录上签名或者盖章。当事人或者其他仲裁参加人拒绝在庭审笔录上签名或者盖章的,仲裁庭应记明情况附卷。

7. 中止和终止审理

因出现案件处理依据不明确而请示有关机构,或者案件处理需要等待工伤认定、伤残等级鉴定、司法鉴定结论以及公告送达和其他需要中止仲裁审理的客观情形,经仲裁委员会主任批准,可以中止案件审理,并书面通知当事人。中止审理的客观情形消除后,仲裁庭应当恢复审理。

当事人因仲裁庭逾期未作出仲裁裁决而向人民法院提起诉讼的,仲裁委员会应当裁定该案件终止审理;当事人未就该争议事项向人民法院提起诉讼,并且双方当事人同意继续仲裁的,仲裁委员会可以继续处理并裁决。

8. 作出仲裁裁决

（1）仲裁期限

仲裁庭裁决劳动争议案件,应当自劳动争议仲裁委员会受理仲裁申请之日起45日内结束。案情复杂需要延期的,经劳动争议仲裁委员会主任批准,可以延期并书面通知当事人,但是延长期限不得超过15日。逾期未作出仲裁裁决的,当事人可以就该劳动争议事项向人民法院提起诉讼。仲裁庭裁决劳动争议案件时,其中一部分事实已经清楚,可以就该部分先行裁决,当事人就该部分达成调解协议的,可以先行出具调解书。当事人对先行裁决不服的,可以依照我国《劳动争议调解仲裁法》的有关规定处理。

有下列情形的,仲裁期限按照下列规定计算:第一,申请人需要补正材料的,仲裁委员会收到仲裁申请的时间从材料补正之日起计算;第二,增加、变更仲裁申请的,仲裁期限从受理增加、变更仲裁申请之日起重新计算;第三,仲裁申请和反申请合并处理的,仲裁期限从受理反申请之日起重新计算;第四,案件移送管辖的,仲裁期限从接受移送之日起计算;第五,中止审理期间不计入仲裁期限内;第六,法律、法规规定应当另行计算的其他情形。

（2）作出裁决的规则

裁决应当按照多数仲裁员的意见作出,少数仲裁员的不同意见应当记入笔录。仲裁庭不能形成多数意见时,裁决应当按照首席仲裁员的意见作出。

裁决书应当载明仲裁请求、争议事实、裁决理由、裁决结果和裁决日期。裁决书由仲裁员签名,加盖劳动争议仲裁委员会印章。对裁决持不同意见的仲裁员,可以签名,也可以不签名。

（3）先予执行裁决

仲裁庭对追索劳动报酬、工伤医疗费、经济补偿或者赔偿金的案件,根据当事人的申请,可以裁决先予执行,移送人民法院执行。

仲裁庭裁决先予执行的,应当符合下列条件:第一,当事人之间权利义务关系明确;第二,不先予执行将严重影响申请人的生活。需要注意的是,与民事诉讼法中的先予执行应提供担保不同,劳动者申请先予执行的,可以不提供担保。

9. 裁决的效力与履行

下列劳动争议,除我国《劳动争议调解仲裁法》另有规定的外,仲裁裁决为终局裁决,裁决书自作出之日起发生法律效力:一是追索劳动报酬、工伤医疗费、经济补偿或者赔偿金,不超过当地月最低工资标准12个月金额的争议;二是因执行国家的劳动标准在工作时间、休息休假、社会保险等方面发生的争议。

劳动者对终局裁决不服的,可以自收到仲裁裁决书之日起15日内向人民法院提起诉讼。用人单位有证据证明终局仲裁裁决有下列情形之一,可以自收到仲裁裁决书之日起30日内向劳动争议仲裁委员会所在地的中级人民法院申请撤销裁决:(1)适用法律、法规确有错误的;(2)劳动争议仲裁委员会无管辖权的;(3)违反法定程序的;(4)裁决所根据的证据是伪造的;(5)对方当事人隐瞒了足以影响公正裁决的证据的;(6)仲裁员在仲裁该案时有索贿受贿、徇私舞弊、枉法裁决行为的。人民法院经组成合议庭审查核实裁决有前述情形之一的,应当裁定撤销。仲裁裁决被人民法院裁定撤销的,当事人可以自收到裁定书之日起15日内就该劳动争议事项向人民法院提起诉讼。

当事人对终局裁决以外的其他劳动争议案件的仲裁裁决不服的,可以自收到仲裁裁决书之日起15日内向人民法院提起诉讼;期满不起诉的,裁决书发生法律效力。

对发生法律效力的调解书、裁决书,当事人应当依照规定的期限履行。一方当事人逾期不履行的,另一方当事人可以依照民事诉讼法的有关规定向人民法院申请执行。受理申请的人民法院应当依法执行。

10. 立卷归档

案件处理终结后,仲裁委员会应当将处理过程中形成的全部材料立卷归档。仲裁案卷分正卷和副卷装订。正卷包括:仲裁申请书、受理(不予受理)通知书、答辩书、法定代表人身份证明书、授权委托书、调查证据、勘验笔录、开庭通知、庭审笔录、延期通知书、仲裁建议书、调解书、裁决书、送达回执等;副卷包括:评议记录、立案审批表、调查提纲、阅卷笔录、会议笔录、底稿、结案审批表等。

仲裁委员会应当建立案卷查阅制度。对不需要保密的内容,应当允许当事人及其代理人查阅、复印。

仲裁调解和其他方式结案的案卷,保存期不少于5年,仲裁裁决结案的案卷,保存期不少于10年,国家另有规定的从其规定。保存期满后的案卷,应按照国家有关档案管理的规定处理。

五、劳动争议诉讼程序

根据我国《劳动法》的规定,发生劳动争议后,当人事应当先申请仲裁,对仲裁裁决不服的,除法律另有规定者外,当事人可以向人民法院提出诉讼。诉讼程序是处理劳动争议的最终程序。将诉讼置于调解和仲裁之后,一方面便于尽量通过调解和仲裁的方式及时妥善地解决劳动争议,缓和双方当事人的关系;另一方面又因为调解和仲裁不具有法律上的强制力或强制力有限,通过诉讼的途径对劳动争议作出明确、公正的判决,并由国家强制力保证实施,有利于纠纷的最终解决,维护当事人的合法权益。

根据相关法律规定,劳动争议的诉讼程序一般经过起诉、受理、审理与裁决等阶段。

(一)起诉与受理

1. 当事人提起诉讼

当事人向法院起诉必须符合法定条件,这些法定条件主要有:

第一,起诉人必须是劳动争议案件的当事人。当事人因故不能亲自起诉的,可以委托代理人代为起诉,其他未经当事人委托的人无权起诉。

第二,必须是因不服仲裁委员会的仲裁向法院起诉,未经仲裁的案件不得直接起诉。

第三,必须有明确的被告、具体的诉讼请求和事实根据。同时,当事人不得将仲裁委员会作为被告向法院起诉。

第四,起诉必须向有管辖权的法院提出。一般而言,劳动争议案件由用人单位所在地或者劳动合同履行地的基层人民法院管辖;劳动合同履行地不明确的,由用人单位所在地的基层人民法院管辖。当事人双方不服劳动争议仲裁委员会作出的同一仲裁裁决,均向同一人民法院起诉的,先起诉的一方当事人为原告,但对双方的诉讼请求,人民法院应当一并作出裁决。当事人双方就同一仲裁裁决分别向有管辖权的人民法院起诉的,后受理的人民法院应当将案件移送给先受理的人民法院。

第五,起诉不得超过法定的时效期限。根据我国《劳动争议调解仲裁法》的规定,用人单位向劳动争议仲裁委员会所在地的中级人民法院申请撤销具有终局效力的仲裁裁决的,应在收到仲裁裁决书之日起30日内提出;其他情况下,当事人必须在收到仲裁决定书之日起15日内向人民法院起诉。超过了法律规定的期限,除有正当理由之外,法院不予受理或裁定驳回。

2. 法院对起诉的审查及处理

对当事人的起诉,法院应当进行审查,然后分情况予以处理。

(1) 劳动者与用人单位之间发生的纠纷如果属于劳动争议的范围,当事人不服劳动争议仲裁委员会作出的裁决,依法向人民法院起诉的,人民法院应当受理。关于劳动争议的具体范围,前文已详细说明,此处不再赘述。

(2) 用人单位与其招用的已经依法享受养老保险待遇或领取退休金的人员发生用工争议,向人民法院提起诉讼的,人民法院应当按劳务关系处理。

(3) 企业停薪留职人员、未达到法定退休年龄的内退人员、下岗待岗人员以及企业经营性停产放长假人员,因与新的用人单位发生用工争议,依法向人民法院提起诉讼的,人民法院应当按劳动关系处理。

(4) 对仲裁委员会作出的不予受理的书面裁决、决定或通知,当事人不服,依法向人民法院起诉的,应分情况予以处理:第一,仲裁委员会以当事人申请事项不属于劳动争议为由而不予受理的,如果案件属于劳动争议,人民法院应当受理;虽不属于劳动争议,但属于人民法院主管的其他案件,人民法院也应当依法受理。第二,劳动争议仲裁委员会以当事人仲裁申请超过1年期限为由而不予受理的,人民法院应当受理;对确已超过仲裁申请期限,又无不可抗力或其他正当理由的,依法驳回其诉讼请求。第三,劳动争议仲裁委员会以申请仲裁的主体不适格为由而不予受理的,经审查确属主体不适格的,裁定不予受理或者驳回起诉。

(5) 劳动争议仲裁委员会为纠正原仲裁裁决错误重新作出裁决,当事人不服,依法向人民法院起诉的,人民法院应当受理。

(6) 当事人不服劳动争议仲裁委员会作出的预先支付劳动者部分工资或者医疗费用的裁决,向人民法院起诉的,人民法院不予受理。用人单位不履行上述裁决中的给付义务,劳动者依法向人民法院申请强制执行的,人民法院应予受理。

(7) 劳动争议仲裁委员会仲裁的事项不属于人民法院受理的案件范围,当事人不服,依法向人民法院起诉的,裁定不予受理或者驳回起诉。

（8）劳动人事争议仲裁委员会作出的调解书已经发生法律效力，一方当事人反悔提起诉讼的，人民法院不予受理；已经受理的，裁定驳回起诉。

（9）劳动人事争议仲裁委员会逾期未作出受理决定或仲裁裁决，当事人直接提起诉讼的，人民法院应予受理，但申请仲裁的案件存在下列事由的除外：移送管辖的；正在送达或送达延误的；等待另案诉讼结果、评残结论的；正在等待劳动人事争议仲裁委员会开庭的；启动鉴定程序或者委托其他部门调查取证的；其他正当事由。

（10）劳动争议仲裁委员会作出的同一仲裁裁决同时包含终局裁决事项和非终局裁决事项，当事人不服该仲裁裁决向人民法院提起诉讼的，应当按照非终局裁决处理。

（11）劳动者依据我国《劳动争议调解仲裁法》第48条规定向基层人民法院提起诉讼，用人单位依据《劳动争议调解仲裁法》第49条规定向劳动人事争议仲裁委员会所在地的中级人民法院申请撤销仲裁裁决的，中级人民法院应不予受理；已经受理的，应当裁定驳回申请。被人民法院驳回起诉或者劳动者撤诉的，用人单位可以自收到裁定书之日起30日内，向劳动人事争议仲裁委员会所在地的中级人民法院申请撤销仲裁裁决。

（12）劳动者依据我国《劳动合同法》第30条第2款和《劳动争议调解仲裁法》第16条规定向人民法院申请支付令，符合我国《民事诉讼法》第17章督促程序规定的，人民法院应予受理。依据我国《劳动合同法》第30条第2款规定申请支付令被人民法院裁定终结督促程序后，劳动者就劳动争议事项直接向人民法院起诉的，人民法院应当告知其先向劳动人事争议仲裁委员会申请仲裁。依据我国《劳动争议调解仲裁法》第16条规定申请支付令被人民法院裁定终结督促程序后，劳动者依据调解协议直接向人民法院提起诉讼的，人民法院应予受理。

（二）审理与裁决

人民法院在受理劳动争议案件之后，案件审理程序依照我国《民事诉讼法》规定的诉讼程序进行。在审理过程中，有几个问题需要特别注意。

1. 诉讼当事人的确立

（1）用人单位与其他单位合并的，合并前发生的劳动争议，由合并后的单位为当事人；用人单位分立为若干单位的，其分立前发生的劳动争议，由分立后的实际用人单位为当事人；用人单位分立为若干单位后，对承受劳动权利义务的单位不明确的，分立后的单位均为当事人。

（2）用人单位招用尚未解除劳动合同的劳动者，原用人单位与劳动者发生的劳动争议，可以列新的用人单位为第三人。原用人单位以新的用人单位侵权为由向人民法院起诉的，可以列劳动者为第三人。原用人单位以新的用人单位和劳动者共同侵权为由向人民法院起诉的，新的用人单位和劳动者列为共同被告。

(3) 劳动者在用人单位与其他平等主体之间的承包经营期间,与发包方和承包方双方或者一方发生劳动争议,依法向人民法院起诉的,应当将承包方和发包方作为当事人。

(4) 劳动者与起有字号的个体工商户产生的劳动争议诉讼,人民法院应当以营业执照上登记的字号为当事人,但应同时注明该字号业主的自然情况。

(5) 劳动者因履行劳动力派遣合同产生劳动争议而起诉,以派遣单位为被告;争议内容涉及接受单位的,以派遣单位和接受单位为共同被告。

(6) 劳动者和用人单位均不服劳动争议仲裁委员会的同一裁决,向同一人民法院起诉的,人民法院应当并案审理,双方当事人互为原告和被告。在诉讼过程中,一方当事人撤诉的,人民法院应当根据另一方当事人的诉讼请求继续审理。

(7) 劳动者与未办理营业执照、营业执照被吊销或者营业期限届满仍继续经营的用人单位发生争议的,应当将用人单位或者其出资人列为当事人。未办理营业执照、营业执照被吊销或者营业期限届满仍继续经营的用人单位,以挂靠等方式借用他人营业执照经营的,应当将用人单位和营业执照出借方列为当事人。

(8) 当事人不服劳动人事争议仲裁委员会作出的仲裁裁决,依法向人民法院提起诉讼,人民法院审查认为仲裁裁决遗漏了必须共同参加仲裁的当事人的,应当依法追加遗漏的人为诉讼当事人。被追加的当事人应当承担责任的,人民法院应当一并处理。

2. 举证责任的分配

在劳动争议处理过程中,无论从经济实力还是从对资料、信息的占有来看,劳动者相对于用人单位而言都处于弱势地位,因此适用传统民事诉讼中谁主张谁举证的原则处理劳动争议案件对劳动者显然存在不公。为了纠正这种可能产生的不公正现象,我国《劳动争调解仲裁法》第39条第2款规定:"劳动者无法提供由用人单位掌握管理的与仲裁请求有关的证据,仲裁庭可以要求用人单位在指定期限内提供。用人单位在指定期限内不提供的,应当承担不利后果。"

最高人民法院的司法解释也明确提出,在特定情况下适用举证责任倒置的原则,即劳动者对于自己提出的主张,不负责举证,而是由用人单位负举证责任。具体来说,适用举证责任倒置的情况主要是指,在劳动争议处理过程中,因用人单位作出开除、除名、辞退、解除劳动合同、减少劳动报酬、计算劳动者工作年限等决定而发生劳动争议的,由用人单位负举证责任。2002年最高人民法院《关于民事诉讼证据的若干规定》重申和确认了这一原则。

此外,最高人民法院《关于审理劳动争议案件适用法律若干问题的解释

(三)》还规定,劳动者主张加班费的,应当就加班事实的存在承担举证责任,但劳动者有证据证明用人单位掌握加班事实存在的证据,用人单位不提供的,由用人单位承担不利后果。

3. 用人单位内部规章的效力

用人单位根据我国《劳动法》第4条之规定,通过民主程序制定的规章制度,不违反国家法律、行政法规及政策规定,并已向劳动者公示的,可以作为人民法院审理劳动争议案件的依据。但是,如果用人单位制定的内部规章制度与集体合同或者劳动合同约定的内容不一致,且劳动者请求优先适用合同约定的,人民法院应当支持劳动者的请求。

4. 几种特殊情况的处理

(1) 劳动合同无效的处理

劳动合同被确认为无效后,用人单位对劳动者付出的劳动,一般可参照本单位同期、同工种、同岗位的工资标准支付劳动报酬。根据我国《劳动法》第97条之规定,由于用人单位的原因订立的无效合同,给劳动者造成损害的,应当比照违反和解除劳动合同经济补偿金的支付标准,赔偿劳动者因合同无效所造成的经济损失。

(2) 劳动合同期满的处理

劳动合同期满后,劳动者仍在原用人单位工作,原用人单位未表示异议的,视为双方同意以原条件继续履行劳动合同。一方提出终止劳动关系的,人民法院应当支持。根据我国《劳动法》第20条之规定,用人单位应当与劳动者签订无固定期限劳动合同而未签订的,人民法院可以视为双方之间存在无固定期限劳动合同关系,并以原劳动合同确定双方的权利义务关系。

(3) 仲裁裁决的部分生效

劳动争议仲裁委员会作出仲裁裁决后,当事人对裁决中的部分事项不服,依法向人民法院起诉的,劳动争议仲裁裁决不发生法律效力。劳动争议仲裁委员会对多个劳动者的劳动争议作出仲裁裁决后,部分劳动者对仲裁裁决不服,依法向人民法院起诉的,仲裁裁决对提出起诉的劳动者不发生法律效力;对未提出起诉的部分劳动者,发生法律效力,如其申请执行的,人民法院应当受理。

5. 仲裁裁决的不予执行

当事人申请人民法院执行劳动争议仲裁机构作出的发生法律效力的裁决书、调解书,被申请人提出证据证明劳动争议仲裁裁决书、调解书有下列情形之一,并经审查核实的,人民法院可以根据我国《民事诉讼法》第217条之规定,裁定不予执行:(1)裁决的事项不属于劳动争议仲裁范围,或者劳动争议仲裁机构无权仲裁的;(2)适用法律确有错误的;(3)仲裁员仲裁该案时,有徇私舞弊、枉法裁决行为的;(4)人民法院认定执行该劳动争议仲裁裁决违背社会公共利益的。人民法院在不予执行的裁定书中,应当告知当事人在收到裁定书之次日起30日内,可以就该劳动争议事项向人民法院起诉。

6. 仲裁裁决的中止执行和终结执行

劳动争议仲裁委员会作出终局裁决,劳动者向人民法院申请执行,用人单位向劳动人事争议仲裁委员会所在地的中级人民法院申请撤销的,人民法院应当裁定中止执行。用人单位撤回撤销终局裁决申请或者其申请被驳回的,人民法院应当裁定恢复执行。仲裁裁决被撤销的,人民法院应当裁定终结执行。用人单位向人民法院申请撤销仲裁裁决被驳回后,又在执行程序中以相同理由提出不予执行抗辩的,人民法院不予支持。

参考书目

一、综合类

1. 关怀主编：《劳动法》，中国人民大学出版社 2001 年版。
2. 贾俊玲主编：《劳动法与社会保障法学》，中国劳动社会保障出版社 2012 年版。
3. 史尚宽著：《劳动法原论》，台湾正大印书馆 1987 年重刊。
4. 黄越钦著：《劳动法新论》，台湾 2000 年 7 月初版；中国政法大学出版社 2003 年版。
5. 王全兴主编：《劳动法学》，高等教育出版社 2004 年版。
6. 郑尚元主编：《劳动法学》，中国政法大学出版社 2004 年版。
7. 常凯主编：《劳动法》，高等教育出版社 2011 年版。
8. 郭捷主编：《劳动法与社会保障法》，中国政法大学出版社 2012 年版。
9. 冯彦君著：《劳动法学》，吉林大学出版社 1999 年版。
10. 董保华著：《劳动法论》，上海世界图书出版公司 1999 年版。
11. 周长征著：《劳动法原理》，科学出版社 2004 年版。
12. 黎建飞编著：《劳动法和社会保障法》，中国人民大学出版社 2003 年版。
13. 叶静漪、周长征主编：《社会正义的十年探索：中国与国外劳动法制改革比较研究》，北京大学出版社 2007 年版。
14. 蒋月著：《社会保障法》，厦门大学出版社 2004 年版。
15. 周宝妹著：《劳动法要论》，群众出版社 2006 年版。

二、专著类

1. 郑尚元著：《劳动合同法的制度与理念》，中国政法大学出版社 2008 年版。
2. 常凯著：《劳权论——当代中国劳动关系的法律调整研究》，中国劳动社会保障出版社 2004 年版。
3. 程延园著：《集体谈判制度研究》，中国人民大学出版社 2004 年版。
4. 李炳安著：《劳动权论》，人民法院出版社 2006 年版。
5. 蒋月等著：《中国农民工劳动权利保护研究》，法律出版社 2006 年版。
6. 董保华、杨杰著：《劳动合同法的软着陆——人力资源管理的影响与应对》，中国法制出版社 2007 年版。
7. 林嘉著：《社会保障法的理念、实践与创新》，中国人民大学出版社 2002 年版。
8. 史探径：《社会保障法研究》，法律出版社 2000 年版。
9. 董保华著：《社会保障的法学观》，北京大学出版社 2005 年版。
10. 种明钊：《社会保障法律制度研究》，法律出版社 2000 年版。
11. 郑尚元著：《工伤保险法律制度研究》，北京大学出版社 2004 年版。
12. 吕琳著：《劳工损害赔偿法律制度研究》，中国政法大学出版社 2005 年版。
13. 郑尚元著：《劳动争议处理程序法的现代化——中国劳动争议处理制度的反思与前

瞻》，中国方正出版社 2004 年版。

14. 董保华著：《劳动合同研究》，中国劳动社会保障出版社 2005 年版。
15. 杜波著：《劳动合同研究与实践》，煤炭工业出版社 2003 年版。
16. 周长征主编：《劳动派遣的发展与法律规制》，中国劳动社会保障出版社 2007 年版。
17. 曹燕著：《和谐劳动关系法律保障机制研究》，中国法制出版社 2008 年版。
18. 胡玉浪著：《劳动报酬权研究》，知识产权出版社 2009 年版。
19. 周伟著：《反歧视法研究：立法、理论与案例》，法律出版社 2008 年版。
20. 谢增毅著：《劳动法的比较与反思》，社会科学文献出版社 2011 年版。

三、国际劳动法与外国劳动法

1. 王益英主编：《外国劳动法和社会保障法》，中国人民大学出版社 2001 年版。
2. 郑爱青：《法国劳动合同法概要》（第 2 版），光明日报出版社 2012 年版。
3. 周长征著：《全球化与中国劳动法制问题研究》，南京大学出版社 2003 年版。
4. 王家宠著：《国际劳动公约概要》，中国劳动出版社 1991 年版。
5. 林燕玲：《国际劳动标准》，工人出版社 2002 年版。
6. 余云霞著：《国际劳工标准：演变与争议》，社会科学文献出版社 2006 年版。
7. 顾肖荣、杨鹏飞著：《劳动法比较研究》（中国大陆与港、澳、太地区法律比较丛书），澳门基金会出版 1997 年版。
8. 劳动和社会保障部劳动科学研究所编：《外国劳动和社会保障法选》，中国劳动出版社 1999 年版。
9. 罗结珍译：《法国劳动法典》，国际文化出版公司 1996 年版。
10. 〔德〕W. 杜茨：《劳动法》，张国文译，法律出版社 2005 年版。
11. 〔英〕凯瑟琳·巴纳德著：《欧盟劳动法》，付欣译，中国法制出版社 2005 年版。
12. 〔英〕埃利森·邦·马纳·撒夫著：《劳动法基础》(Essential Employment Law)，影印版法学基础系列，武汉大学出版社 2004 年版。
13. 〔美〕道格拉斯·L. 莱斯利著：《劳动法概要》，张强等译，中国社会科学出版社 1997 年版。
14. 〔英〕琳达·狄更斯、聂耳伦编著：《英国劳资关系调整机构的变迁》，北京大学出版社 2007 年版。
15. 李薇薇、Lisa Stearns 主编：《禁止就业歧视：国际标准和国内实践》，法律出版社 2006 年版。
16. 〔加〕A. E. 奥斯特、L. 夏莱特著：《雇佣合同》，王南译，中国对外翻译出版公司 1995 年版。
17. 〔日〕荒木尚志：《日本劳动法（增补版）》，牛志奎、李坤刚译，北京大学出版社 2010 年版。

四、劳动法实务

1. 北京市第一中级人民法院民一庭编著：《劳动法审判实务与典型案例评析》，中国检察出版社 2005 年版。
2. 最高人民法院劳动法培训班编：《劳动法基本理论与实务讲座》，法律出版社 1995

年版。

3. 马原主编:《劳动法条文精释》,人民法院出版社 2003 年版。

4. 北京市劳动和社会保障法学会编:《劳动争议新型疑难案例解析》,法律出版社 2007 年版。

5. 祝铭山主编:《劳动合同纠纷》,中国法制出版社 2003 年版。

6. 吕国强主编:《劳动争议案例精选》,上海人民出版社 2002 年版。

7. 祝铭山主编:《劳动保险纠纷》,中国法制出版社 2003 年版。

8. 范跃如著:《劳动争议诉讼程序研究》,中国人民大学出版社 2006 年版。

9. 谢国伟、杨晓蓉主编:《劳动争议案件审判要旨》,人民法院出版社 2006 年版。

10. 王林清著:《劳动争议裁诉标准与规范》,人民出版社 2011 年版。

五、扩展阅读

1. 马克思:《资本论》(第一卷),人民出版社 1975 年版。

2. 〔日〕大须贺明著:《生存权论》,林浩译,法律出版社 2001 年版。

3. 〔美〕约翰·罗尔斯:《正义论》,何怀宏、何包钢、廖申白译,中国社会科学出版社 1988 年版。

4. 〔美〕Ian R. 麦克尼尔:《新社会契约论》,中国政法大学出版社 1994 年版。

5. 〔法〕卢梭:《社会契约论》,商务印书馆 1980 年版。

6. 曾繁正等编译:《西方国家法律制度社会政策及立法》,红旗出版社 1998 年版。

7. 郑功成:《社会保障学——理念、制度、实践与思辨》,商务印书馆 2000 年版。

8. 常凯主编:《劳动关系·劳动者·劳权——当代中国的劳动问题》,中国劳动出版社 1995 年版。

9. 朱景文主编:《法社会学》,中国人民大学出版社 2008 年版。

10. 马斌著:《西方劳动经济学概论》,中央编译出版社 1997 年版。

六、期刊或定期出版物

1. 《人民大学复印报刊资料:经济法学、劳动法学》,月刊,中国人民大学书报资料中心。

2. 《人民大学复印报刊资料:社会保障》,月刊,中国人民大学书报资料中心。

3. 《中国劳动》,月刊,国家人力资源和社会保障部主办。

4. 《社会法评论》,林嘉主编,中国人民大学出版社出版。

七、网上资源

1. 中华人民共和国人力资源和社会保障部:http://www.mohrss.gov.cn,上面有很多劳动法律法规和部门规章,更新较快,而且常有劳动保障方面的新闻发布。

2. 经济法网:http://www.cel.cn/,有很多劳动和社会保障方面的论文,但不能下载。

3. 社会法网:http://www.clnet.cn,中国社会法学会官方网站。

4. 中华全国总工会:www.acftu.org.cn,可以了解一些工会方面的动态,但是资料更新较慢。

5. 中国劳动网:www.labournet.com.cn,商业网站,但上面有一些实务方面的资料,包括一些论文,都可以参考。

6. 国际劳工组织:www.ilo.org,联合国的专门机构之一,通过其网站可以获得国际劳动公约、建议书、报告等资料,部分会议资料有中文版。

7. 美国劳工部:www.dol.gov,有很多美国劳动法方面的资料。

8. AFL-CIO:www.aflcio.org,美国最大的工会。

后 记

2007年将会作为中国劳动立法史上最重要的年份之一而被载入史册。国家立法机关在2007年一口气出台了《中华人民共和国就业促进法》、《中华人民共和国劳动合同法》和《中华人民共和国劳动争议调解仲裁法》三部重要法律，劳动法终于又迎来了自己的春天。一时间企业界纷纷邀请劳动法专家举办讲座，劳动法书籍开始变得热销，就连学生的论文选题也越来越多地青睐劳动法领域的题目。这在一定意义上等于向我们宣示，经过将近三十年的经济建设并且取得了重大成就之后，构建和谐的劳动关系已经成为当前中国各界最关注的社会问题之一。

为了能更好地反映劳动法的最新发展变化，满足各类高等院校中劳动法课程的教学需要，我们组织编写了这本《劳动法学》教材。本书由贾俊玲担任主编，叶静漪、周长征担任副主编，贾俊玲教授和周长征副教授负责对全书进行了审核和修改。

参加本书编写的人员和分工为：

北京大学贾俊玲教授（第一章第一节、第二节、第二章、第三章）；

北京大学叶静漪教授（第一章第三节、第五节、第四章第一节至第四节、第六章、第七章、第九章第一节至第四节、第十章）；

南京大学周长征副教授（第一章第四节、第五章）；

中国青年政治学院周宝妹副教授（第四章第五节、第八章、第九章第五节、第十一章）；

中央广播电视大学王晓珉副教授（第十二章、第十三章）。

由于编者在时间和能力方面的限制，本书内容中肯定还有一些疏漏和讹误，尚请各位读者指正。

编著者

2009年2月

第二版后记

《劳动法学》(第二版)主要是因为本书第一版于 2009 年 3 月出版后,一些法律法规和司法解释相继出台,造成了本书中的部分内容需要更新。这些新的立法主要是全国人大常委会于 2010 年 12 月 28 日通过的《中华人民共和国社会保险法》,对本书第十章"社会保险与职工福利法"内容产生了全面的影响,我们对原文进行了全面的修改和补充。其次,2012 年 12 月 28 日,全国人大常委会修改了《中华人民共和国劳动合同法》,我们也把这次立法修改的内容反映在了这本教材中,努力使本教材的内容与国家最新立法保持同步。第三,在劳动争议处理制度方面,国家人力资源和社会保障部从 2009 年年初开始先后颁布了《劳动人事争议仲裁办案规则》《劳动人事争议仲裁组织规则》和《企业劳动争议协商调解规定》,对我国的劳动争议仲裁和调解制度作出了更为具体的规定。随后,最高人民法院在 2010 年 9 月公布的《关于审理劳动争议案件适用法律若干问题的解释(三)》,对劳动争议诉讼程序中的一些重大问题作出了统一规定,这些内容在第一版出版的时候尚未出台,因此原书第十三章"劳动争议处理法"的相关内容也需要修改。最后,除了上述内容以外,我们还根据目前的使用情况,对原书第八章"工作时间和休息休假法"和第九章"劳动安全卫生法"及其他有关章节进行了补充、修改。

这次修改工作的主要承担者包括叶静漪(第十章社会保险与职工福利法)、王晓珉(第十三章劳动争议处理法)、周宝妹(第八章工作时间和休息休假法和第九章劳动安全卫生法)、周长征(第五章劳动合同法)。周长征重新撰写了本书的参考书目,新书目按照文献的类型进行分类,对于读者进行更深入的学习会很有帮助。本书主编贾俊玲和副主编周长征对这次的修改内容进行了审核并统稿。

编著者
2012 年 12 月